漢語古文字字形表

徐中舒題

徐中舒 主編
漢語古文字字形表編寫組編

中華書局

圖書在版編目(CIP)數據

漢語古文字字形表/徐中舒主編. —北京：中華書局，2010.10(2022.6 重印)
ISBN 978-7-101-07462-8

Ⅰ.漢… Ⅱ.徐… Ⅲ.漢字-古文字-字形 Ⅳ.H123

中國版本圖書館 CIP 數據核字(2010)第 111014 號

責任編輯：周　楊

漢語古文字字形表
徐中舒 主編
*
中 華 書 局 出 版 發 行
(北京市豐臺區太平橋西里 38 號　100073)
http://www.zhbc.com.cn
E-mail:zhbc@zhbc.com.cn
三河市中晟雅豪印務有限公司印刷
*
787×1092 毫米 1/16・41½印張・2 插頁・200 千字
2010 年 10 月第 1 版　　2022 年 6 月第 5 次印刷
印數:3401-4400 册　　定價:200.00 元

ISBN 978-7-101-07462-8

出版説明

《漢語古文字字形表》是一部收録古文字字形的工具書，由著名史學家、古文字學家、《漢語大字典》主編徐中舒教授主編。參與本書的編寫人員有徐永年、伍士謙、陳剛、庾國瓊、諶貽祝、李宗貴、李崇智、歐昌俊、冷雪、周旭初、查中林、李玫等先生。

《漢語古文字字形表》共十四卷，收列古文字字頭約三千個，古文字字形約一萬個。書末附有筆劃檢字表，可供查檢。在編寫上，本書遵循以下幾個原則：一、大體按文字發展的歷史層次分殷代、西周、春秋戰國三欄排列。二、主要選取《説文》小篆爲字頭，並依《説文》的次第排列；《説文》没有的，則寫成楷書並注明出处。三、所收字形絶大多數是從原拓本或原件照片中摹取出來的，少數未見原拓的字，則採用傳世影寫謹嚴可靠的摹本。四、對最初一個形體而有幾種用法，後來演化爲幾個字的，或先只有假借字，後來才出現專字的，參照《金文編》等書成例，採取重見的辦法。五、書中所收字形的斷代，主要根據董作賓和郭沫若二位先生的考證，也參考其他一些專著。

四川人民出版社一九八〇年出版了《漢語古文字字形表》線裝本，共三册。一九八一年，該社將三册合爲一册出版，並增補了批注。後四川辭書出版社又多次重印。此次出版，得到徐亮工先生的大力支持。我們重新排印了書中的注釋文字，並修補、訂正了書中的模糊、错訛之處。此外，張亞初先生於一九九九年在《中國古文字研究》(第一輯)上發表《〈漢語古文字字形表〉訂補》一文，對本書多有補充和訂正之處，我們徵得張亞初先生家屬的同意，將此文附於書後，讀者可以參考。

中華書局編輯部

二〇一〇年九月

目録

漢語古文字字形表序

文字是人類進入高等文明所必需的工具。人類有了文字，才能够把這一時代人類的智慧和經驗留給後一代人，作爲他們繼長增高的階梯。没有文字的民族，總是會停留在象老子所説的『小國寡民，复結繩而治之』的蒙昧階段。

人類初有文字無不從象形文字入手。象形文字的發展，可以分爲兩個階段。第一階段只是一種表意的圖譜。《華陽國志·南中志》記載：蜀漢時『夷中有桀黠能言議屈服種人者，謂之耆老，便爲主論議，好譬喻物，謂之夷經。今南人言論，雖學者亦半引夷經』。此種夷經，乃古代夷族的圖象文字。《南中志》説：『諸葛亮乃爲夷作圖譜，先畫天、地、日、月、君長、城府，次畫神龍，龍生夷及牛、馬、羊，後畫部主、吏，乘馬、幡蓋，巡行安卹；又畫牽羊負酒賫金寶詣之之象以賜夷，夷甚重之』。蜀漢以後南中故事每每託言諸葛亮所爲，皆屬附會之談，實不足信。此圖譜乃夷人巫師所作，並非諸葛所賜。圖譜先畫天地日月君長城府，乃夷人對城府中的漢官指天地日月以爲誓。其次畫神龍，夷人自稱爲龍的子孫，龍爲他們的圖騰。最後畫夷人牽羊負酒賫金寶向漢官輸誠，獻納貢賦。這種圖象，只能表意，不是可以按字宣讀的語言，只有巫師才能認識，還要多方譬喻解說，不然一般人是難以理解的。

漢語象形文字開始于殷商時代的後期。殷王朝自盤庚遷殷以後就已形成一個疆域廣闊的強大帝國。根據現在考古發掘資料，它以黄河中下游為中心，東向越過渤海而到達遼東半島，南向渡越長江而跨有洞庭鄱陽兩湖地區，西向而臣服周王季和文王，囊括關中漢中。殷王要統治這樣廣大的土地和人民是不容易的。當然我們没有理由為他担心。當時殷王左右就有一班知識分子作為他的顧問——一個能作預言的前知者的卜人集團。

在原始社會生產力發展到一定程度，必然就有幾個脱離生產的公職人員，有的作為部族的信仰守護人，用祭享方式教導人民，虔敬地遵行先代的典章制度以及一切行之有效的成規，使部族從安定中得到發展。

占卜的貞人為人決疑問難，他們原是從占星師分化出來的一種方術之士。他們在狩獵時代就用火灼焦獸骨，觀其坼紋，以占吉凶。後來殷人發展到長江流域，就把那里所產的大龜作為寶物。占卜中龜甲与獸骨並用，他們或者認為用大龜占卜比骨版更加靈驗。占卜的方式也就更趨繁複，每卜必從正反兩面貞問。一正一反，即為一兆，其文如卝。此字以後演變為兆。他們認為這些兆紋，向左向右的種種變化，都是宇宙中排列有序的象和數。與其說這樣模糊的象數有什麽靈驗，無寧說他們常在殷王左右，仰觀天文，俯察地理，取得一些自然變化和人事成敗的道理，憑借殷王的權力，就可以使預言成為現實。占卜得到歷代殷王的信任，其原因即在于此。

甲骨文字記載，從武丁到帝乙帝辛之世二百七十餘年中，所有貞人，據陳夢家統計共有一百二十一人，而武丁時就有七十三人。其不見于甲骨文者，其數或當与此相等。這就是殷王朝龐大的貞人集團，可以說就是殷王的智囊團。他們為殷王占卜的事和以後的驗辭，都要用文字記録下來，刻在龜甲獸骨上的卜兆旁，既備殷王查考，也藉以取得各種象、數記録，傳給下一代貞人。我國文字就是在這些條件下發展起來的。

第二階段漢語文字的發展，當自殷代後期開始。殷虛甲骨文已具備象形、象事、象意、象聲四種造字條例，這是造字之本。象形是象自然物之形，如日月山水，牛馬犬豕等字，只用簡單筆畫鈎勒其形，最易識别。象事、《說文》稱為指事，乃象人為的事物之形。如封字，其形作㞷，是植樹為界而後加人為的土堆。卝是人行的十字道路。都是人類造成之事。文如一、二、三、亖，這些數目字，也是存在于人們意識中的客觀現實。又如獸作狩，干犬並列，乃人們從事狩獵的工具。過去學者解釋指事，只從指字着想而忽略了大量的人事。勉强湊足很少幾個字，都很牽强附會，所以這一條例，始終沒有講好。象意，《說文》稱爲會意。會意是在自然之物与人爲之事，加上人的動作以表達人的意志。例如𢓊，表示人在路上走。如殸，表示人在用手持棰擊磬。我們這樣去理解，自然把象形、指事、會意三者分別得清清楚楚的了。形聲字在甲骨中文已經出現。它的產生，是由于象形字筆畫簡單，在長期使用中容易混淆，所以必須加聲符以區別之。例如鷄和鳳都是鳥形，後來各加聲符，隹旁注奚爲雞，隹旁注月爲鳯。又如星，最初作晶、品等形，与口日等字不易區別，後來加聲符爲曐或星。甲骨文中形聲字還居于少數，不如會意字多。以後形聲字發展了，在《說文》中占百分之八十以上，這已經是隸定以後的事了。象形文字在創造時，只是隨事賦形，隨物賦形，並不困難。每個字都是獨自發展的，人們要記住這些孤立的字是困難的。首先它必須在卜人集團中互相傳習，反復使用，漸成定型，而在反復使用中，意義有所引申，即分化爲數字，按義類分注于原字之旁，此即所謂轉注。但引申意義過多分化，使用也不方便，于是用假借加以制約。凡聲音相同或相近的，就不必另造新字。轉注假借，二者乃是文字發展中辯證的統一，相輔相成的。

漢語文字原来就不是一兩個人閉門創造發明的，最初它在卜人集團中傳習使用，約定俗成，後來這些漢字在人民羣众中推廣使用，經過傳寫、隸定，譌變失真；而這些譌變失真的字，約定俗成，也成為正字了。漢語文字根據六書條例，發展成為記录人類一切复雜事物的工具，但其系統仍是象形的。即使是形聲字，也還是要借用字形來表達其音，而不必另制音符。所以漢字完全屬于象形文字系統。漢字如果没有創制這些象形文字的貞人集團，文字就只能停留在原始階段的圖譜形狀，如埃及，如巴比倫，又如我國雲南的納西以及《華陽國志》所説的夷經，他們的象形文字，終要為拼音所取代。據此言之，漢語象形文字的形成决不是偶然的。首先是由于殷商後期有二百多年長期安定的政治局面；其次漢語文字按照六書條例沿襲象形文字體系前進。由商以迄于今三千年，一脈相承，自成一種完整的體系，使我國光輝燦爛的文明在三千年前即已照耀于東亞大陸，這確是人類歷史上的奇蹟。

漢語文字從殷商時代以至東漢已歷一千四百餘年。許慎《説文解字》

掇拾于秦火之餘，摟羅當時所存篆籀古文，共得九千餘字，用科學方法分析每個字的形音義，闡明其字原和語原。他所根據的漢代的字書及戰國古文，都是經過長期的轉抄，字形幾經變化。先是受甲文刀筆的影響，變圓爲方，繼由篆文隸定，往往又把字形相近的字互相混淆。郢書燕說，常亦有之。東漢時代經學大師今古兼治。許慎也受陰陽五行學說的影響，穿鑿附會，亦所難免。《說文》這些缺點，完全受時代的局限，瑕不掩瑜。這也是我們應當加以原諒的。

漢語古文字字形學，在北宋時，已開其端。以後古文字資料不斷發現。尤以近八十年來，大量甲骨文字出土，經過許多文字學家的努力，漢字字形學的研究，已有長足的進展。所不足者，過去文字學研究者總是就字論字，旁徵博引，冥搜孤討，臆想居多，究非上乘。他們很少在字與字之間求出其對應關係，作出系統研究。如釋史爲从又持簡，不知甲文史原作𠭘。中，乃干戈之干的本字。古人狩獵作戰，即以有枒槎的木棒作爲武器，進則以侵犯人獸，退則以捍衛自身。𠭘从又持中，古代人類，從事狩獵，取得食物，是當時的大事。史之本義爲事。文史之史，乃引申之義。丫爲人類最初使用的武器。在枒槎兩端捆上鋒利的石器，則爲丫。在枒槎之間捆上重量石塊則為中、為𢆉，在衝鋒陷陣之中兼為捶擊之用。故中字省其杵槌，則為擊中之中，借為伯仲之仲，中間之中，甲金文作𠁧，後人則省𠁧為中，因而又別制仲字；而中則兼中間之中與擊中之中兩義。𢆉又為戰爭之戰。馬王堆帛書《老子》甲乙本三十一章，甲本作戰，乙本作單，可證。我們把這些相關的字聯系在一起，就可以了解到丫、中之原義，而這些漢字的字源和語源，不待多說，也就不會使人誤解了。我們認為這樣研究古文字，古文字學就可以逐漸進入科學的坦途了。

漢語古文字字形表，是為我們編纂漢語大字典所作的準備工作。我們要求了解漢字的字原和語原，是編漢語字典的首要工作；這個工作必須從整理古文字字形入手。這部字表的甲、金文字的取材，主要參考《甲骨文編》和《金文編》，我們保留其中所有不同的典型形體，其與典型形體相同的，則刪節之，以清眉目。《金文編》未錄的新出土銅器，周原出土的西周甲骨文，以及戰國簡書帛書、侯馬盟書，我們也分別加以採錄。對前書有不同的解釋，則加以改正。此外，戰國時代的印璽文字、貨幣文字及匋文，其形、音、義及出土情況，我們弄不清楚的，則概不採用。《甲骨文編》《金文編》的附錄及正編中音義不詳的字也未採用。這個表是古文字資料一次較系統的整理　由于編輯時間倉卒，還有很多遺漏或錯誤。這個字形表，只是爲《漢語大字典》的編寫服務，不是研究全部古文字的書。以後我們準備對字形表中的字加以系統的考釋，另外還想把一些不能認識的字，根據偏旁分類排在一起，作爲附録。這樣就可以在大字典以外另成一部專書。這個字形表中，有些不當的地方，希望讀者批評指正。

徐中舒　一九八零年八月

漢語古文字字形表卷一

漢語古文字字形表編寫組編

一

前四・四七・六

佚四三四

盂鼎

毛公鼎

侯馬盟書

楚帛書

三體石經文公

說文古文

元

前四・三二・四

昌鼎

師虎簋

王孫誥鐘

吉日壬午劍

三體石經僖公

乙三四一六

粹一三〇三

乙五六二七反

蔡侯尊

吳王夫差劍

侯馬盟書

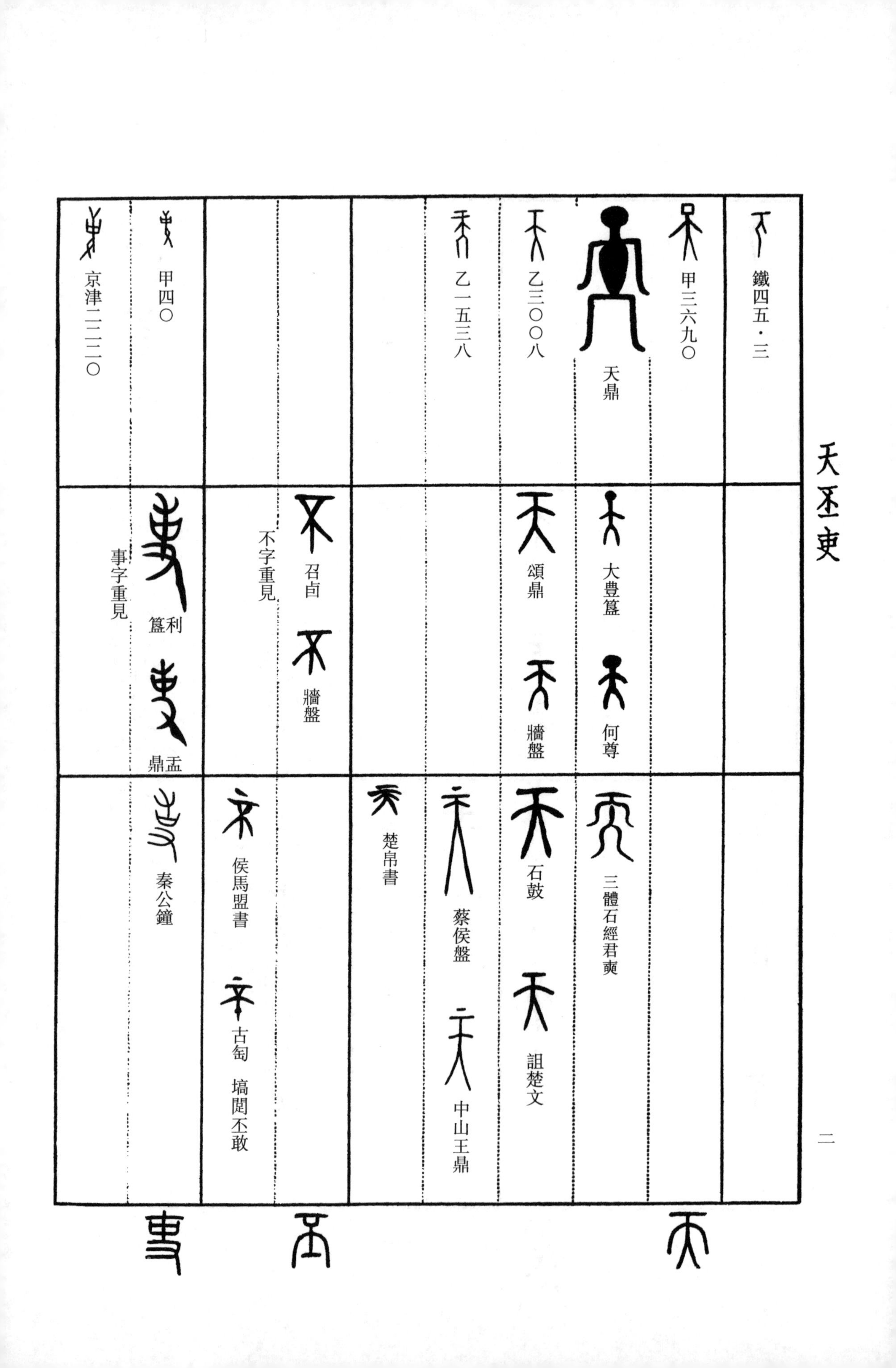

天丕吏

天

鐵四五·三

甲三六九〇

天鼎

乙三〇〇八

乙一五三八

大豐簋

何尊

頌鼎

牆盤

三體石經君奭

石鼓

詛楚文

蔡侯盤

中山王鼎

楚帛書

丕

召卣

牆盤

不字重見

侯馬盟書

古匋 塙閱丕敢

吏

甲四〇

京津二二二〇

利簋

盂鼎

事字重見

秦公鐘

天　丕　吏

上	帝	旁
甲一一六四 乙二二四三反 後上·八·七	甲七七九 前四·一七·四 邲卣 粹一一二八 粹一三一一	拾五·一〇 林一·一七·一五
大豊簋 牆盤 啟卣	仲師父鼎 㝬簋 井侯簋	妣[illegible]冃簋 旁鼎
古鉢上吉 說文古文 蔡侯盤 三體石經君奭 鄂君舟節	秦公簋 楚帛書 詛楚文 中山王壺 三體石經僖公 說文古文	者減鐘 楚帛書 說文古文 說文古文

下示祜禮

	下	下	下	下	示	示	祜	祜	禮
	甲六三六 前四·六·八	乙四五四九 京津七〇一			甲二八二 後上一·二	前二·三八·二			後下八·二 豊字重見
	長由盉 虢叔鐘						瘐鐘 伯其父簠	曾子伯𧊒鼎	何尊
說文籀文	說文古文		蔡侯盤 中山王鼎 三體石經君奭	曾侯乙編鐘 楚帛書		說文古文	曾子簠		中山王壺 三體石經君奭

禄

上郡守戟

詛楚文

說文古文

粹五〇

前六·一·八

录字重見

佚四一七

牆盤

瘭鐘

古鉢 张禄

祥

中山王壺 羊字重見

三體石經君奭

祉

甲二九四七

福

甲二六八四

佚三六二

鐵三四·四

何尊

寧簋

瘭鐘

秦公鐘

王孫誥鐘

祐 祺

前四・二三・一

佚六二二

甲二四〇

粹三八一

後下二一・四

鐵七・四
又字重見

井侯簋

㝬簋

不嬰簋

𢦚鼎

伯公父簠

周乎卣

或者鼎

保卣

中山王壺

曾子簠

邾太宰鐘

楚帛書

古鉨
福壽

古鉨
大福

說文籀文

祇

召伯簋

牆盤

鄲侯簋

三體石經君奭

蔡侯鐘

中山王鼎

神

克鼎

中字重見

寧簋

伯𢦚鼎

癲鐘

㝬鐘

詛楚文

行氣銘

三體石經多方

楚帛書

齋

蔡侯盤

詛楚文

說文籀文

禮

牆盤

哀成叔鼎

說文籀文

祭祀禩

甲三三一九

掇一·四六三

前二·三八·二

鐵二六三·四

巳字重見

乙六八八一

前四·十九·八

甲六六八

前二·二三·二

甲三九一五

邲卣

史喜鼎

昌鼎

吳方彝

師䣄鼎

師遽簋

作册大鼎

蔡侯盤

中山王壺

簷侯簋

中山王壺

義楚耑

楚帛書

蔡侯盤

古匋

秦公鐘

沇兒鐘

楚帛書

中山王壺

中山王壺

祭

祀禩

祡

粹二七五

前一·三七·五

說文古文

祖

前一·九·六

且字重見

乙八四一

粹二

盂鼎

牆盤

㝬簋

秦公鐘

王子午鼎

𬶍鎛

三體石經君奭

欒書缶

陳逆簋

中山王鼎

祏

甲九四五

前六·三·七

祇

𬶍鎛

祠

佚八四三

司字重見

禹邗王壺

好盗壺

詛楚文

此從舊釋・尚待證明・

礿	禘	祝	祝	祝	祝	祈	祈	祈	祈
甲二五〇九 勺字重見；乙六七四六	前四・一七・五 帝字重見	甲七四三		前六・一六・六	燕六〇七	佚九五二；後下二二・一八	粹一〇〇		
我鼎；我鼎	剌鼎	大祝禽鼎；盂鼎	長由盉	禽簋		頌鼎	善夫山鼎	伯誓簋	
		侯馬盟書；石鼓				王孫鐘	齊侯鼎	番君簠；古匋祈	邾公釛鐘；欒書缶

禱祀禦社禍祟禕禝

禱 祀	禱	禦	禦	社	社	禍	祟	禕 見爾雅	禝 見集韻
		河三一二 鄴三下・三七・八		甲一六四〇 土字重見		鐵一三二・一			
		我鼎 㝬簋	御父辛觶						
江陵楚簡	說文籀文			中山王鼎 說文古文	詛楚文	中山王鼎	說文籀文	楚帛書	子禾子釜 中山王鼎

禥
鄦侯簋
禥 見集韻

三
前六·二·三
前一·七·二
大豐簋
井侯簋
中山王墓宮堂圖
楚帛書
三體石經僖公
衛盉
中山王鼎
說文古文
三

王
佚三八六
甲四二六
菁二·一
前一·二·二
佚四二七
鐵二六·三
大豐簋
盂鼎
利簋
㝬簋
頌簋
王子午鼎
說文古文
鄂君舟節
三體石經多士
姑馮句鑃
古鉨
王

皇
作册大鼎
㝬簋
秦公簋
詛楚文
三體石經君奭
皇

璿	⿱夾玉	瑾				王			
				乙亥簋	粹一二 乙亥簋	乙七八〇八 佚七〇四			
	守宮盤	頌鼎 善夫山鼎 堇字重見		縣妃簋					召卣 函皇父匜
說文古文 說文籀文			詛楚文 仰天湖楚簡 說文古文	邵鐘 江陵楚簡			中山王壺	陳肪簋 侯馬盟書	王孫鐘 欒書缶

璧

召伯簋

齊侯壺

齊侯壺

詛楚文

環

師遽方彝

毛公鼎

番生簋

睘字重見

江陵楚簡

璜

粹五四五

前一·五二·二

黃字重見

縣妃簋

召伯簋二

江陵楚簡

璋

乙亥簋

⿱艹兩簋

善夫山鼎

章字重見

子璋鐘

古鉨

瑁

師遽方彝

說文古文

玗疑是璧字，从玉从从○象璧有孔形，从于會大圜之意，如盂如迂。說見一七九頁玗下。

瑕：古鉢

瑚：三體石經僖公

瑚：縣妃簋；用字重見

瑚：訇簋

瑚：師嫠簋

瑚：師𪒠簋

玗：𨚕睘卣

玕：說文古文

璽：乙九七一

璽：𤼧鐘；霝字重見

璽：曾中大父簋

靈：秦公鐘

靈：古鉢

靈：古鉢（𨽝靈）

此從舊釋，尚待論定。

珂琦璞玨瑴班

班	玨	瑴	璞	琦	珂
鄭公孫班鎛			信陽楚簡	古鉨 珂	叔夷鎛；詛楚文；庚壺
班簋	㽙侯鼎				
	鄴三下·四二·六；鐵一二七·二	簠人三一；前七·三一·四			

班　玨 瑴　璞 見玉篇　琦 見集韻　珂 新附

气

前七・三六・二

粹三五二四

大豐簋

齊侯壺

齊侯壺

行氣銘

士

趞簋

[illegible]尊

貉子卣

子璋鐘

詛楚文

古鉨　忠仁思士

壻

古鉨　塍婿

壯

中山王壺

中山王鼎

古鉨　王壯

中

前七・三六・二

大且己中觚

大中爵

中鉦

粹一二一八

前一・六・一

甲三九八

克鼎

兮仲簋

侯馬盟書

說文籀文

中山王鼎

三體石經無逸

說文古文

中屯每毒𡴎熏

佚八四
京津四〇〇七
作父戊簋
屮盉

甲二八一五
後下二七·一〇
段簋蓋
頌鼎

師𩰫鼎
此鼎

後上一五·一二
京津二四九八
牆盤
克鐘
秦公鐘
鄂君舟節
屯留布

粹三四〇
戩四〇·一
大豐簋
侯馬盟書
好盗壺

甲一五五五
何尊
昌鼎

粹一〇一三

說文古文

古鉨
說文籀文

吴方彝
師克盨

卷一·一〇 艸莊莆荅蘇薇莧

艸
- 毛公鼎
- 畓生簋
- 楚帛書
- 古匋 艸
- 古匋 艸

莊
- 說文古文
- 趫亥鼎

莆
- 侯馬盟書

荅
- 秦公鐘 合字重見
- 陳侯因資錞

蘇
- 穌公簋
- 蘇貉豆 穌字重見
- 古鉨 蘇文
- 寡兒鼎
- 古鉨 蘇被

薇
- 說文籀文

莧
- 古鉨

芋苦蘆落堇薛苦茅萑

芋	苦	蘆	落	堇	薛	苦	茅		萑
戰國銅矛	㝬小子簋	古匋 蘆	古鉨 莀落左司馬	楚帛書	薛侯鼎 薛侯匜	古鉨	好盗壺	古鉨	
					薛卣				
									存下五二七

珠九〇五

芇侯簋

克鼎

信陽楚簡

燕下都瓦當刻文

侯馬盟書

好蚉壺

古鉨 苞

古鉨 笵薺

古鉨 郵不迮

古鉨

葛 三體石經僖公

荆 貞簋 師虎簋 過伯簋 牆盤 古鉢 說文古文 㽠篙鐘 古鉢

葉 拍敦蓋 葉字重見 丞相觸殘戟 相邦冉戟

蔞 石鼓

苡 古鉢 䖏芑左司工

茂	茲	芮	蒼	萃	苛	荒	蔡
	鐵六九四 茲字重見						戩三三・九
	彔伯簋	芮伯壺 內字重見					𢽾鐘
鄂君舟節		古匋 咸里芮喜	古鉥 𣎾蒼	郾王職戈；古鉥 日庚都萃車馬	楚王酓忎鼎	中山王壺；三體石經無逸	蔡太師鼎；蔡侯鐘；蔡侯匜；三體石經僖公；古鉥 蔡野

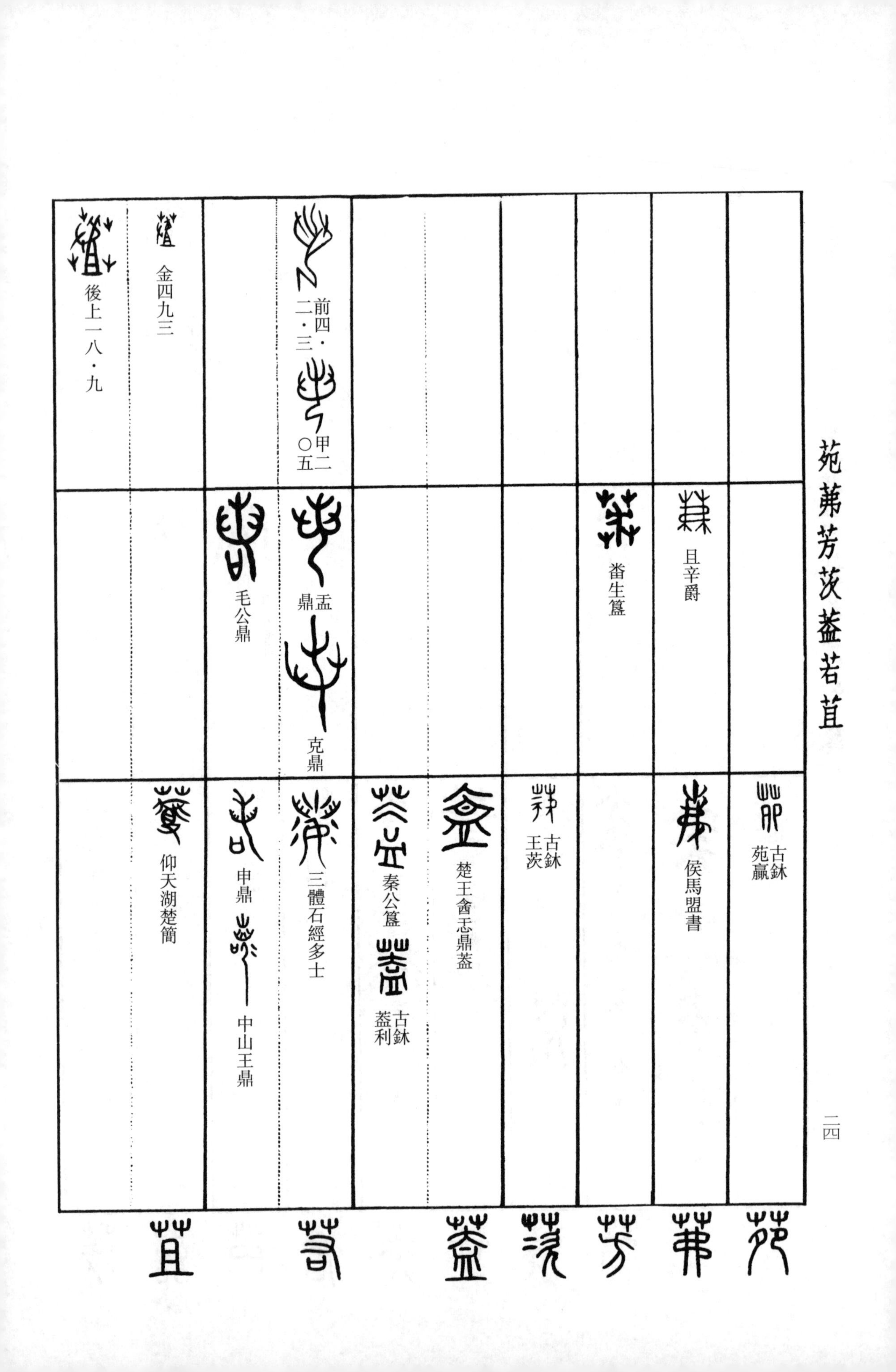

苑茀芳茨蓋若苴

字	甲骨文	金文	戰國文字
苑			古鉥 苑羸
茀		且辛爵	侯馬盟書
芳		畓生簋	
茨			古鉥 王茨
蓋			楚王酓忎鼎蓋；秦公簋；古鉥 蓋利
若	前四·二·三；甲二〇五	盂鼎；克鼎；毛公鼎	三體石經多士；申鼎；中山王鼎
苴	金四九三；後上一八·九		仰天湖楚簡

蕢

古鉢

古鉢　蕢

說文古文

芻

甲九九〇

佚六八三

散盤

王芻　古鉢

公芻半石鐵權

蘳

甲三五二三

粹三八

甲八九〇

前七·三·三

斮　折

前四·八·六

京津二七三七

小盂鼎

不嬰簋

齊侯壺

說文籒文

中山王鼎

卉

楚帛書

芥蒠蒙芳芑蘇蒿蓬蕃草

芥	蒠	蒙	芳	芑	蘇	蒿	蓬	蕃	草
						甲三九四〇 菁一·一〇〇			
	師𩛥鼎 恖字重見 毛公鼎		師旂鼎 散盤		蘩罍	德方鼎			
古鉥 芥羔		中山王壺		信陽楚簡 古鉥 芑眯		曾姬無卹壺	說文籀文	蔡侯盤	石鼓

卷一 ·一四 菆春芙荀藏芏萰

菆			古鉨 王菆
萅	粹一五一 乙五三一九		欒書缶 蔡侯殘鐘
	戩二二·二		楚帛書 三體石經僖公
			古鉨 春安君
	鐵二二七·三 庫一七〇八		
芙 新附			信陽楚簡
荀 新附			古鉨 荀伯伊之鉨
藏 新附			古鉨 藏
芏 見爾雅			仰天湖楚簡
萰 見爾雅			信陽楚簡

芁 見爾雅
古鉢 閘芁

蓉 見玉篇
古鉢 王蓉

苒 見廣韻
古鉢 苒騷

蓶 見集韻
古鉢 史蓶

蓑 見集韻
鄦子蓑夷鼎

蒘
乙八五〇二
前五・四八・二
說文籀文

蒴
說文籀文

莫
京都二七八A
甲二〇三四
夆莫父卣
散盤
晉公盦
中山王壺
古鉢 宋莫

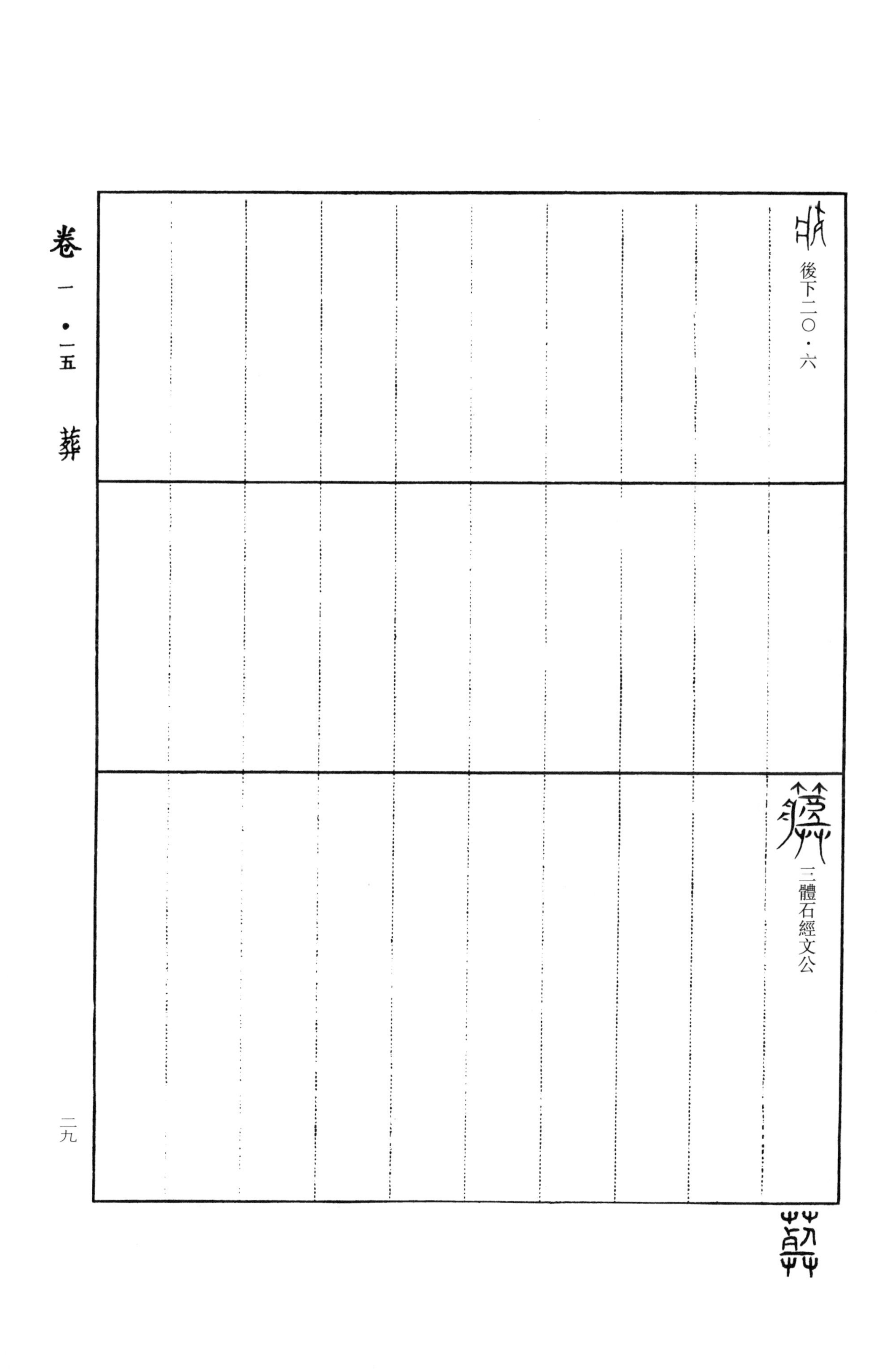

後下二〇·六

三體石經文公

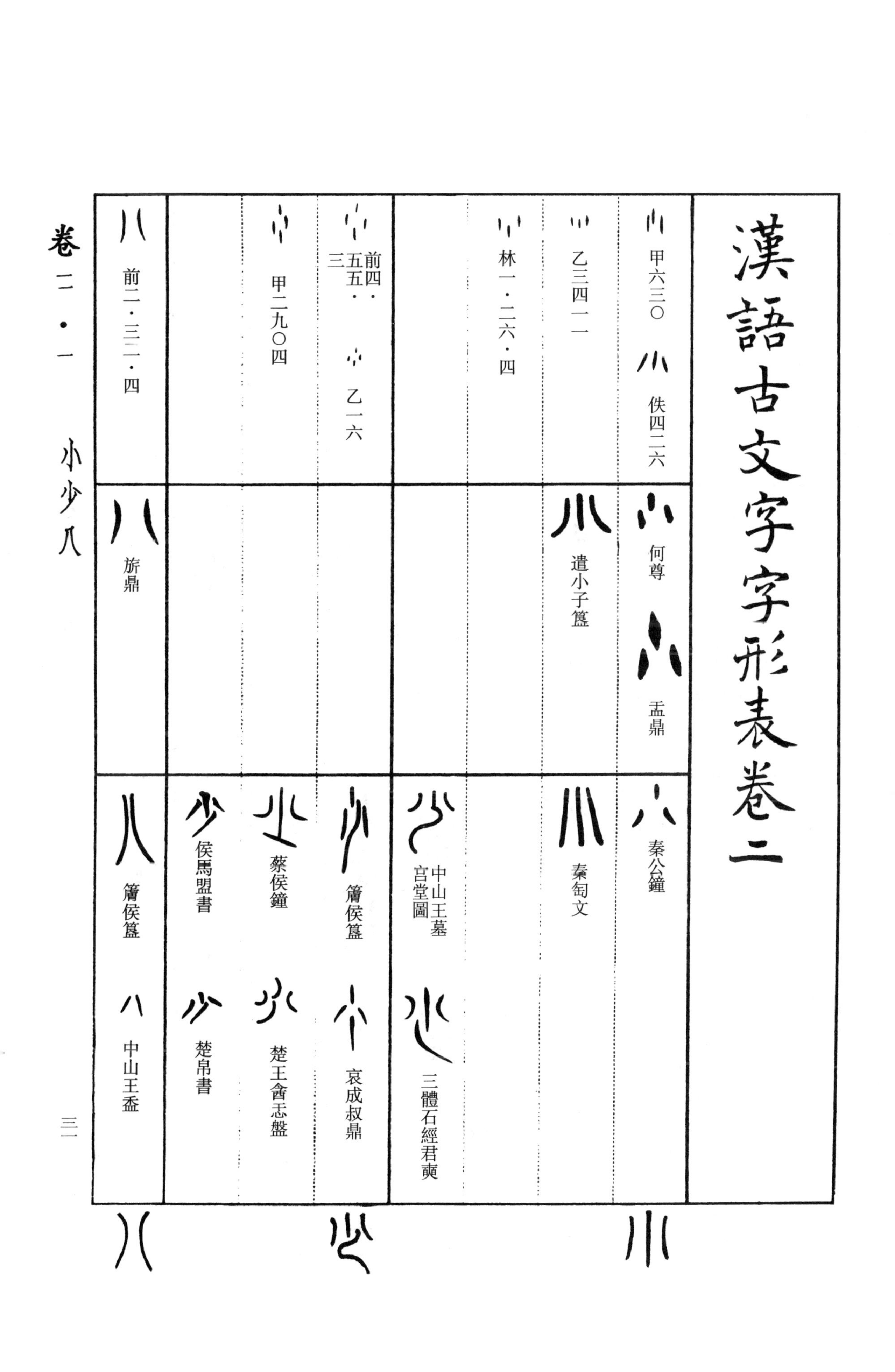

漢語古文字字形表卷二

甲六三〇 佚四二六	乙三四一一	林一・二六・四		前四・五五・三 乙一六	甲二九〇四		前二・三一・四
何尊 盂鼎	遣小子簋						旂鼎
秦公鐘	秦匋文		中山王墓宮堂圖 三體石經君奭	簷侯簋 哀成叔鼎	蔡侯鐘 楚王酓忎盤	侯馬盟書 楚帛書	簷侯簋 中山王壺

分介曾尚家

分

粹六七

鐵三八·四

粹一一九

戈叔鼎

鬲攸从鼎

詛楚文

大梁鼎

楚帛書

分布

介

中山王鼎

三體石經多士

曾

前六·五四·一

後下二四·一一

昜鼎

曾子遹簠

曾伯簠

石鼓

隨縣楚王酓章鐘

中山王壺

尚

叔趩父卣

㦸鼎

中山王壺

陳公子甗

楚帛書

三體石經君奭

家

彔伯簋

毛公鼎

師寰簋

鄀公華鐘

秦公鐘

介八公必余

鄴初下二九·四

京津四一二一

粹四〇五

明三七六

前二·四五·一

京津四四七二

前一·四五·六

粹二五七

師旗簋

訇簋

寰盤

休盤

牆盤

毛公鼎

利簋

旂鼎

𤔲簋

古鉨 交仁必可

穌公簋

蔡公子果戈

三體石經僖公

陳公子中慶簠

中山王壺

詛楚文

三體石經僖公

介鐘磬

詛楚文

楚帛書

釆番𨗨宷審悉

林一·二二·一九

甲二七〇

後下三·三五

何尊

盂鼎

㝬簋

盠作父乙卣

采卣

魯伯鬲

番生簋

五祀衛鼎

秦公鐘

欒書缶

齊侯壺

石鼓

中山王壺

中山王鼎

三體石經多士

說文古文

番白匜

說文古文

古鉢 審信

詛楚文

說文古文

釋	半	牛	牡	犅
		乙三三二八 甲五二五 甲七九五	前一・二九・五 通七三三 前七・一七・四 存下七九七 乙一七六四	前二・一七・六 後上一三・二 前二・一七・八
		昌鼎 師寰簋		靜簋 大作大仲簋
三體石經君奭	秦公簋 侯馬盟書 古鉢 半脊	侯馬盟書 鄂君舟節 江陵楚簡 隨縣戰國墓漆二十八宿匫	好蚉壺	

犅刧尊

石鼓

乙五三八六

戩二三·一〇

拾一三·一〇

前五·四三·六

後下五·一〇

乙一九四三

前四·二一·五

說文籀文

高奴權

特　牝　　　　犅　牟

牲
天五二
矢令彝
盂鼎二
詛楚文
三體石經僖公

牽
隨縣戰國墓漆二十八宿匫

牢
甲三五七六
粹五七四
貉子卣
古鉢 旂牢
爵文
後下三・一四
京津四八三一

犕
戜簋
毛公鼎

犙
甲二七九五
粹四二一

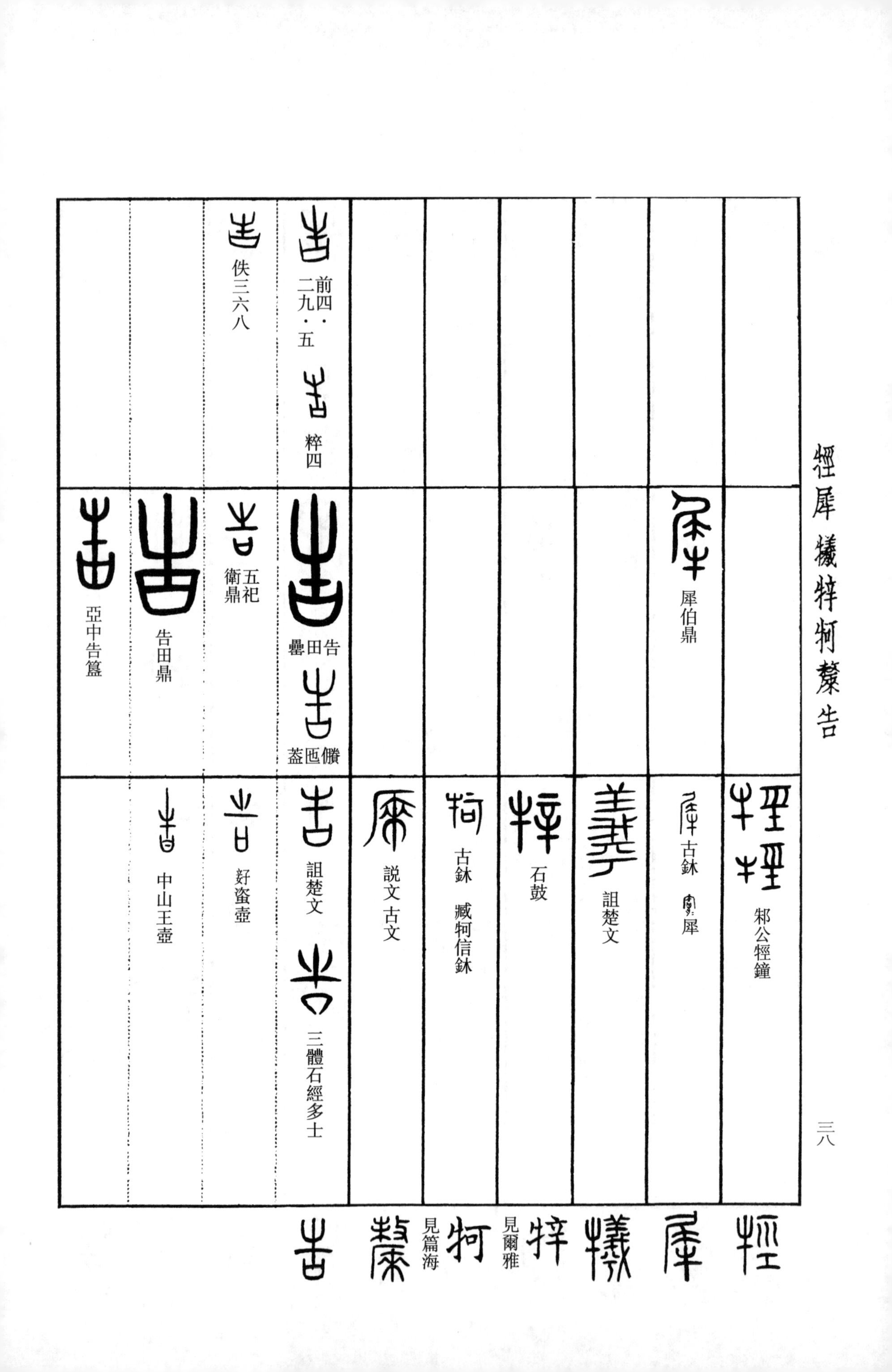

牼	犀	犧	牸	犅	犛	告			
						前四·二九·五 粹四	佚三六八		
	犀伯鼎					告田罍 蓋匜饙	五祀衛鼎	告田鼎	亞中告簋
郳公牼鐘	古鉥 𠭯犀	詛楚文	石鼓	古鉥 臧犅信鉥	説文古文	詛楚文 三體石經多士	好螸壺	中山王壺	

牼 犀 犧 牸 犅 見爾雅 犛 見篇海 告

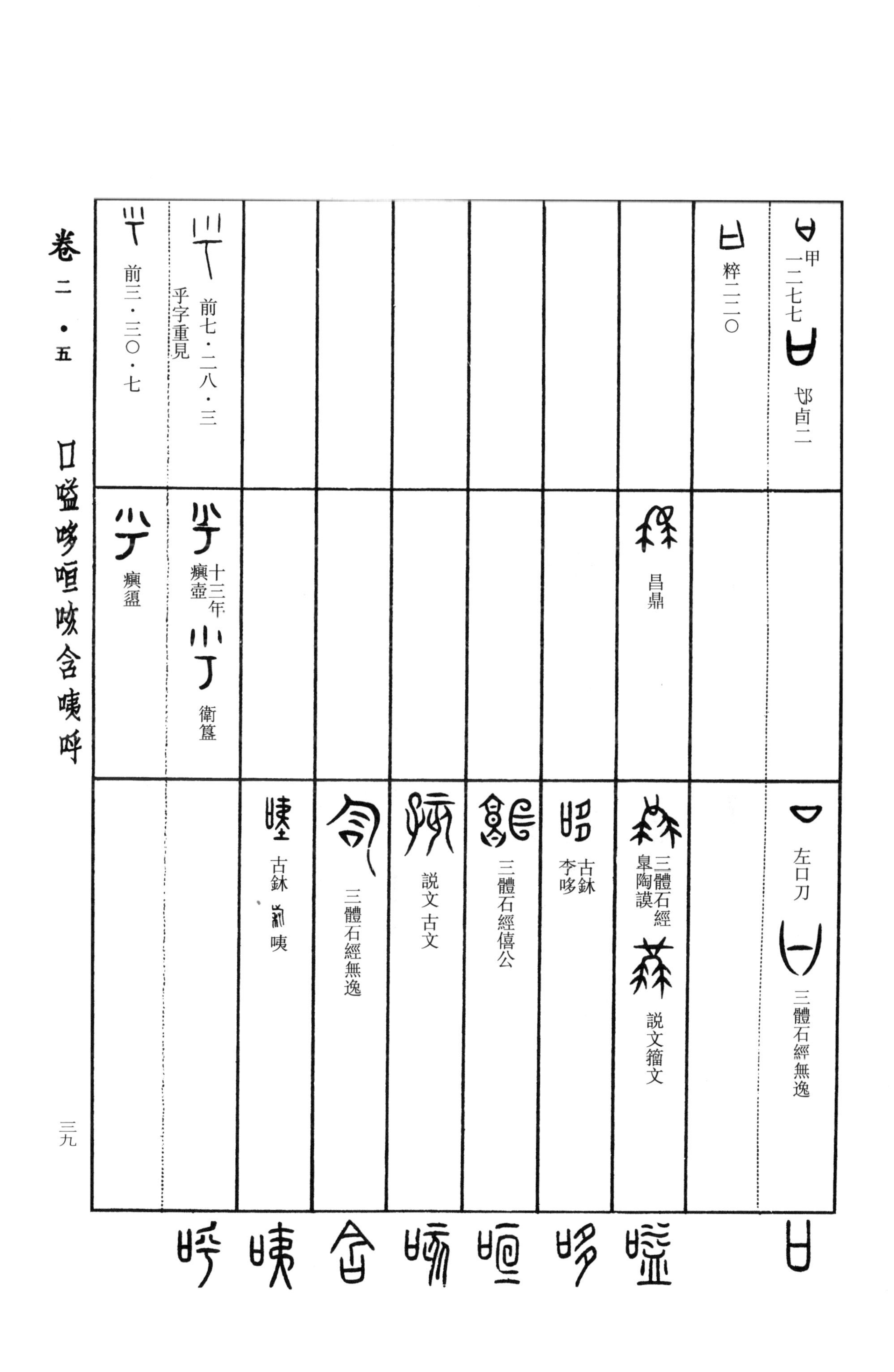

	口	嗌	哆	咺	咳	含	咦	呼
一	甲一二七七；䢼卣二；粹二二〇							前七·二八·三（乎字重見）；前三·三〇·七
二		昌鼎						十三年瘋壺；衛簋；瘋盨
三	左口刀；三體石經無逸	三體石經皋陶謨；說文籀文	古鉨李哆	三體石經僖公	說文古文	三體石經無逸	古鉨 [illegible] 咦	

吺名吾哲悊

乙一二七八反

後下二四·一四

甲三四八八

頌鼎

三年瘐壺

善夫山鼎

叔趯父卣

召伯簋

沈子簋

毛公鼎

克鼎

沓生簋

吉日壬午劍

信陽楚簡

四年相邦戟

石鼓

詛楚文

曾伯簠

王孫鐘

古鉨　陰哲

中山王鼎

折象以斤斷木梯，説文斷草之説不可從。

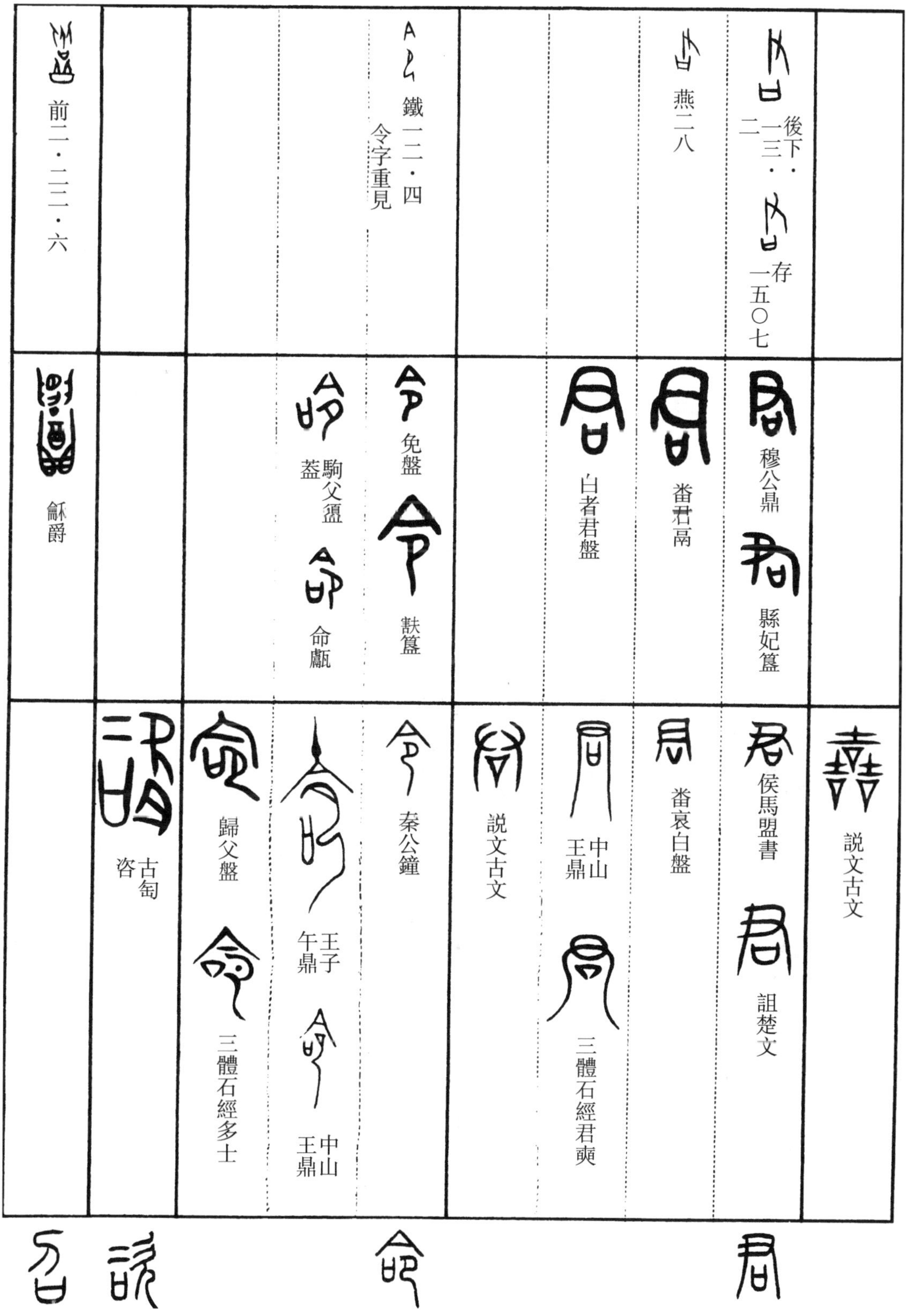

君

後下·一三·二
存一五〇七
燕二八
穆公鼎
縣妃簋
畓君鬲
白者君盤
說文古文
侯馬盟書
詛楚文
畓哀白盤
中山王鼎
三體石經君奭
說文古文

命

鐵一二·四
令字重見
免盤
㝬簋
駒父盨蓋
命甗
秦公鐘
王子午鼎
中山王鼎
歸父盤
三體石經多士

咨

古匋咨

召

前二·二二·六
龢爵

	問	唯	和
甲骨	前二·二二·四　明八一三　後下九·一〇	甲四 隹字重見　明六八二　前四·二七·二	
金文	召伯簋二　大簋　克鐘　史問鐘	商卣　頌簋　旂鼎　公父宅匜　散盤	史孔盉
戰國	中山王壺　陳侯因資錞	楚帛書　中山王鼎　詛楚文　古匋 唯	陳肪簋　古匋 和　好盗壺　古鉢 叵和

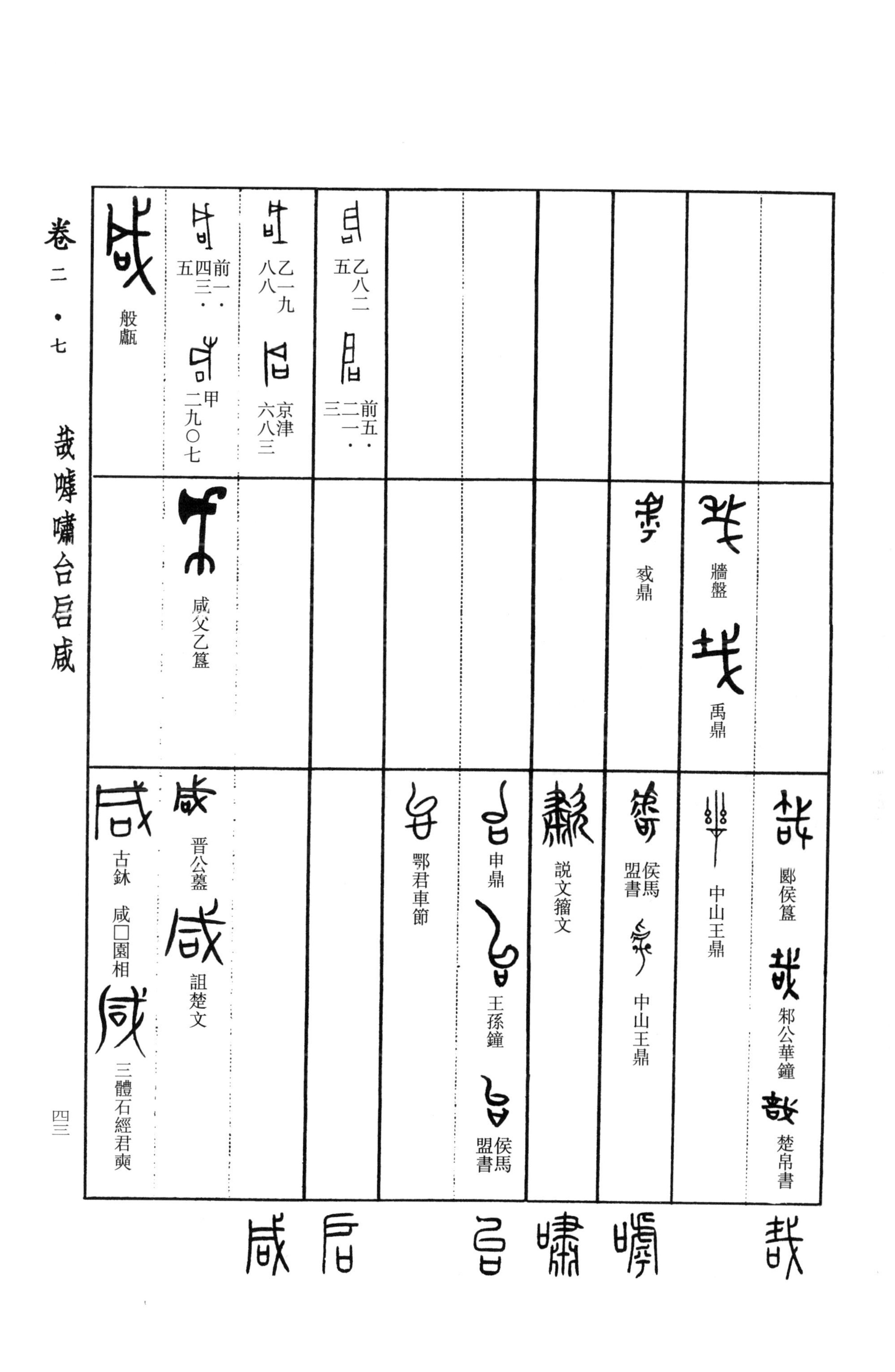

哉嘒嘯台启咸

哉	嘒	嘯	台		启	咸		
					乙八二五 前五·二一·三	乙一九八八 京津六八三	前一·四三·五 甲二九〇七	般甗
墻盤 禹鼎	𢦏鼎						咸父乙簋	
鄘侯簋 邾公華鐘 楚帛書	中山王鼎	侯馬盟書 中山王鼎	説文籀文	申鼎 王孫鐘 侯馬盟書	鄂君車節		晋公盨 詛楚文	古鉨 咸□園相 三體石經君奭

呈　㬜　吉

國差𦉜

侯馬盟書

古鉨　呈志

楚帛書

三體石經無逸

趞簋

剌鼎

師酉簋

買簋

前七·一六·四

前六·四〇·三

珠一二〇

前五·二一·五

前五·一六·二

孝叔𤼈父簠

旂鼎

𣪕簋

王孫𪈫

晉公𥂴

姑馮句鑃

十三年𤼴壺

毛公鼎

吉日壬午劍

侯馬盟書

詛楚文

中山王壺

光伯簋

中子化盤

周

前六·六三·一

京津一二七四

甲四三六

乙二一七〇

免簋

保卣

何尊

無叀鼎

牆盤

善夫克鼎

信陽楚簡

三體石經僖公

說文古文

唐

前四·二九·五

甲一五五六

周原卜甲一

唐子祖乙爵

𨥫仲多壺

𨥫姬作嫼簋

古鉥

棲唐信鉥

晉公𥂴

說文古文

𡔵

豆閉簋

𡔵簋

吃

古匋 吃

乙三〇六五

前六・二九・七

吳王光鑑

後下一三・一五

佚七二五

楚帛書

古鉢

齊馬官鉢

說文古文

前五・二四・四

粹一〇六一

十三年瘓壺

楚帛書

宰椃角

虢季子白盤

石鼓

輔仁九二

沈子簋

粹一〇六二

庚贏卣

𩰫匜

毛公鼎

晉公盞

中山王鼎

咅 吁 吝 各 否

哀咼舌吠嘑名哦

哀	咼	舌		吠	嘑		名	哦
沈子簋 禹鼎					善鼎	伯𢦚簋		哦簋
哀成叔鼎	古鉢 周咼	姑馮句鑃	說文古文	古鉢 韓吠			說文古文	

字頭	甲骨文	金文	戰國文字等
吕 見玉篇			侯馬盟書
啉 見廣韻	後下二七·一七		西替簠
吅	乙五八二三		
⿱吅敢		散盤	薛侯盤；樂子⿱吅敢簠簠；古鉢黃⿱吅敢；說文籀文
嚴		瘨鐘；井人編鐘；井人妄鐘；㝬鐘；虢叔鐘；士父鐘	王孫誥鐘；中山王壺；說文古文；秦公簋

咢

咢侯鼎

禹鼎

單

前六・三・一

前七・二六・四

乙一〇四九

乙三七八七

小臣單觶

伯鬲

奚單匜

蔡侯匜

平安君鼎

喪

佚六〇五

前六・五三・七

粹一〇二七

粹四七〇

後下三五・一

旂作父戊鼎

毛公鼎

三體石經多士

走

令鼎

盂鼎

休盤

召卣

井侯簋

大鼎

伯仲父簋

石鼓

中山王鼎

薛仲赤簠

趣越趞趎趯⿺走與起趌趩

趩	趌	起	⿺走與	趯	趎	趞	越	趣
趩簋	師趌鼎；姬趌母鬲			毛公鼎		趞曹鼎		
王孫鐘；石鼓；王子午鼎		古鉨 長生起；說文古文	曾子⿺辶與簠		石鼓		者沪鐘；越王勾踐劍	簷侯簋

趍趙䞴越趯

趙鼎

叔趯父卣

叔多父簋蓋

叔多父簋

石鼓

禺邗王壺

侯馬盟書

侯馬盟書

大梁鼎

肖字重見

侯馬盟書

三體石經文公

侯馬盟書

古鉨　州越

赳	趯	趡	䞈			趞		趥
			前四·三七·三 師友一·七五	菁九·一二 父丁鼎				
		趡罍			牆盤	虢季子白盤			趥簋
侯馬盟書	石鼓					秦公簋 者沪鐘	陳侯因資錞 中山王壺	侯馬盟書	

赳 趯 趡 䞈 趞 趥 見玉篇

趙 見玉篇	𧾻 見康熙	止	𧾷	堂	肯		歷		
		甲二七四四 乙一二〇六			佚六九八	粹三八二	前一·三三·一	甲五四四	
趙盂		古伯簋	毛公鼎		瘋編鐘 兮仲鐘			禹鼎	毛公鼎 厤字重見
	石鼓	石鼓		古鉢 堂𩠐	三體石經君奭				

歸

三體石經君奭

甲三三四二
前八・一・六
矢令彝
侯馬盟書

後下三三・四
不嬰簋
歸父盤
江陵楚簡
三體石經僖公

說文籀文

疌

古鉢 姚疌

𨇴

林一・二九・二〇

登

掇一・三八五
燕六六四
古鉢 登

前五・二・一
登伯盨
登鼎
侯馬盟書
說文籀文

姬鼎

癹

侯馬盟書
中山王鼎
古鉢

卷二・一三　步歲此正

	步				歲				此	正
甲	甲三八八 鐵二二・二	子且午尊	前六・二二・八		甲二九六一 粹一七	後下一五・六 佚二二一	餘一・一	粹一三一五 粹一三一五	甲一五〇三 戩一七・四	甲三九四〇 卲卣
金				步白癸鼎		利簋	毛公鼎		此尊 此鼎	趞盂
戰國	楚帛書			中山王墓宮堂圖		子禾子釜	國差𦉜	楚王酓肯鼎 鄂君舟節 楚帛書	侯馬盟書 中山王鼎	

步　歲　此　正

正是韙

正

乙一〇五四

甲一九三

格伯簋

虢季子白盤

沇兒鐘

侯馬盟書

三體石經文公

王孫誥鐘

說文古文

說文古文

楚王酓忎鼎

楚帛書

中山王墓宮堂圖

中山王壺

中山王墓宮堂圖

是

毛公旅鼎

毛公鼎

石鼓

詛楚文

中山王鼎

侯馬盟書

楚帛書

信陽楚簡

說文籀文

古鉨　秦是

韙

說文籀文

後下一四·一八

佚二九〇

師寰簋

師旋簋

詛楚文

說文籀文

三體石經僖公

盂鼎

率宇重見

小臣遹簋

駒父盨蓋

厲羌鐘

侯馬盟書

中山王鼎

禹鼎

戜簋

庚壺

三體石經僖公

叔向簋

王孫誥鐘

行氣銘

古鉨

鮮于巡

揚簋

禹鼎

石鼓

侯馬盟書

鄂君車節

古鉨　大司徒長卩乘

古匋　▽司徒

無叀鼎

䢖征𨑢徂述適過遺進

字	甲骨文	金文	戰國文字
䢖	續一·三·二；存下八四八	利簋；大保簋	
䢖		盂鼎；牆盤	曾伯簠
䢖			屭羌鐘；中山王鼎
䢖		曩伯盨	申鼎
𨑢 徂			說文籀文
述		史述簋	說文籀文
適		師酉簋 啻字重見	三體石經多士
過		過伯爵；過伯簋	侯馬盟書；古鉨 董過
遺			石鼓
進	京津四〇〇一	召卣；兮甲盤	楚帛書；中山王壺

造遹逻迨

造：頌鼎　頌簋　邾大司馬戟　說文古文　申鼎　呂不韋戟　曹公子戈

遹：前五·一二·三　鄂君舟節

逻：粹一〇三七　鄴初下·三三·八　珠一九三　戍甬鼎　卣保　牆盤　癲鐘

迨：三體石經文公

申鼎

厲羌鐘

番生簋

齊侯壺

楚簋

石鼓

叔家父匡

石鼓

說文籀文

古鉢 孫遬

說文古文

乙八七六二

迎

前五・二六・五

甲八九六

續三・六・六

仲再簋

令簋

宗周鐘

九年衛鼎

楚帛書

侯馬盟書

鄂君舟節

行氣銘

中山王壺

古鉨　姚迎

遇

子邁鼎

古鉨　邦遇

侯馬盟書

三體石經　莊公

遘

前一・四〇・五

粹七二八

後上一四・八

甲五二二

邲卣

克盨

迎　遇　遘

逢

保卣

石鼓

侯馬盟書

好盗壺

迪

三體石經君奭

通

粹一一九二

京都一八五七

九年衛鼎

京津三一三六

侯馬盟書

頌鼎

䢓

觶徒

徒尊

廙盉

楚帛書

說文古文

遷

何尊

		㝬侯鼎	師旂簋 散盤	免簋					
好蚉壺 說文籀文	古鉨 𡵂選				好蚉壺 中山王壺	䣄章鐘 鄂君舟节	三體石經閔公	三體石經僖公	說文古文

遣

甲一五四〇

乙二八八二 旹字重見

乙九八〇

大保簋

小臣謎簋

明公簋

⿰言夫鐘

遺小子簋

邐

乙亥鼎

辛巳簋

逮

石鼓

古鉥 王逮

遲

甲三七九六

伯遟父鼎

仲戲父簋

說文籀文

遹

盂鼎

牆盤

善夫克鼎

達達达迷連逑逋

逋	逑	連		迷	达	達			違
							京都六二四 存二〇一二		
逋簋 遡盂					保子達簋	牆盤 師寰簋		班簋 臣卿簋	翏生盨
說文籀文	詛楚文	連尹之鉩 古鉩 □連	中山王鼎	侯馬盟書 古鉩 富迷 三體石經 無逸	楚帛書 古鉩 衛生達			三體石經無逸	

遺

昌鼎

王孫遺者鐘

中山王壺

遂

盂鼎

小臣遽簋

魚鼎匕

中山王壺

三體石經僖公

古鉩蔡遂

説文古文

追

京津四三九一

召尊

好蚉壺

甲二四二

井侯簋

都公鼎

逐

前六・四六・三

粹九三一

甲六二〇

方鼎 𣪘𦅿

前三・三二・二

逐簋

近

説文古文

存下一九五

存下五〇九

佚二九二

前五·三〇·一

居簋

畨生簋

㝬簋

克鼎

石鼓

說文古文

吴季子之子劍

侯馬盟書

說文古文

三體石經君奭

說文古文

衜从卣似爲从酋之誤。

邍：史敖簋；陳公子甗；石鼓；魯邍父簋

道：貉子卣；𣪕鼎；散盤；散盤；曾伯簠；石鼓；說文古文；侯馬盟書；中山王鼎；侯馬盟書；詛楚文；好蚉壺；侯馬盟書

遽：遽父己卣；㢊盉；牆盤

邊：盂鼎

	迄	迢	遙	迂 見集韻	遹 見玉篇	迮 見玉篇	途 見玉篇	途	適 見玉篇
				後下一四・一四			前七・三二・一	前六・二六・五　前六・二五・二	
散盤									
詛楚文	石鼓	古鉨 𡰪迢	三體石經多士		好盜壺	古鉨 郵不迮			行氣銘　古鉨 郢適

迺迏迣迂連德

迺 見廣韻

子婼迺子壺

迏 見集韻

中山王鼎

迣 見篇海

楚帛書

迂 見正字通

石鼓

連 見正字通

石鼓

古鉢皇連

古鉢史連

德

粹八六四

甲二三〇四

辛鼎

盂鼎

秦公鐘

王子午鼎

牆盤

毛公鼎

詛楚文

蔡侯鐘

王孫誥鐘

象半穴居前後有廊，廊下著夂象人足出入之形。良為廊之本字。从丘象半穴居兩廊出于地面之形。合此三形則古代半穴居之形義始能完全表達出來。

象手持鼓槌以指鼓面之皮，故得皮意。隶書鼓或从皮作皷。壴象鼓。

粹一〇五八

前二·三三·二

鬲从盨

复字重見

小臣遞簋

戜鼎

小臣遞簋

昌鼎

散盤

陳侯因𬣾錞

恖字重見

侯馬盟書

石鼓

侯馬盟書

詛楚文

侯馬盟書

楚帛書

中山王鼎

三體石經僖公

侯馬盟書

鄂君舟節

侯馬盟書

古匋

說文古文

吳王光鑑

三體石經梓材

鄀𰳎尹鉦

皮字重見

石鼓

中山王鼎

復　往　彼

彶微徐徎待徥衲後

彶	微		徐	徎	待		徥	衲	後
乙九〇七七；菁一一·一九				後上一〇·四；菁九·四					
	牆盤				師𧇌鼎				周原卜甲八三；令簋
		石鼓	沇兒鐘			侯馬盟書	楚帛書；說文古文	中山王壺；中山王墓宮堂圖	侯馬盟書

甲二四一八
粹二六二
京都二一一三
前七·三八·二
前五·三〇·一
觚文
得鼎

寽鼎
師寰簋
伊簋
此簋
仲𠭁父簋
昌鼎

侯馬盟書
說文古文
三體石經 君奭
侯馬盟書
中山王鼎
中山王墓刻石文
楚帛書
中山王壺
說文古文
三體石經 僖公
古鉥 相思得志
余義鐘

御盂鼎从[glyph]与大鼎从罒，象馬鞭前端兩結之形。今天北方大車御者所持馬鞭仍与古時無異。後来或譌為午，或譌為禹，積久相沿，遂失原意。

律	御	御	御	御	御	彷	徭	徻	俉
京都二〇三三	粹一九〇 佚九〇八	存一八五八	前二·一八·六 前六·六·三	新一五二			輔仁九二		
	大保爵 盂鼎	牧師父鼎 不𡢁簋	御鬲	盂鼎 禹鼎	大鼎		沈子簋		
		齊侯壺 子禾子釜		好蚉壺 說文古文		中山王鼎	三體石經君奭	中山王鼎	詛楚文

律 御 彷見玉篇 徭見廣韻 徻見集韻 俉見正字通

卄象十字道路，卄乃卄之省。

廷：何尊　盂鼎二　頌鼎　師酉簋　毛公鼎　卯簋　秦公簋

建：𣪠建鼎　中山王墓宫堂圖　蔡侯鎛

延：甲五二八　前六·二二·五　盂鼎二　康侯簋　王孫鐘　魚鼎匕

延：康侯簋（逃字重見）

行：後下二·一二　甲五七四　行父辛觶　虢季子白盤　侯馬盟書　嫣甫人盨　楚帛書　中山王鼎　行氣銘

衛象人圍繞城邑而行之意，从口与从方同意。殷人在黃河下游廣大平原上作邑(築城)皆作方形。

	衙	衛	衞	徉	齒
甲骨文			弓衛且己爵 爵文 前四·三一·六 乙七三〇 粹一一五三	前一·四八·一 前一·四八·二	拾一〇·四 林一·六·二 前一·二五·一 前四·四·二 前六·三二·一 後下五三 乙五八八三
金文			司寇良父壺 康侯簋 簋衛		
戰國文字	三體石經文公	詛楚文 三體石經僖公	三體石經僖公 古鉢 衛生□		仰天湖楚簡 說文古文 中山王壺 仰天湖楚簡 古鉢 西方齒 古鉢 □齒 古鉢 □齒

衙 衛 衞

徉 見廣雅

齒

齻	齮	齰	齕	牙		足		跽	
						前四・四〇・一 乙三一八四	甲一六四〇	存一六七三	前六・二五・一
				十三年瘋壺 師克盨		善鼎	免簋 師晨鼎		
古鉨 奚齻	古鉨	古鉨	古鉨 石齕	屑敖簋	說文古文	江陵楚簡			

	躋	踐	蹔	踬	距	路	𨀤（見字彙補）	疋	品	喿
甲骨文			前五·三二·六	拾四·九 前六·二五·四				甲二八七八 佚三九二	甲二四一 粹四三二	
金文						史懋壺			保卣 穆公鼎	叔喿父簋
戰國文字	齊侯壺 𦅫鎛	三體石經僖公			末距悍 銅戈		侯馬盟書	仰天湖楚簡 古鉢 疋𨑒 古鉢 疋章		

龠

前五・一九・二

存下七四

掇二・一二二

臣辰卣

散盤

龢

前二・四五・二

寧滬一・七三

牆盤

𤼈鐘

龢爵

秦公鐘

王孫鐘

王孫誥鐘

余義鐘

邾公釛鐘

禾字重見

籥　見玉篇

盟爵

冊

前四・三七・六

甲一四八三

粹一〇二七

乙一七一二

旂觥

令簋

趩簋

善夫山鼎

寰盤

嗣

戍嗣鼎

作册大鼎

盂鼎

師𩛥鼎

說文古文

中山王壺

曾姬無卹壺

石鼓

詛楚文

令狐君壺

三體石經君奭

好蚉壺

說文古文

嗣

漢語古文字字形表卷三

字	甲骨文	金文	戰國文字等
嚚	前六・五五・三		說文古文
囂			囂伯盤；中山王鼎；信陽楚簡
器		罳卣；散盤；𦳝簋；仲盤	禹邗王壺；信陽楚簡；古鉩 肖𨌤器 容一斗
舌	舌鼎；後上・二四・一〇；乙二二八八		古匋 匋攻舌

舌象張口舌向前伸有所移動之形。參看五六五頁飲作𩚃，正象人俯首伸舌飲酒之形。

干屰丙𠕋商

鄴三下·三九·一一

甲二八〇五

京津三五二四

乙一七八六

爵T

乙三三九九

後下三六·五

甲一一六七

前一·三六·六

珠三九三

甲七二七

佚六八七

佚八五三

干氏叔子盤

豦簋

毛公鼎

商尊

康侯簋

干邑布

說文古文

古鉥肖啇

句拘笱鉤丩古

	甲二四一六			前八·四·八				後下二六·五 乙三八〇五反	
[illegible]尊		商叡簋		鬲从盨			芮公鐘鉤 句字重見	丩方鼎	盂鼎
秦公鐘	商丘叔簠 說文古文	蔡侯盤 三體石經多方	說文古文 說文籀文	其𣱼句鑃	詛楚文	古鉩 笱競	信陽楚簡	古匋 匋攻丩	
				句	拘	笱	鉤	丩	古

牆盤

石鼓

三體石經君奭

中山王壺

說文古文

前一·五·五

甲八七〇

克鐘 段字重見

我鼎

幾父壺

守簋

鄂君舟節

者沪鐘

中山王壺

詛楚文

三體石經無逸

甲三一一五

後上三一·五

甲二九〇七

燕一三五

盂鼎

散盤

𠑇匜

明刀背

楚帛書

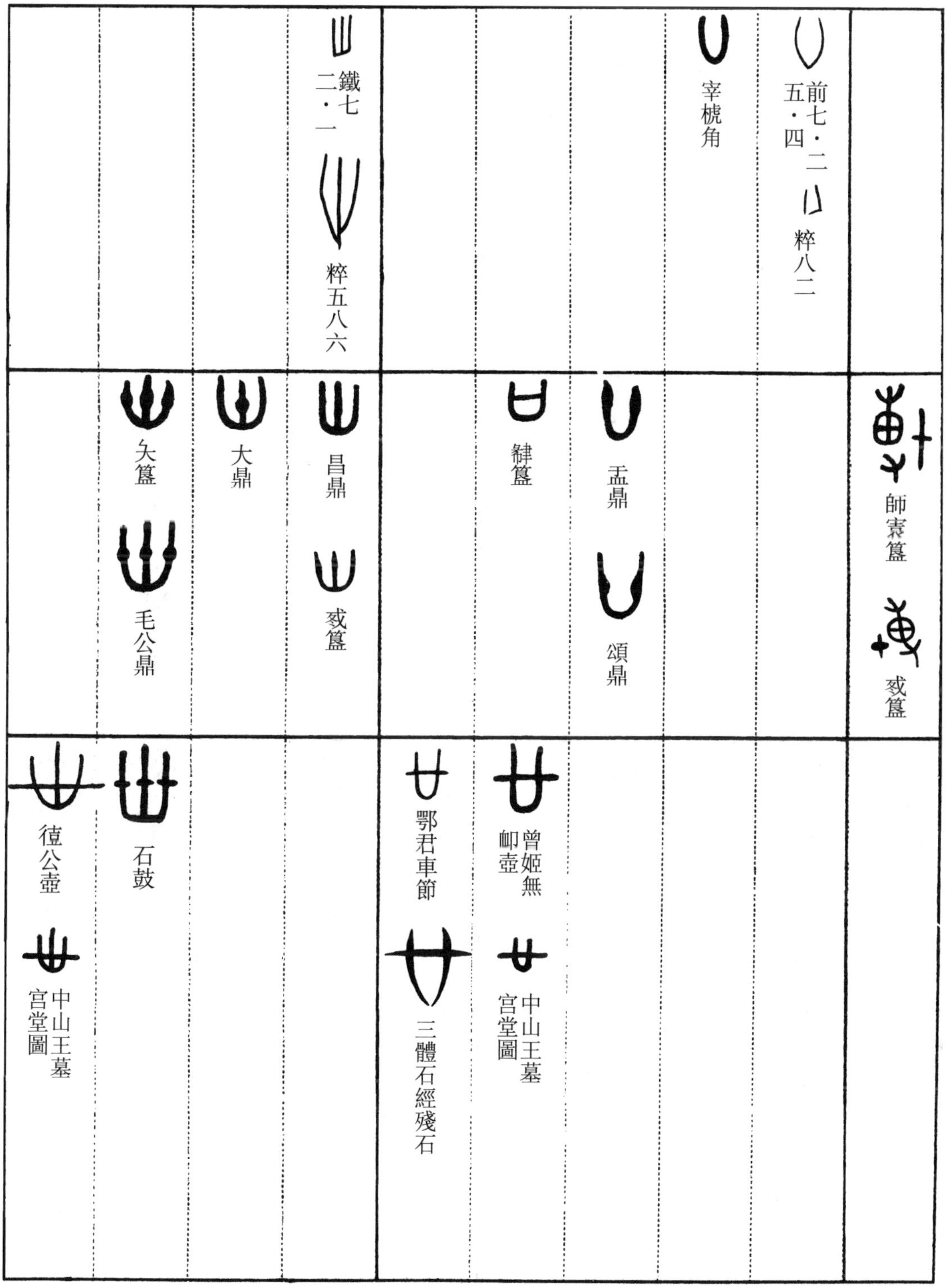

博

師寰簋

㦰簋

廿

前七·二五·四

粹八二

宰椃角

盂鼎

頌鼎

肄簋

曾姬無卹壺

中山王墓宮堂圖

鄂君車節

三體石經殘石

卅

鐵七二·一

粹五八六

昌鼎

㦰簋

大鼎

矢簋

毛公鼎

石鼓

徨公壺

中山王墓宮堂圖

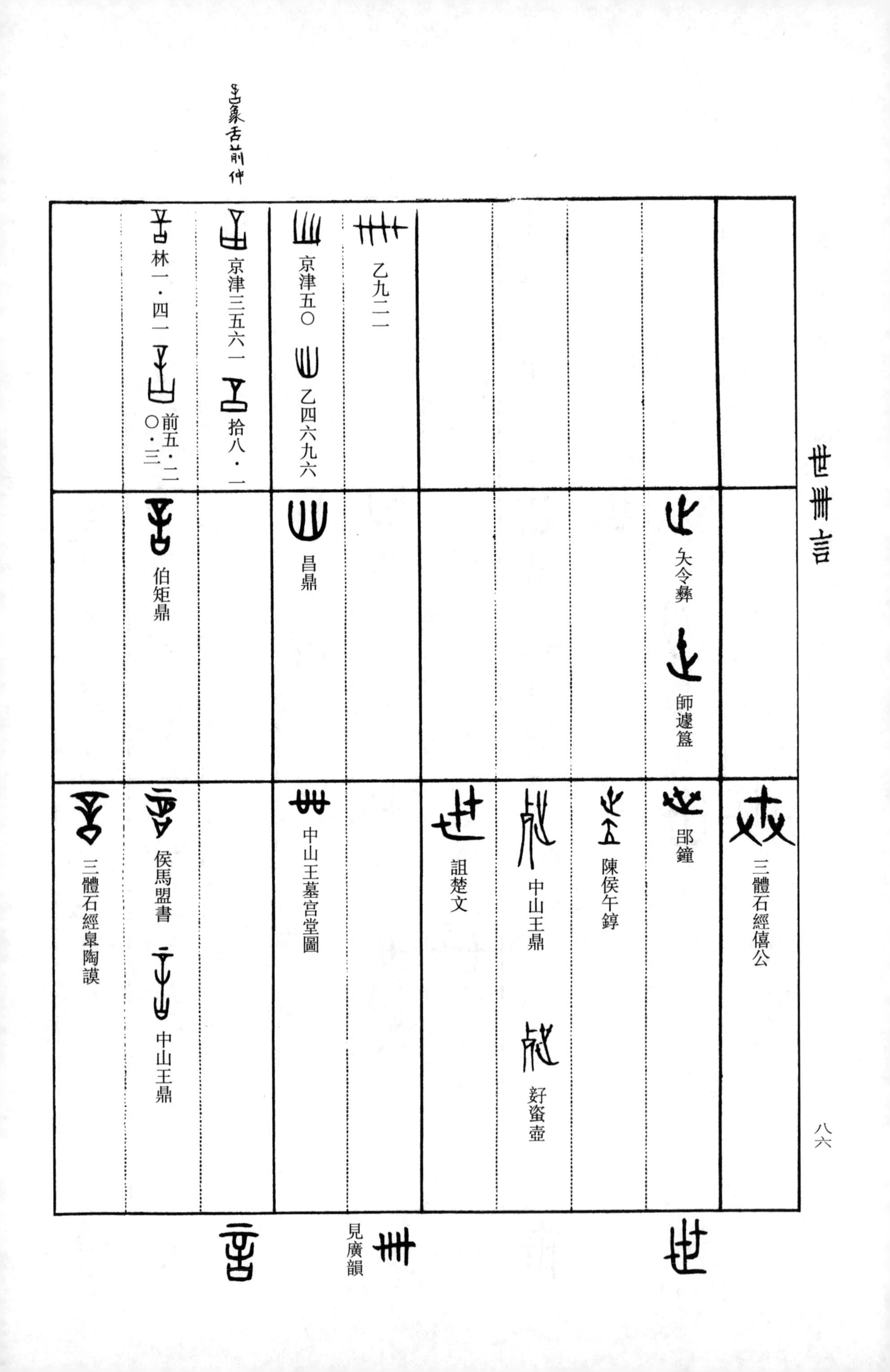

世卅言

		三體石經僖公
矢令彝 師遽簋		邵鐘
		陳侯午錞
		中山王鼎 好盗壺
		詛楚文
乙九二二		
京津五〇 乙四六九六	昌鼎	中山王墓宮堂圖
京津三五六一 拾八·一		
林一·四一 前五·二〇·三	伯矩鼎	侯馬盟書 中山王鼎
		三體石經皋陶謨

見廣韻

舌象舌前伸

余義鐘

中山王鼎

古鉢 䮾談

古鉢 肖談

石鼓

信陽楚簡

中山王墓守臣刻石

昌鼎

鬲攸从鼎

五祀衛鼎

中山王鼎

三體石經僖公

毛公鼎

昌鼎 若字重見

䜌：䜌尊；鬲从盨

諸：矢令彝；者字重見；兮甲盤；王孫誥鐘；中山王壺

詩：王孫鐘；三體石經僖公

䛐：說文古文

訓：牆盤；畜簋；令狐君壺

譁：三體石經無逸

諭：甲五七三；牆盤；不嬰簋；王孫鐘；王孫誥鐘

詻：侯馬盟書

（末欄）：好蚉壺

謀		謨	識	訊					謹
				續三·三一·五					
			何尊 格伯簋	㝬簋	揚簋 不𡢁簋	虢季子白盤	師寰簋		
古匋攻謀	說文古文	說文古文						說文古文	古匋攻謹 古鉨邢謹

諶
諶鼎

信
[言夫]叔鼎
古鉥 [糸㞷]齒信鉥
說文古文
辟大夫虎符
三體石經君奭
中山王壺
古鉥 [止亞阝][韋皮]信鉥
古鉥 軍信之鉥
說文古文

訦
三體石經君奭

認
[素命]鎛

諱
屖敖簋
蔡侯盤
侯馬盟書

誥
何尊
史話簋
王孫誥鐘
三體石經多方

詔誓詁諫諫誠詺

詔：說文古文；侯馬盟書

誓：散盤；𠈊匜；𠭯生簋；齊侯壺（折字重見）

詁：古鉨 韓詁；古鉨 喬詁

諫：鼎克；盂鼎；諫簋；盂鼎；𠭯生簋

誠：都公簠

詺：古鉨 □𦣻攴鉨

訢話記謝詠咏評諺詥詛

訢：蔡侯尊　好蚉壺　古匋 匋攻訢

話：說文籀文

記：上鄀服簠

謝：古鉥 謝

詠 咏：詠尊

評：頌鼎 平字重見　鐵三·一

諺：古鉥 諺國

詥：中山王鼎

詛：詛楚文

誕	訇	訮	註	誤		䜌		悖	詩
									佚七八一
康侯簋 延字重見	𢽾寏簋 訇簋					虢季子白盤	頌鼎 兮甲盤		旅仲簋
三體石經多士 說文籀文	說文籀文	侯馬盟書	古匋 紹遷匋里註	古匋 王誤	說文古文	宋公䜌戈	䜌書缶		說文籀文

訬	古鉢 王訬
諆	令鼎　逐鼎　郘王子鐘　旁鼎　師寰簋　王孫鐘　王子午鼎
詐	蔡侯盤　中山王鼎　曾侯乙簠
讋	說文籀文
訟	盂鼎　𠑾匜　䚄簋　說文古文
訶	余義鐘　朝訶右軍戈　蔡侯編鐘

卷三・八

訴⿰言朔愬諯讓譙誎諻詘謳詷詆誅

訴 ⿰言朔 愬	諯	讓	譙	誎	諻	詘 謳	詷	詆	誅
				牆盤 召伯虎簋	豦簋 朢字重見 伯作諻子簋				
古鉨 訴⿱斥灬	古鉨 虒諯	古匋 迿讓	說文古文			高奴權	中山王壺	中山王壺	中山王壺

詬詢詭訊誙詋詨訑諜譱善

								爵文 革鼎 父丁盤
							叔諜父簋 諜季獻盨	善鼎 盂卣 善夫山鼎 甚鼎
古鉥□詢	古鉥司馬訊	中山王壺	古鉥誙事得志	古鉥厎詋	侯馬盟書 古鉥相里詨	古鉥陽城訑		
詬 詢	詭	訊 見玉篇	誙 見玉篇	詋 見玉篇	詨 見玉篇	訑 見玉篇	諜 見廣韻	譱 善

競

佚二七六

前五·四一·五

戩三三·一二

京津四一八八

文簋

此簋

克鼎

大簋

競作父乙卣

仲競簋

孚尊

㝬鐘

信陽楚簡

信陽楚墓荆曆鐘

詛楚文

音

秦公鐘

郐王子鐘

侯馬盟書

古匋攻音

章

乙亥簋

頌簋

楚帛書

信陽楚簡

石鼓

竟

甲九一六

䇂 見玉篇

邵王簋

郤王子鐘

辛

後下三六·七

前八·三·一

古匋辛

童

牆盤

畨生簋

毛公鼎

楚帛書

中山王鼎

三體石經僖公

說文籀文

妾

前四·二五·七

粹二一八

克鼎

伊簋

侯馬盟書

楚帛書

業

晉公盨

說文古文

郾王職劍

中山王壺

對 對

珠三二六

佚六五七

逘父乙尊

牆盤

卷三·二〇

僕

後下·二〇·一〇

毛公鼎

召伯簋

柞鐘

䡅侯鼎

對卣

同簋

大保簋

彔伯簋

無叀鼎

克鼎

令鼎

旂鼎

趞簋

僕

奴 拜 奉 丞 㑥 弇 䢅

	京津二一三四 甲一二八七		鐵一七一·三	乙六三七〇					
幾父壺 史僕壺				尹丞鼎			邕子甗		
説文古文 三體石經僖公		侯馬盟書 楚帛書	石鼓 吕不韋戟	令狐君壺	侯馬盟書	中山王鼎 古鉨弇帘 説文古文	沇兒鐘 王孫誥鐘	姑馮句鑃 吴王光鑑	中子化盤

畁

甲三四七三

京津二八〇五

師酉簋

弄

乙一八〇〇

王作弄卣

智君子鑑

杕氏壺

弃

戩三七・一二

甲一二五六

古鉢王弃

戒

乙六五七

珠三六三

戒鬲

戒叔尊

中山王壺

古鉢戒之鉢

兵

後下二九・六

佚七二九

餘八・四

戜簋

庚壺

酓忎鼎

楚帛書

戰國秦虎符

詛楚文

說文籀文

說文古文

龔

前二・一五・六

龍鬲

段簋

1	2	3	4	5	6	7	8	9	10
前四·一〇·一	子龏簋			甲三三六五	前八·六·四				
頌簋 頌鼎	曼龔父盨			馭八卣	⿰害夫鐘	樊君鬲 ⿸㫃享叔樊鼎	諫簋 師晨鼎	禹鼎	
王孫鐘 王孫誥鐘	陳侯因資錞	秦公簋 三體石經君奭	陳肪簋	曾伯簠 秦公鐘	石鼓			酓肯鼎 楚王酓忎鼎	楚帛書 說文古文

異：甲三九四 前五·三八·六 盂鼎 昌鼎 虢叔鐘 石鼓

古鉨 郱異 三體石經殘石

戴：說文籀文

畀：侯馬盟書

𦥯：說文古文 三體石經僖公

與：鄦鎛 侯馬盟書 中山王鼎

說文古文 三體石經殘石

與：前五·二一·七 前五·二二·一

甲二〇三〇 興鼎 侯馬盟書 楚帛書

興壺

革象張獸皮之形，上象其首，中象其身，下象其足尾。

甲文用為晨字。

要	晨			農			爨	革	
	前四・一〇・三	乙二八二 摭二・六三	乙五三三九						
要簋 婁方鼎	師晨鼎 䡨侯鼎			農簋	牆盤	史農觶		康鼎 勒字重見	
長陵盉 說文古文 三體石經多方	都公平侯盂 中山王鼎	楚帛書			說文籀文 說文古文	說文古文	說文籀文	鄂君車節 說文古文	三體石經多士

鞄靼鞏鞀鞉鼗鞞靷䩪轉勒

鞄〔鮑〕
- 𩍐鎛
- 齊鞄氏鐘

靼
- 說文古文

鞏
- 牆盤 巩字重見
- 毛公鼎

鞀 鞉 鼗
- 說文籀文

鞞
- 靜簋
- 番生簋

靷
- 彔伯𢦚簋
- 說文籀文

䩪
- 古鉥 䩪

轉
- 彔伯簋
- 師克盨

勒
- 吳方彝
- 柳鼎
- 石鼓
- 師𩂣鼎
- 盠彝

勒从革从力象用力張革之意。

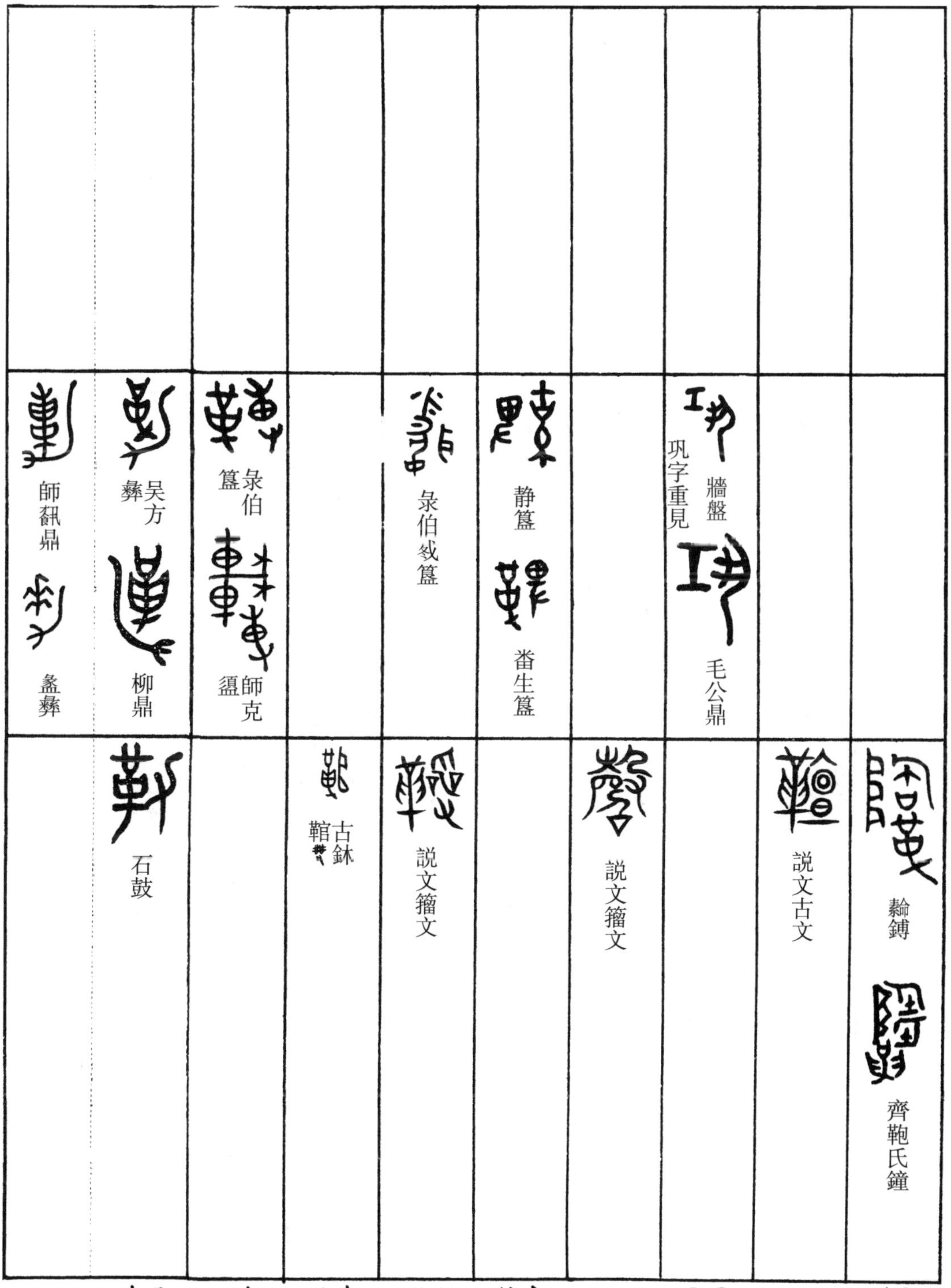

鞭	鞭	鞅	⿰革俞 見玉篇	軏 見龍龕	鬲 瓹 ⿸厤瓦				鬻
					甲二一三二	粹一五四三			
康鼎 ⿰革亘侯鼎	九年衛鼎 儹匜				召仲鬲	令簋 成伯孫父鬲	盂鼎	伯家父鬲 季真鬲	
	說文古文	商鞅方升	詛楚文	五里牌楚簡		鬲字布	戈叔鬲	三體石經君奭	說文籀文

从亯与从土同意，如城或从亯作𩫖。

鬴（釜）	鬳	融	𩰲	鬻（餗）	鬻	餌（鬻）
	前七・五・二；甲二〇八二	乙七〇一二；子癸壘觶	後上・九・一一；前二・三七・八	甲二九〇五；粹一三八；前五・一八・一		
	見甗；子邦父甗（獻字重見）；簋㝬	𤼈鐘；師[illegible]鼎				師趛鼎；量肇家鬲
陳猷釜；子禾子釜；古匋公釜	王孫壽甗	邾公釛鐘；楚帛書；說文籀文			侯馬盟書	
						見玉篇

字	甲骨文	金文	戰國文字
爪	乙三四七一	師克盨蓋	
孚	乙六六九四	過伯簋　師寰簋　孚公𤞷甗　㦰簋	古鉢肖孚　說文古文
爲	前五·三〇·四　後下一〇·二	昌鼎　雍伯鼎　鄀𡢁鼎	侯馬盟書　石鼓　詛楚文　中山王鼎　中山王墓宮堂圖　楚帛書　酓肯鼎　鑄客鼎　說文古文
丮	前五·三〇·三　乙四六九七	沈子簋	
埶	佚三六九　前六·六·一		

𦏧埶𠃨谻巩鬥鬮又

埶觚　毛公鼎　克鼎　石鼓

京津二六七六　伯到簋

甲二六二二　沈子簋　師谻鼎

前二·一〇·一　叔谻卣

牆盤　毛公鼎

前五·一二·五　粹一〇〇〇　丁未角　𠭯婦觚

邲卣　縣妃簋　牆盤

前二·九·四　粹一三二四

九年衛鼎

粹一九四　麥鼎　侯馬盟書　中山王鼎

父象手持石斧之形。

右厷肱又父叜侒變

盂文	鐵七·四			前二·一九·三	父癸鼎	鐵一九六·一	前四·二八·七	前四·二九·一	
彧簋	矢令彝 毛公鼎	南季鼎			揚鼎 毛公鼎	豚鼎 儹匜			燮簋 燮字重見
石鼓 古匋右匋攻又	秦公鐘 中山王鼎 三體石經君奭		說文古文		侯馬盟書 中山王壺 三體石經僖公			說文籀文	曾伯簠 古鉢燮正粱

曼	夬	尹			𠭘	〔虘〕		[illegible]	及
	粹一三二五	前七·三二·三	甲二八六八		前五·三七·五	京津四三八五	鄴三下·四三·四 京津三四五一	前五·三九·三	前六·六二·七
曼龔父盨		矢令彝 牆盤	頌鼎		盂鼎二 虘鐘	小臣遽簋			
鄧孟作監曼壺 中山王墓守臣刻石		郘鐘尹鉦 鄂君車節	尹陽布 古鉨連尹之鉨	說文古文		王孫鐘 侯馬盟書	王孫誥鐘 楚帛書		侯馬盟書 石鼓

秉反及叏

粹六六五					續六・二三・一〇	後下一〇・一四	前二・四・一	珠一 前五・二九・五	
	保卣	昌鼎 毛公鼎	㲋叔盨			班簋 虢叔鐘	小臣逋簋 頌鼎	㝬鐘	
秦公鐘 詛楚文	王孫誥鐘 中山王鼎		說文古文 三體石經僖公	說文古文 三體石經無逸	者沪鐘	三體石經君奭	好盗壺 蒲坂布 說文古文		喪叏貟鉼

𣪘：粹二七五；前一·三七·五；我鼎；𣪘簋；三體石經僖公

叔：前一·三九·三；叔卣；克鼎；詛楚文

前五·一七·二；侯馬盟書；三體石經文公

取：前一·九·七；珠一五二；毛公鼎；取膚匜；後下·一四·八；九年衛鼎；好盗壺；詛楚文；楚帛書；三體石經僖公

彗：說文古文

叚：盠方彝；克鐘；周王叚戈；曾伯簠；古鉨 鼻叚；說文古文

友：菁一·一；矢令彝；𢦏鼎；士孫鐘；說文古文

叡 𠂇 卑 史

前八・六・一

趞曹鼎

牆盤

嘉賓鐘

侯馬盟書

說文古文

古鉨 叡小臣

粹五九七

𠂇鉦

牆盤

散盤

令彝

同簋

中山王鼎

𢦏簋

散盤

侯馬盟書

中山王鼎

余卑盤

粹一二四四

粹一〇一

井侯簋

牆盤

毛公鼎

見爾雅

事

乙二七六六

佚八七〇

令彝

望簋

彧鼎

頌鼎

古鉢史參

侯馬盟書

古鉢敬事

中山王鼎

王孫誥鐘

楚王酓忎鼎

石鼓

吕不韋戟

中山王墓宫堂圖

三體石經多士

說文古文

楚帛書

支

說文古文

肄 肆

甲二一五二

甲五三七

粹五四四

盂鼎

毛公鼎

默簋

古鉢肄

說文籀文

肅

牆盤

𦅫鎛

王孫誥鐘

王孫誥鐘

說文古文

聿

前七·二三·二

乙八四〇七

女帚卣

者沪鐘

書

格伯簋

頌簋

欒書缶

侯馬盟書

畫

後下·四一一

子畫簋

小臣宅簋

吳方彝

䡆侯鼎

毛公鼎

十三年𤼈壺

上官登

庶長畫戈

古鉩公乘畫

說文古文

晝

㝬簋

楚帛書

說文籀文

隶

郘鐘

隸

高奴權

臤	緊	堅	豎	臣	臧	殳
鳥祖癸鼎 賢父癸觶				菁三・一 甲二八五一 前四・三一・三	菁八・一	乙一一五三 乙八〇九三
				臣辰父癸鼎 昌鼎 師𩱦鼎 毛公鼎	白臧父鼎	趞曹鼎 殳季良父壺
楚帛書 三體石經君奭	古鉢周緊	古鉢韓堅	侯馬盟書 古鉢韓豎 說文籀文	侯馬盟書 中山王鼎 楚帛書 三體石經君奭	㠱伯盨 王孫誥鐘 楚帛書 古鉢臧疛 說文籀文	

殸𣪊毆殹段殽毅𣪘役殺

殸	𣪊	毆	殹	段	殽	毅	𣪘	役	殺
前五·四一·八 菁三·一	前一·三五·六 京津五〇八〇						甲七五二 甲五四九	前六·一二·四 後下二六·一八	戩三三·九
		師寰簋	格伯簋	段簋		白吉父簋	頌簋 簋字重見		
		石鼓	石鼓		三體石經僖公			說文古文	蔡太師鼎 蔡侯鐘

	鳧	寺	將	專
甲骨	明藏一四七			前五・一二・一 粹四五八
金文		鳧叔匜 仲鳧父簋	洜伯寺簋	
戰國	說文古文 三體石經僖公 侯馬盟書 三體石經僖公 說文古文 三體石經文公	吳王光鑑 江陵楚簡 楚帛書 石鼓 屭羌鐘	中山王壺 中山王墓宮堂圖 古鉨將軍之鉨 詛楚文	

戩三六·一五

鐵二六八·四

畓生簋

毛公鼎

散盤

叔皮父簋

王孫鐘

信陽楚簡

三體石經君奭

石鼓

石鼓

中山王鼎

好蚉壺

說文古文

說文籀文

說文古文

說文籀文

摭續一九〇

菁七·一

鐵二四五·一

啟尊

中山王鼎

好蚉壺

		徹	肇	敏		敃	敄	整	效	故
甲骨		前二·九·五		菁二·一	後下一〇·一五				甲七八六	
金文	虢叔鐘	何尊 牆盤	沈子簋 叔鼎	盂鼎	師嫠簋	師望鼎 沕其鐘	般甗 毛公鼎		效父簋 毛公鼎	盂鼎 古字重見
戰國	鄂君舟節	屬羌鐘 古鉥任徹 說文古文				中敃鼎	中山王壺	蔡侯盤	古鉥效	三體石經君奭

政

燕六八六

毛公鼎

兮甲盤

中山王壺

邿季簋

楚帛書

侯馬盟書

古鉩肖政

三體石經多方

王孫鐘

鄂君舟節

敷

毛公鼎 專字重見

三體石經君奭

數

中山王鼎

詛楚文

敃

大鼎

毛公鼎 干字重見

者沪鐘

楚帛書

潵

古鉩女敞

儆

仲儆卣

攺

侯馬盟書

變更敕敀斂敹敶敵救

變	更	更	敕	敀	斂	敹	敶	敵	救
	乙七六八〇	佚一三九							
	昌鼎	師嫠簋		沈子簋				⿺辶啻鼎 啻字重見	周窀匜
詛楚文 三體石經無逸		古鉢王更	秦公簋 陳猷釜		中山王壺	齊叔夷鎛 陳肪簋	陳公子甗	中山王鼎 三體石經君奭	信陽楚墓⿱刑田篙鐘 詛楚文 三體石經文公

㣲斅赦赦攸汝攷敉侎敦敗

				前二·一六·六 前四·三〇·四					乙七七〇五
		静簋 毛公鼎	𠑇匜	王𠙶尊 井鼎	毛公鼎				師旋簋
中山王壺	厵羌鐘 仰天湖楚簡 古匋 敚	欒書缶 中山王壺 古鉢 君斅		江陵楚簡	中山王鼎	三體石經皐陶謨	陳侯因資錞	齊侯敦 辜字重見 陳猷釜	南疆鉦 說文籀文

粹五七七 京津四六二五									
師寰簋蓋						沈子簋 斁狄鐘		昌鼎 司寇良父簋	
	古鈢辵右攻師	鄂君舟節 鄂君車節 楚帛書	王孫誥鐘 攻敔王光戈 郾王詈戈	𦃂鎛 國差𦉜	三體石經君奭		古鈢司寇之鈢	虞司寇壺 侯馬盟書	鄂君舟節 三體石經僖公
敳				攻	收	斁		寇	

敔 畋

佚一四七

前五·三九·三

粹四一九

乙三二四

前六·一一·二

師𣪕鼎

師嫠鼎

辛鼎

克鼎

牆盤

叔向父簋

善夫克鼎

昌壺

毛公鼎吾字重見

敔簋

秦公鎛

秦公鐘

陳肪簋

攻敔王光戈

石鼓

王孫誥鐘

古鉩畋岣

古鉩畋康

三體石經多方

畋　敔

改敘牧斆斅學

學从爻象㝠籌之形。

改		敘	牧		斆		斅	
 乙七〇三〇	京津一四三四 粹五二〇	前六·一〇·三	珠七五八		前五·二〇·二 粹一三一九		寧滬三九三 燕七一七	鐵一五七·四
改盨			牧共簋 小臣遱簋	倂匜	郾侯簋	散盤	盂鼎	沈子簋
侯馬盟書 詛楚文 古鉨王改					說文古文 三體石經無逸	說文古文	者沪鐘	中山王鼎

卜	卟	貞【鼎】	占	𠧞
菁一·一 鐵一七三·四		菁一·一 前六·三九·三 甲二四一八 續五·一六·四 前五·三八·三 前八·七·一 京津三八七五	前四·二五·一 鐵七七·一 後上七·一三	
昌鼎 卜孟簋	明公簋	散盤		
侯馬盟書 古鉩 卜坤 三體石經君奭 說文古文			江陵楚簡	說文古文

用从卜从中。用牛肩胛骨故从卜，象骨版上有卜兆，卜人用以決疑。此卜人所造之字，說文卜中之說，望文生義，不可從。

用：前四·六·四；前五·三五·一；戊寅鼎；商尊；石鼓；中山王壺；楚帛書；說文古文；三體石經無逸；江小仲鼎；曾姬無卹壺

甫：前六·三二·一；甫人匜；穌甫人盤；古鉢甫陽都鉢

庸：匋簋；中山王鼎；三體石經君奭

𩫖（墉）：粹七一七；井侯簋；說文古文

葡：前七·四·一；後上二八·三；丙申角；毛公鼎；𢦏簋；師旋簋

爻：鐵一〇〇·二；後下四一·一；父乙角

前七·四二·二　後下一二·一二

㠯卣　肄簋

何尊　牆盤

㾓鐘

散盤

夨方彝

免簋

中山王鼎　三體石經多士

齊侯壺　晉公𥂴

爽

漢語古文字字形表卷四

	旻		目	盻	眅	眂	盱	睘
甲骨文	前五・二四・三	乙五七〇〇	甲二一二五 甲二三二九					
金文	癸旻爵		屰目父癸爵			員鼎		睘卣 駒父盨
			說文古文	秦咸陽土陶	古鉥 眅隻	中山王墓宮堂圖 古鉥 夜眂	杕氏壺	遷邦石 江陵楚簡 古鉥 睘䜌

卷四・一 旻目盻眅眂盱睘

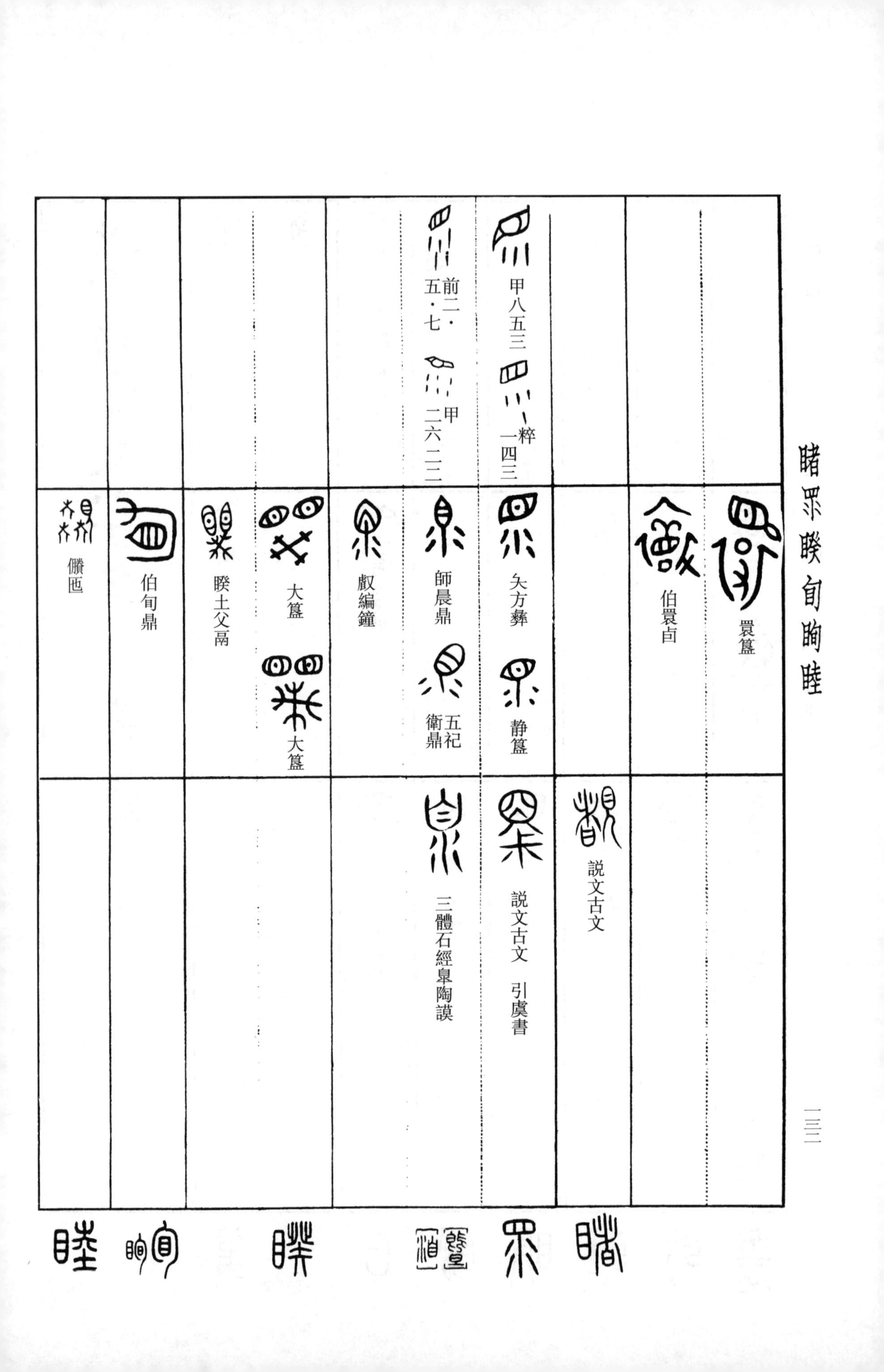

睹：瞏簋　伯瞏卣　說文古文

眔：甲八五三　粹一四三　前二·五·七　甲二六二二　矢方彝　靜簋　師晨鼎　五祀衛鼎　叡編鐘　說文古文　引虞書　三體石經皋陶謨

睽：大簋　大簋　睽土父鬲

旬　眴：伯旬鼎

睦：儹匜

相睗眯眣

相

- 說文古文
- 前五·二五·五
- 相侯簋
- 楚帛書
- 庚壺
- 古鉨 匈奴相邦
- 中山王壺
- 信陽楚簡
- 乙四〇五七
- 前七·三七·一

睗

- 召尊
- 虢季子白盤
- 曾伯陭壺
- 都公盂
- 都公簋

眯

- 中山王鼎
- 古鉨 芑眯

眣

- 前五·三九·一
- 戩四七·八
- 牆盤

京都二三六三

䀠父丁簋

䀠爵

戩一七·一七

拾一四·三

後下二五·七

鐵七三·一

前六·七·四

後下三二·一八

後下一二·五

或者鼎

𠦪伯簋

寍鼎

善夫克鼎

不嬰簋

仲師父鼎

追簋

頌鼎

魯伯簋

樂書缶

古鉥 皐盲

古鉥 王䀠

邾公華鐘

邾公釛鐘

鑄公簋

盲 䀠 眉

省盾自

盤叔千

簠龕

昌壺

沃伯簋

盤伯𩰫

薛侯盤

陳逆簋

說文古文

眉脒鼎

甲五

佚二一三

戍甬鼎

省觚

中山王鼎

前三·二三·二

乙六八九四

大豐簋

豆閉簋

說文古文

𢦏簋

甲三九二

前六·五八·一

臣卿簋

沈子簋

攻吴王光戈

矢尊

毛公鼎

石鼓

侯馬盟書

三體石經僖公

金文者从口或曰乃火形之譌

白皆魯者

白	皆	魯	者
粹一〇九		乙二九五七反 乙七七八一	鐵八六·三 粹二七 粹七八五 京津一〇七二 徵一·六六
伯家父簋 畓君鬲	皆壺	井侯簋 魯侯鬲 頌鼎	克盨 芾伯簋 [illegible]簋 戜者鼎 芾伯簋 兮甲盤 殳季良父壺
中子化盤 說文古文 由[illegible]伯匜	江陵楚簡	秦公鐘 古鉢	陳侯因資錞 子璋鐘

者女觥

前五·一七·三

冉宧鼎

免簋

伯者父簋

毛公鼎

邾公䤴鐘

王孫鐘

者沪鐘

詛楚文

侯馬盟書

楚帛書

中山王鼎

智君子鑑

篖叔乙仲子平鐘

中山王鼎

楚帛書

三體石經君奭

說文古文

甲三〇一七

乙六八六三

甲八七八

京津一〇八八

矢方彝

史頌鼎

史頌鼎

伊簋

禹鼎

免盤

詛楚文

中山王鼎

說文古文

楚帛書

古鉢牛鼻

古鉢段鼻

續二二·二五	前一·一二·二	前六·二一·三	前一·二·七	甲一六四二	京津二二九五	乙二五一〇	肆簋	後上·四·一〇
前一·三·四·三	後上·二二·四	乙四六四二	後上·二·七	明藏六五九	京都一七一七九三	粹三八七	乙四六八	掇二·四一五

唯叔鬲鼎

三體石經君奭

說文古文

翟	翰	翊					習	羽
		甲一四〇六 京津四九六九	甲一九四二 京津四五八二	前五·四·七	前七·三一·一 佚二六六背	宰椃角 邲卣	甲九二〇 佚二二〇	明七一五 寧滬一五一八	前四·二九·六 京津四七六二
史喜鼎			小盂鼎			作册睘卣			
古鉥 翟夫	石鼓							江陵楚簡 古鉥 𠫑習	信陽楚簡 羽字布

翟 翰 翊（昱） 習 羽

翦 古匋 翦

翊 古鉨 翊

翏 此鼎 翏生盨 無叀鼎 翏簋

翽 信陽楚簡

翜 信陽楚簡

翥 古鉨 右盧□車翌鉨 新附

翼 信陽楚簡 見廣雅

翬 江陵楚簡 見集韻

翤 鄂君舟節 見篇海

隹：乙六六〇　甲九三六　我鼎　𩕢鎛　其𣁋句鑃

後上一八·六　佚五一八背　戍甬鼎　𢦚鼎　石鼓　中山王鼎

宴簋

隻：前四·四七·六　甲二二六五　弓隻鼎　禹鼎　𠪚志盤　古匋·圁里人隻

甲三九三九　五里牌楚簡　古鉨·塙閱隻

矢伯隻卣　𠪚志鼎

雒：周雒盨

闇：說文籀文

雀：京津二一三四　甲一七九　魚父己卣

雉：鄴三下·三九·一〇

雞篆文𩿿从屮象鳥飛而下羅于畢形，屮即隹之省形。𦣞譌為𦐇乃仿效萬形致誤。

甲骨文	金文	小篆等
前二·三二·五；前七·二三·二		石鼓
後下六·四；前五·六·一		說文古文
粹一五六二；粹九七六		說文籀文
前二·三七·一；佚五四七		
乙一〇五二		說文籀文
前六·四五·四；後上一二·一		*離石布；離石布
甲二二七〇		
		古鉨王鵰；說文籀文
	應公簋	徐令尹盧盤；說文籀文
		說文籀文

雞 雛 離 雕 雁 雖

卷四・七

雝雇鷚雜雒雉雔雌奞

雝	雝	雝	雇	雇	雜	雒	雉	雌	奞
乙一〇八八 前二·三六·一	續三·二二·九 前二·三五·六	前二·二八·七 後下·二一·一一	乙八八七二	佚五二四			前二·九·六 後上·九·一二		
雝斝簋 伯雝父簋	宗周鐘 毛公鼎	盂鼎 雝伯鼎			吳買鼎		散盤		鄂季奞父簋
				說文籀文		說文籀文		隨縣曾侯墓漆二十八宿匫	

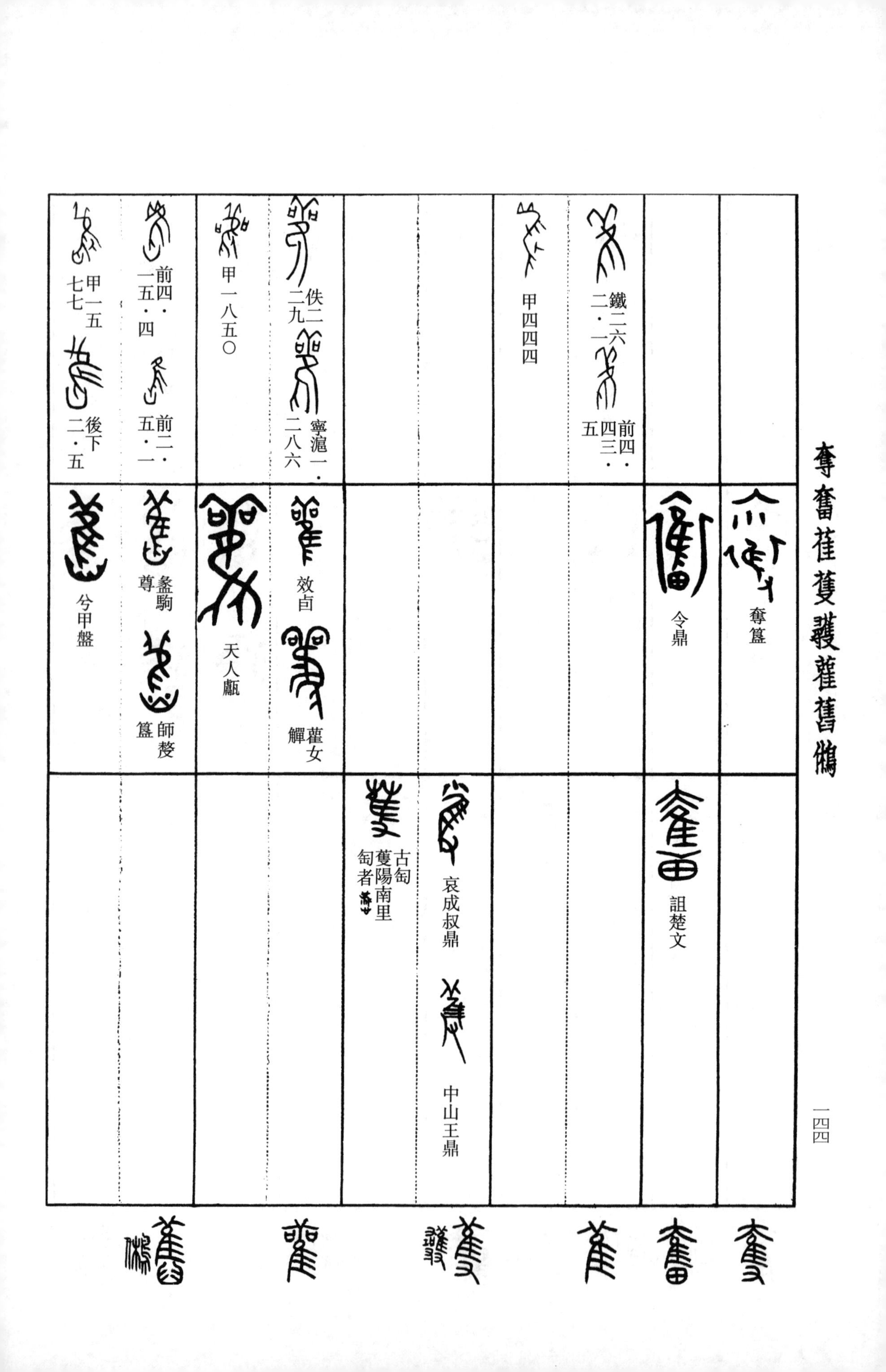

奪	奮	萑	蒦 䨼	雚	舊 鵂
		鐵二六二·一 前四·四三·五 甲四四四		佚二二九 寧滬一·二八六 甲一八五〇	前四·一五·四 前二·五·一 甲一五七七 後下二·五
奪簋	令鼎			效卣 雚女觶 天人甗	盠駒尊 師嫠簋 兮甲盤
	詛楚文		哀成叔鼎 中山王鼎 古匋 蒦陽南里匋者[illegible]		

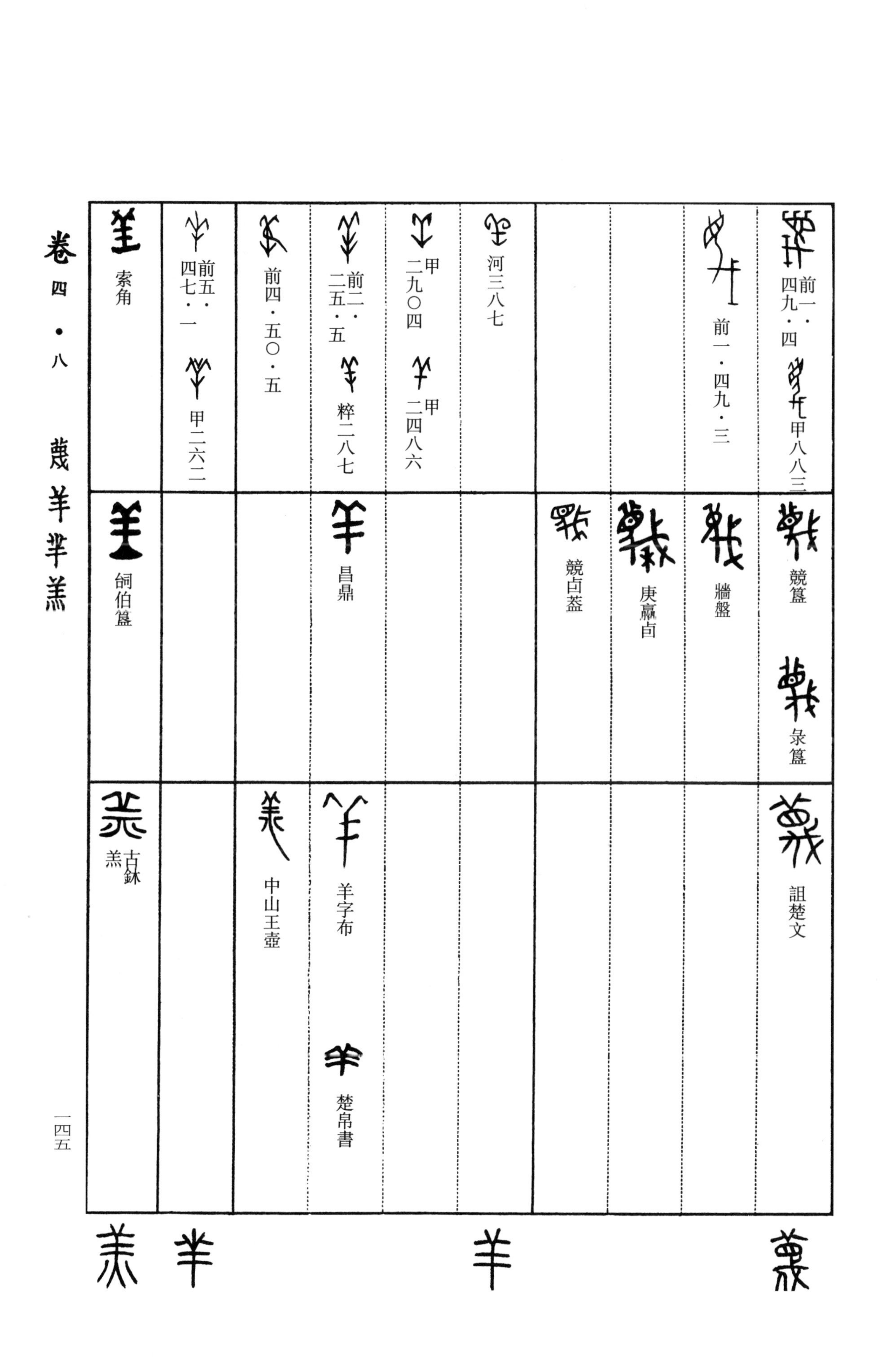

	蔑	羊	羋	羔
甲骨文	前一・四九・四　甲八八三　前一・四九・三	河三八七　甲二九〇四　甲二四八六　前二・二五・五　粹二八七　前四・五〇・五	前五・四七・一　甲二六二	索角
金文	競簋　彔簋　牆盤　庚嬴卣　競卣蓋	昌鼎		飼伯簋
戰國文字	詛楚文	羊字布　楚帛書　中山王壺		古鉥 羔

字	甲骨文	金文	戰國文字
羝		九年衛鼎	
羸			詛楚文
羣			子璋鐘　陳侯午錞　侯馬盟書　中山王鼎　楚帛書　古鉢 羣栗客鉢
美	京都九八一　前一·二九·二　乙五三二七　摭續一四一	美爵	中山王壺　古鉢
羌	甲一一九　前六·一·五　佚四九九　餘七·一　亞羌壺	鄭羌伯鬲　羌尊	驫羌鐘

羴羶					靃		雙	雥	雧集
	前四·三五·五	鐵一八·一 前四·三五·四	乙四五三一 京都二一四九	鼎文	前二·一五·七 珠四九三	乙七七四六		續一·七·六	粹一五九一
					叔男父匜	霍鼎			毛公鼎
說文古文							江陵楚簡		鄂君舟節 三體石經多方

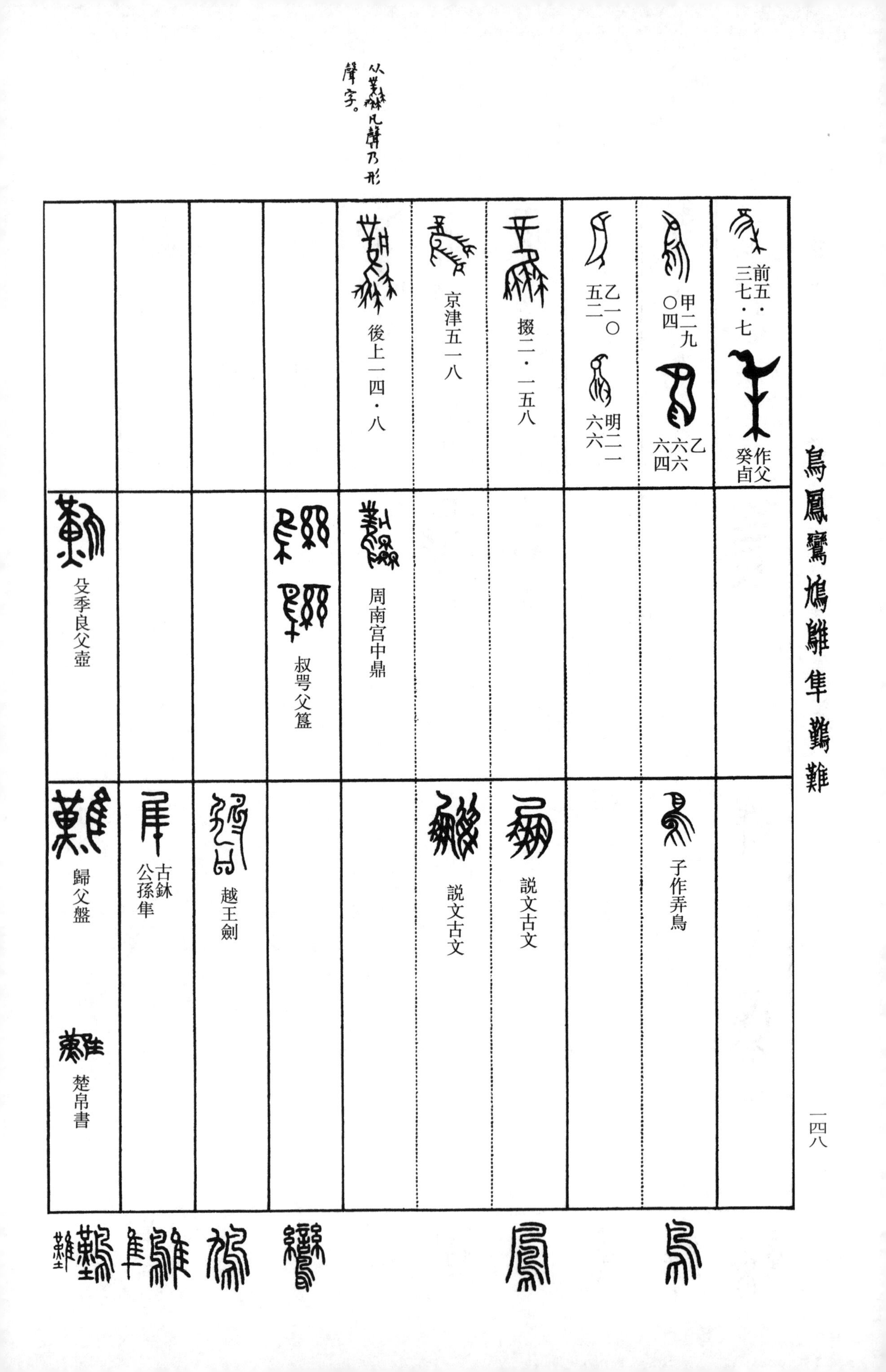

从[illegible]凡聲乃形聲字。

鳥	鳥								
前五·三七·七 作父癸卣	甲二九〇四 乙六六六四	乙一〇五二 明二一六六	掇二·一五八	京津五一八	後上一四·八				
					周南宮中鼎	叔咢父簋			殳季良父壺
	子作弄鳥		說文古文	說文古文			越王劍	古鉨公孫隼	歸父盤 楚帛書

	佚五八〇 京津四〇一二	鄴初下·三三·五 前五·四六·六	前六·三六·二			觚文			
沈子簋									
	蔡侯鐘 石鼓	王孫鐘 王孫誥鐘		說文籀文	說文籀文		說文古文 說文古文	三體石經君奭 說文古文	中山王鼎

鵙 見玉篇 [鳶]

烏於舃雒焉畢

字	金文	戰國文字
烏、於	沈子簋；寡子卣	余義鐘；[illegible]鎛
	效卣；戜鼎	信陽楚簡；楚帛書
	叔趯父卣；毛公鼎	中山王壺
	禹鼎	說文古文
舃、雒	吳方彝；師虎簋	
	師嫠簋	
	十三年瘭壺；師㝨簋	
	師晨鼎；[illegible]侯鼎	
焉		中山王壺
畢	周原卜甲四五；投簋	

冓象兩魚相遇之形，爯象以爪舉魚之形。

糞	棄	棄（籀文）	冓	冓	再	爯	爯	幺	幼
後下八・一五 後下八・一四	後下二一・一四		前一・四〇・五 後上二六・六	存一七三九 佚一六四	前七・一・三	鐵一〇二・二 前五・二三・二	乙一七一〇 乙三四一二	粹八一六 父癸爵	後下三五・一 明三五一
	散盤		冓罍 叔多父盤			爯簋 衛盉	訧簋 榮有司爯鬲	頌鼎	禹鼎
	說文籀文	中山王鼎 說文古文			屬羌鐘 陳璋壺 陳得殘陶豆			楚帛書	中山王鼎

叀象紡專紡綫形，轉、縳、疐从此得義。

字	甲骨文	金文	戰國文字	小篆
幺	前七・二三・二；粹一六四；佚三五〇	彔伯簋	侯馬盟書；三體石經多士；者沪鐘	幺
幽	後下九・五；粹五五〇；粹五四九	召伯簋；牆盤；叔向簋	詛楚文	幽
幾		芇伯簋；幾父壺	詛楚文	幾
叀	後上五・九；戩九・二；前一・一八・一	叀卣；彔伯簋；克鼎；同簋；師𩛥鼎	說文古文；說文古文	叀
惠		㝬簋	王孫鐘；王孫誥鐘	惠

叀玄茲予幻放敖

	叀	玄	茲	予	幻	放	敖
甲骨	前二・二七・八 前二・三九・八 前二・三九・五						
金文	叀卣 㝬簋 井人鐘	師奎父鼎 幺字重見	彔伯簋 丝字重見		孟弢父簋 孟弢父簋		朩伯簋 衛鼎
戰國	中山王壺 三體石經無逸 說文古文 秦公簋	吉日壬午劍 說文古文	石鼓 茲氏布	三體石經多士		中山王壺	

爰

乙七〇四一反

乙三七八七

辛伯鼎

虢季子白盤

散盤

鄂君舟節

𤔔

五年琱生簋

畬生簋

毛公鼎

說文古文

三體石經無逸

受

甲三六一二

甲二七五二

前五·二三·二

受辛尊

受父乙卣

沈子簋

牆盤

寰盤

毛公鼎

亘尊

秦公鐘

中山王壺

石鼓

三體石經皋陶謨

令狐君壺

寽

乙八七三〇

商尊

毛公鼎

侯馬盟書

梁布

敢

召卣

靜簋

侯馬盟書

中山王壺

卷四・一三

奴叡叡卢

敢象双手持干刺豕形，戈象倒豕。周初金文省中為日，省卅為彐。師𩰫鼎、衛鼎尚存卅形。

小臣繇卣

甲一六五〇

甲二一五八

寧滬一・七〇

乙八八二八

甲三四六

林一・三〇・五

京津四一九

善夫山鼎

毛公鼎

師𩰫鼎

衛鼎

師旂鼎

儹匜

詛楚文

三體石經無逸

說文籀文

說文古文

中山王鼎

楚帛書

說文籀文

說文古文

說文古文

1	2	3	4	5	6	7	8	9	10
			甲一一六五 乙一〇五	前五·四一·三		粹一三〇六	乙七六八一		
			盂鼎 衛鼎	毛公鼎					
說文古文	說文古文	說文古文	侯馬盟書 中山王鼎 行氣銘	說文古文	三體石經僖公	古鉢 行		江陵楚簡	說文古文

脰，裘錫圭釋為厨。

體：中山王壺

肉：乙一八八；甲一八二三

臚：弘尊；中山王壺

〔膚〕：九年衛鼎

三體石經僖公；說文籒文

脣：說文古文

脰：楚王酓忎鼎；鑄客鼎

腎：古鉥

胃：吉日壬午劍；楚帛書

膏：前二・一五・一；後下五・一；古匋 蒦陽匋里人膏

毛公鼎

雁字重見

牆盤

遹鼎

古鉢公孫肩

好蛮壺

陳侯因資錞

侯馬盟書

鄂君舟節

古匋

侯馬盟書

大梁鼎

古鉢肖狆

秦公簋

好蛮壺

說文古文

卷四・一五

臠膡胗胱胙隋腆胡脩

臠
石鼓

膡
說文古文

胗
說文籀文

胱
說文籀文

胙
古鉢 都胙

隋
古鉢 隋笵

腆
說文古文

胡
戰國秦咸陽陶文
古鉢 胡鉢
古鉢 胡忤

脩
古鉢
中山王鼎
古匋

胥脂胾散肰肎肥

胥	脂	胾	散	散	肰	肰	肎	肎	肥
			散伯簋 五祀衛鼎	散姬鼎					
古鉨胥 三體石經無逸	古鉨半脂	古鉨 胾[illegible]鉨	三體石經君奭		江陵楚簡	說文古文 說文古文	酓肯鼎 酓肯鼎	說文古文	江陵楚簡

	膂	肝	腰	膄	腋	刀	剸	利	利	利
甲骨						甲三〇八五 粹一一八四		甲三九一四 粹六七三	存二〇三六 佚四五七	後下一八・八
金文									利簋 師遽方彝	㝬鐘
戰國	古鉢 宋膂	石鼓	郾侯腰戈	蔡太師膄鼎	古鉢 江腋		說文籀文	詛楚文	侯馬盟書 楚帛書 說文古文	
	膂	肝 見玉篇	腰 見廣韻	膄 見廣韻	腋 見廣韻	刀	剸	利		

刎則剛副

	甲骨文	金文	戰國文字等
刎	前五·三九·八；京津四九〇一	何尊；旂鼎	王孫誥鐘
		格伯作晉姬簋	王孫壽甗；姑馮句鑃
則		何尊；鬲攸从鼎	侯馬盟書；中山王壺；說文籀文
		段簋	說文古文
			楚帛書；三體石經無逸
			說文古文
剛	掇一·四三二；粹一九一		
	前四·三〇·三；粹一二二二	牆盤	信陽楚簡
			侯馬盟書；說文古文
副			說文籀文

辨列剝刖割劃荊刺

辨簋

辨簋

詛楚文

甲三一五三

詛楚文

曩伯盨

害字重見

曩伯盨

曩伯盨

三體石經多士

富奠劍

詛楚文

晉公盦

父辛卣

乙二二六二

乙四七八

摭續三一九

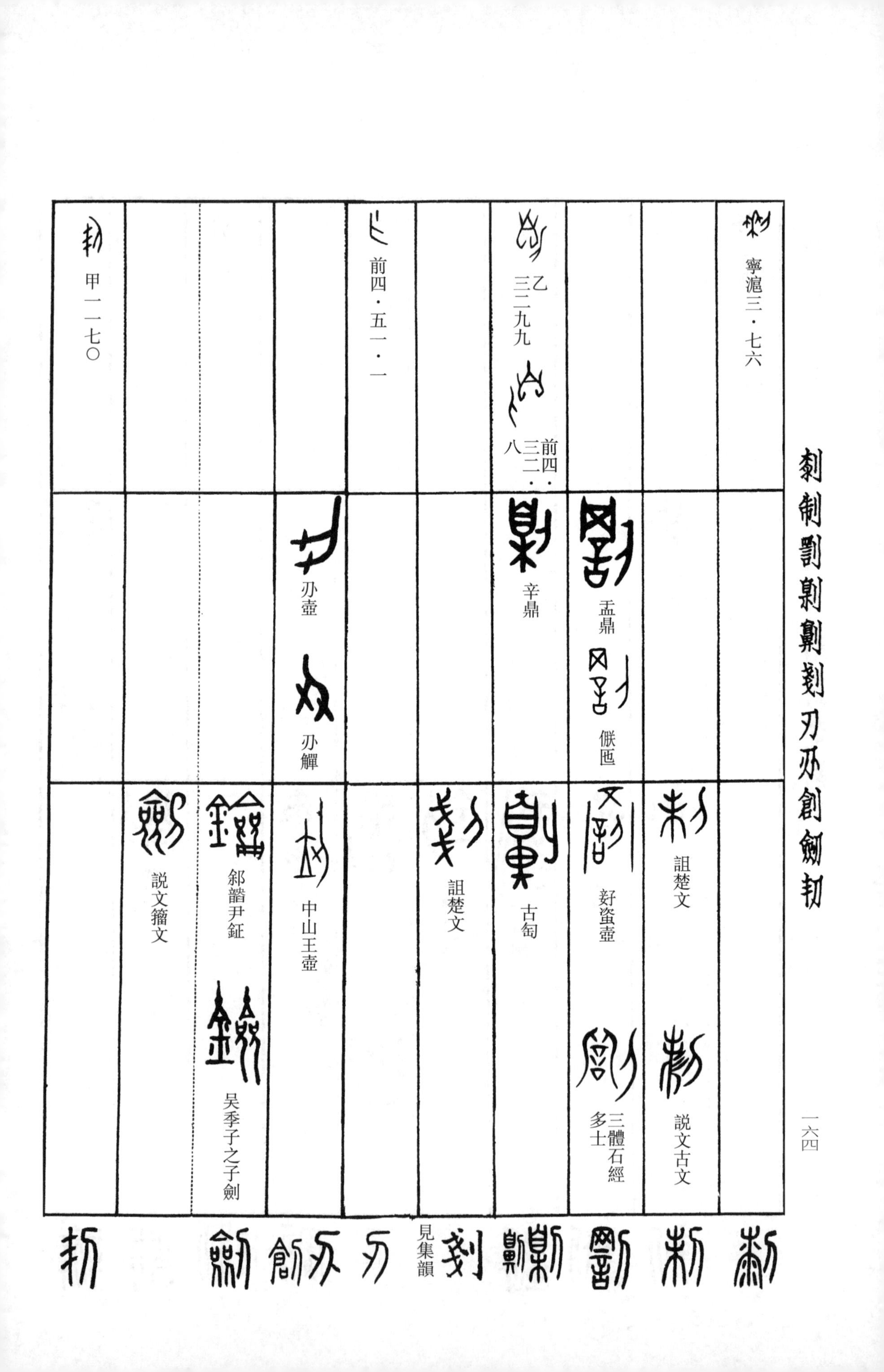

剌	制	罰	㓷 劓	剢 見集韻	刃	刅 創	劍		刦
寧滬三·七六			乙三二九九 前四·三二·八		前四·五一·一				甲一一七〇
		盂鼎 倗匜	辛鼎			刅壺 刅觶			
	詛楚文 說文古文	好盗壺 三體石經多士	古匋	詛楚文		中山王壺	郘䵼尹鉦 吳季子之子劍	說文籀文	

剌制罰㓷劓剢刃刅創劍刦

耒	耒簋　耒方彝		
耤	乙四〇五七　前六・一七・五　前七・一五・三	令鼎　弭伯簋	
角	乙三三六八　鐵六二・三　菁一・一	咢侯鼎　牆盤	石鼓　侯馬盟書　曾侯編鐘
觸			丞相觸戟
衡		毛公鼎	說文古文
觟			古鉨　李觟
解	後下二一・五	解子甗	古鉨

中山王鼎

古鉨

魯侯角

說文籀文

觴

侯馬盟書

鬻

古鉨　般

般　見康熙

漢語古文字字形表卷五

竹	箾	簬	簜	籢	筍	箬	節
					伯筍父盨		
好蚉壺	鄂君車節	説文古文	古鉩　梁簜	説文籒文	鄭伯荀父甗	石鼓　古玉鉩　王箬	陳猷釜　鄂君舟節　中山王壺

筡簡笵符筮簟筥箄箸

筡		古鉢 □筡；古鉢 鄏筡
簡		石鼓；中山王壺
笵		古鉢 隋笵
符		戰国秦虎符
筮	史懋壺	侯馬盟書；三體石經君奭
簟	番生簋；毛公鼎	侯馬盟書
筥		申鼎；簷侯簋
		筥小子簋
箄		江陵楚簡
箸		詛楚文

後下七·一二

令簋

瘨簋

不𡢁簋

㝬簋

录伯𢦔簋

師𠭰簋

伯御簋

𡰥簋

霝簋

說文古文

魯伯大父簋

魯遼父簋

邵王簋

陳䞍簋

簷侯簋

說文古文

說文古文

說文古文

簠：鑄子簠　鑄叔簠　蔡公子義工簠　蔡侯簠　楚王酓肯簠　季宮父簠　陳逆簠　說文古文　西替簠　鑄公簠　薛子仲安簠　鄀公簠　商丘叔簠

簋：說文籀文

篚：中山王壺

笭：征簋

策：中山王壺　古鉨　策貼

箙

鐵二・四

㲃簋蓋

盤文

箙參父乙盉

父辛卣

且乙卣

簧

𢳚鐘

箕

鐵二一八・二

乙三四〇〇

乙八六八五反

母辛卣

其侯父己簋

盂鼎

侯馬盟書

古說文

古說文

九年衛鼎

仲師父鼎

石鼓

鄂君車節

中山王壺

吳土夫差劍

三體石經多士

說文籀文

叔趯父卣

不嬰簋

秦公簋

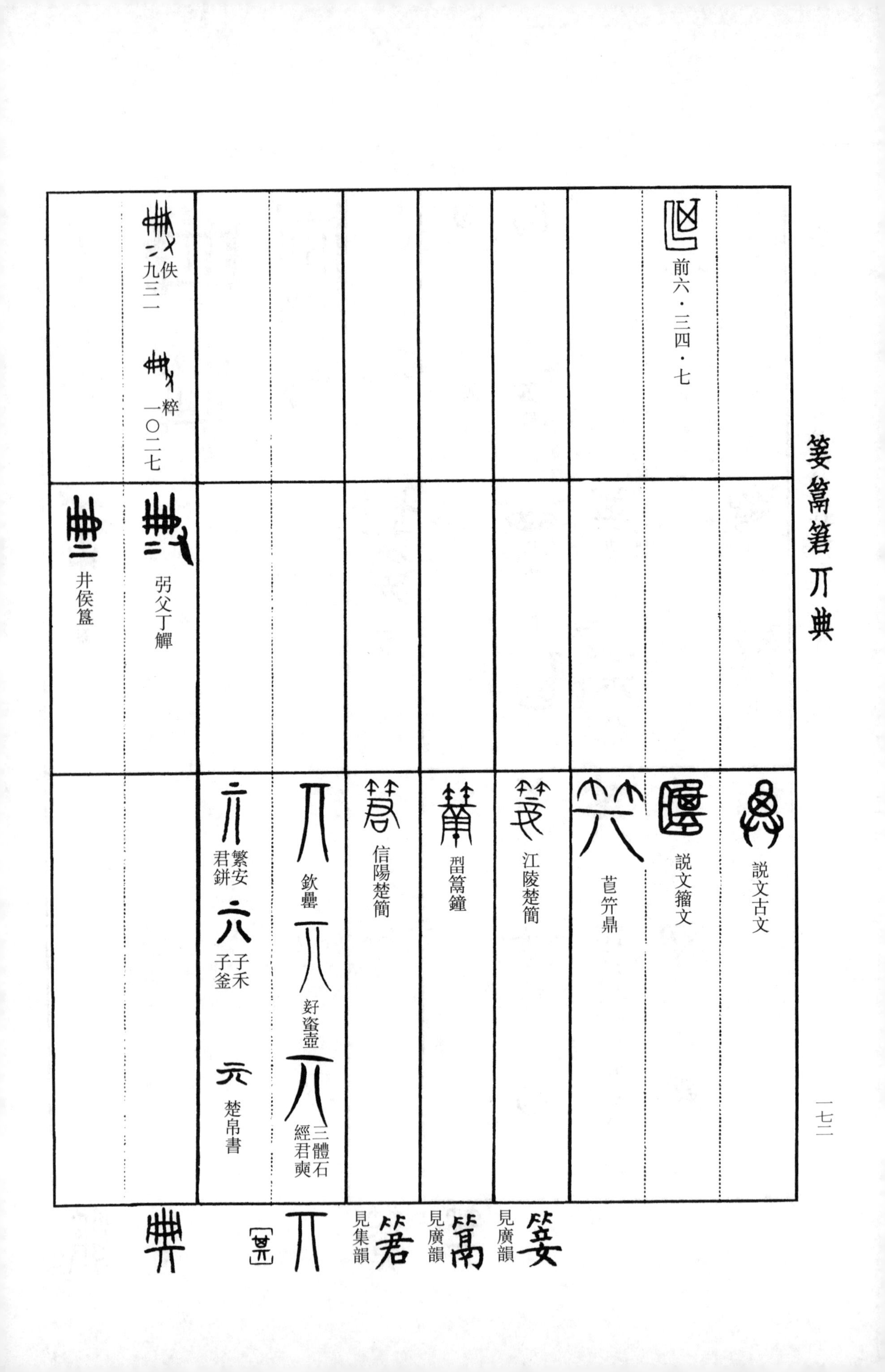

說文古文

說文籀文

亘笄鼎

江陵楚簡

𨿅簹鐘

信陽楚簡

欽罍 好蚉壺 三體石經君奭

繁安君缾 子禾子釜 楚帛書

前六・三四・七

弜父丁觶 井侯簋

佚九三一 粹一〇二七

箕 見廣韻

簹 見廣韻

箸 見集韻

丌 〔𠀠〕

典

後上一〇·九　京津二五三〇　召伯簋　召伯簋　陳侯因資錞

後下二〇·七　前七·六·一　三體石經皋陶謨　三體石經多方　說文古文

班簋　永盂　三體石經多士

毛公鼎　克鼎　曾侯乙編鐘　古鉨巽𨚜　說文古文

諫簋　伊簋　說文籀文

乙六五八三　乙一〇七八反　令簋　叔向簋　秦公鐘　三體石經僖公

甲三五一〇　後下三六·三　三年瘐壺

隨子鬲　楚帛書

鄭伯筍父甗

瘐鐘　虢季子白盤　石鼓　好盗壺圈足銘

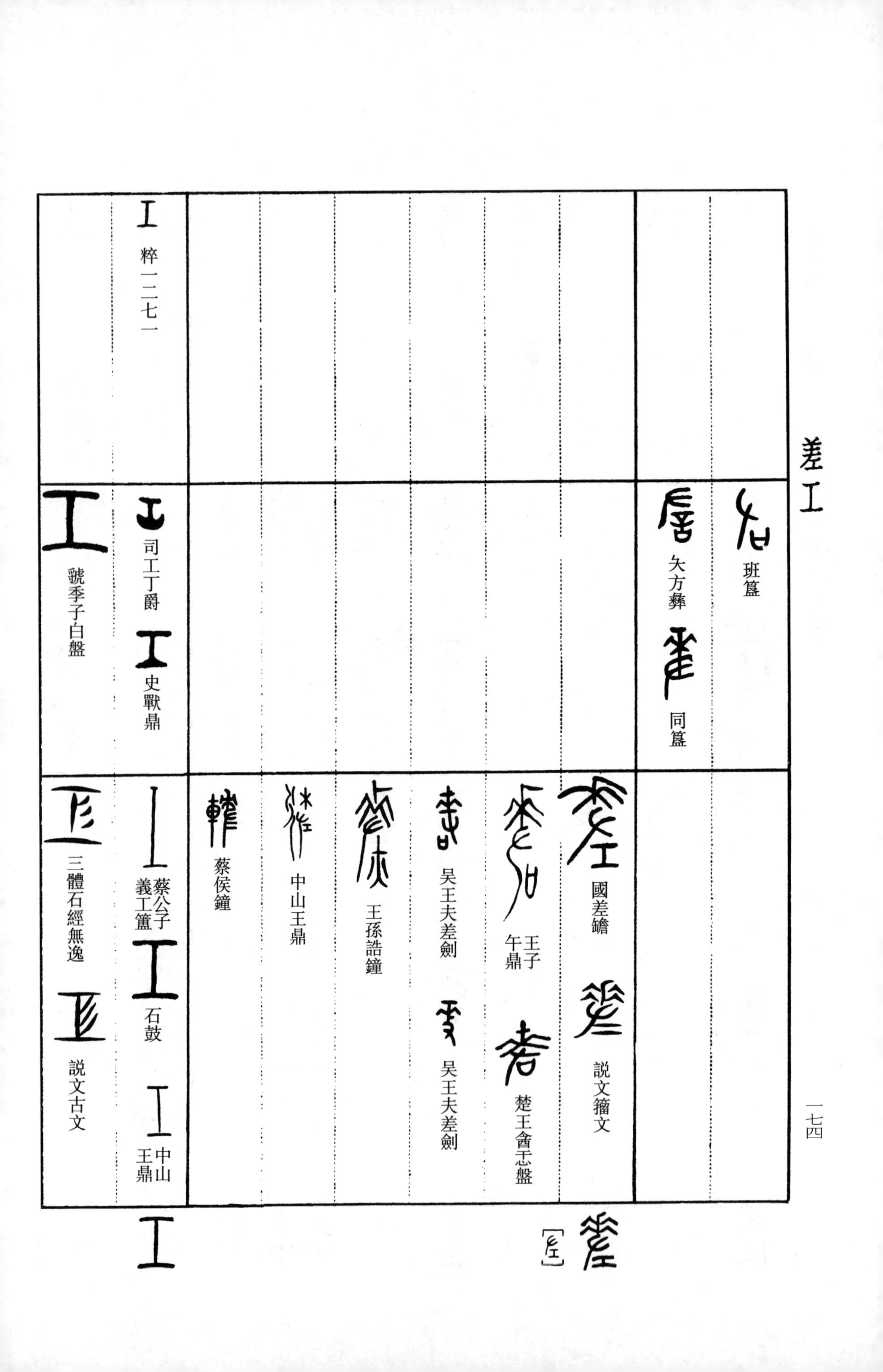

差工

班簋

矢方彝

同簋

國差𦉜

說文籀文

王子午鼎

楚王酓忎盤

吳王夫差劍

吳王夫差劍

王孫誥鐘

中山王鼎

蔡侯鐘

粹一二七一

司工丁爵

史獸鼎

蔡公子義工簠

石鼓

中山王鼎

虢季子白盤

三體石經無逸

說文古文

〔𢀩〕

巨

伯矩盉

伯矩簋

衛盉

古鉨　公孫矩

簷侯簋

郾王喜戟

說文古文

寡

粹九四五

寡公孫𢓜父匜

巫

粹一〇三六

甲二三五六

齊巫姜簋

詛楚文

侯馬盟書

三體石經君奭

說文古文

覡

侯馬盟書

甘

後上一二·四

後下一二·五

侯馬盟書

三體石經君奭

猒

沈子簋

毛公鼎

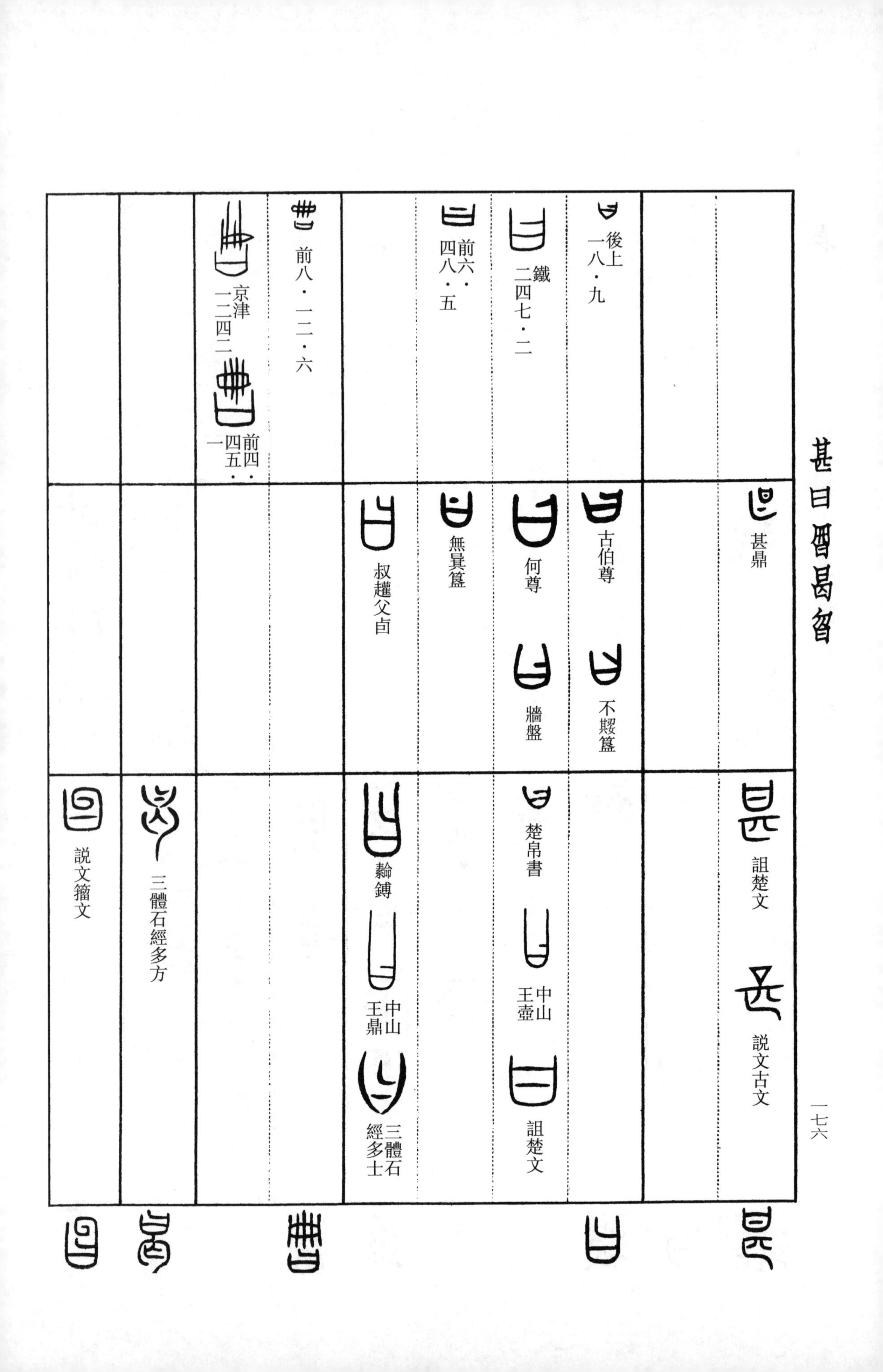

甚曰曶曷曶

甚		甚鼎	詛楚文　說文古文
曰	後上一八・九	古伯尊　不𣪕簋	
	鐵二四七・二	何尊　牆盤	楚帛書　中山王壺　詛楚文
	前六・四八・五	無㠱簋	
		叔趯父卣	𩍣鎛　中山王鼎　三體石經多士
曶	前八・一二・六		
	京津一二四二　前四・一四五・一		
曷			三體石經多方
曶			說文籀文

曹乃卤卣

曹

前二·五·五

趞曹鼎

曹公子戈

古匋 曹

三體石經僖公

曾侯乙編鐘

古鉩

中山王壺

乃

菁七·一

後下三六·三

乙五六八九

前八·一二·一

己鼎

儹匜

戜鼎

克鼎

者沪鐘

楚帛書

信陽楚簡

三體石經無逸

說文古文

說文籀文

卤

前六·六一·七

甲七六一

前四·三五·一

粹一四〇

京津一五五七

簠游六八

盂鼎

牆盤

禹鼎

毛公鼎

矢方彝

矢方彝

說文古文

卣

盂鼎 卣字重見

虢叔鐘

毛公鼎

臣辰卣

石鼓

丂甹寧可

丂

後下四三·二

乙二三一六

前一·一九·三

弓隻鼎

散盤

⿰素命鎛

甹

京津二六五二

牆盤

𤼈鐘

毛公鼎

⿰彳甹爵

寧

粹八二八

粹八二七

粹一二〇五

前四·三一·四

寧女父丁鼎

盂爵

臣卣

牆盤

好蚉壺

好蚉壺

三體石經君奭

可

京津二二四七

甲一五一八

京都四三B

師嫠簋

儹匜

⿰素命鎛

石鼓

三體石經君奭

蔡太師鼎

侯馬盟書

楚帛書

規从大象兩足規，丂从于象大圖規，上一橫畫象定點，下一橫畫可以移動，从丂表示移動之意。

卷五·七

奇 𣶒 兮 粤 㝵 乎 亏

奇	奇	𣶒	兮	兮	粤	乎	乎	亏	亏
		後下二三·三	鐵五·一 甲二五四二	後下三·一六	庫二六四四 摭續二	菁六·一	甲二四九	菁二一·一九 𨚕卣	佚五一八背
		何尊 何簋	盂卣	兮仲簋 牆盤		師遽簋 頌鼎	衛簋 此鼎	大豐簋 揚鼎	井侯簋
中山王鼎	古鉥 奇慶								

奇 𣶒 見篇海 兮 粤 㝵 乎 亏

秤从平而讀為稱（會意），以此知平實象天平形。

	粤	吁	平	旨
甲骨	戍甬鼎；前一·四四·二；前一·五三·一			京都七三A；乙一〇五四
金文	令簋；此鼎	盂鼎 雩字重見；牆盤		匽侯旨鼎
戰國	石鼓；侯馬盟書；中山王鼎；三體石經多士	中山王鼎；古鉨 吁	都公鼎；中山王墓宮堂圖；平周布；石鼓；侯馬盟書；屬羌鐘；拍敦蓋；十年陳侯午錞；平阿右戈；三體石經君奭；說文古文	國差鑰；古鉨 旨迅

嘗		喜			憙	壴			尌
後下一・四		甲一七八	前四・一八・一 粹一四八七	粹一二二一		佚七五 後下三二・九	林一・九・七	甲二七七〇	
伯旅魚父簠 殳季良父壺	效卣	大豊簋 癲鐘	屓叔多父盤 白喜簋	史喜鼎					尌仲簋
說文古文	蔡侯盤 陳侯因資錞	沇兒鐘 王孫誥鐘	侯馬盟書 郾王喜矛	說文古文	江陵楚簡			王孫鐘	

嘗　喜　憙　壴[尌]　尌

彭

戩四三・一

甲二六四二

揚鼎

彭女簋

鄂君舟節

古匋彭怒

嘉

善夫克鼎

加字重見

虢季子白盤

王孫誥鐘

哀成叔鼎

石鼓

中山王鼎

陳侯作嘉姬簋

侯馬盟書

鼓

京津一五六〇

觶文

京都一八三九

甲二二八八

瘨鐘

克鼎

王孫誥鐘

沇兒鐘

齊侯壺

信陽楚簡

說文籀文

字頭	甲骨文	金文	其他
鼖			詛楚文
鼙			詛楚文；說文古文
豆	甲一六一三；宰甾簋；乙七九七八反；後上六·四	豆閉簋；周生豆；大師虘豆	古匋 城圖蕈里淖豆；說文古文
豋	佚六六三；前四·二〇·七	盂鼎；盂鼎；大師虘豆	
𢍶	前五·二·二；戩三七·五；乙二二七七；鐵四八·四；佚二六六；粹九一二		
豉（見玉篇）			古鉥 豉㝵

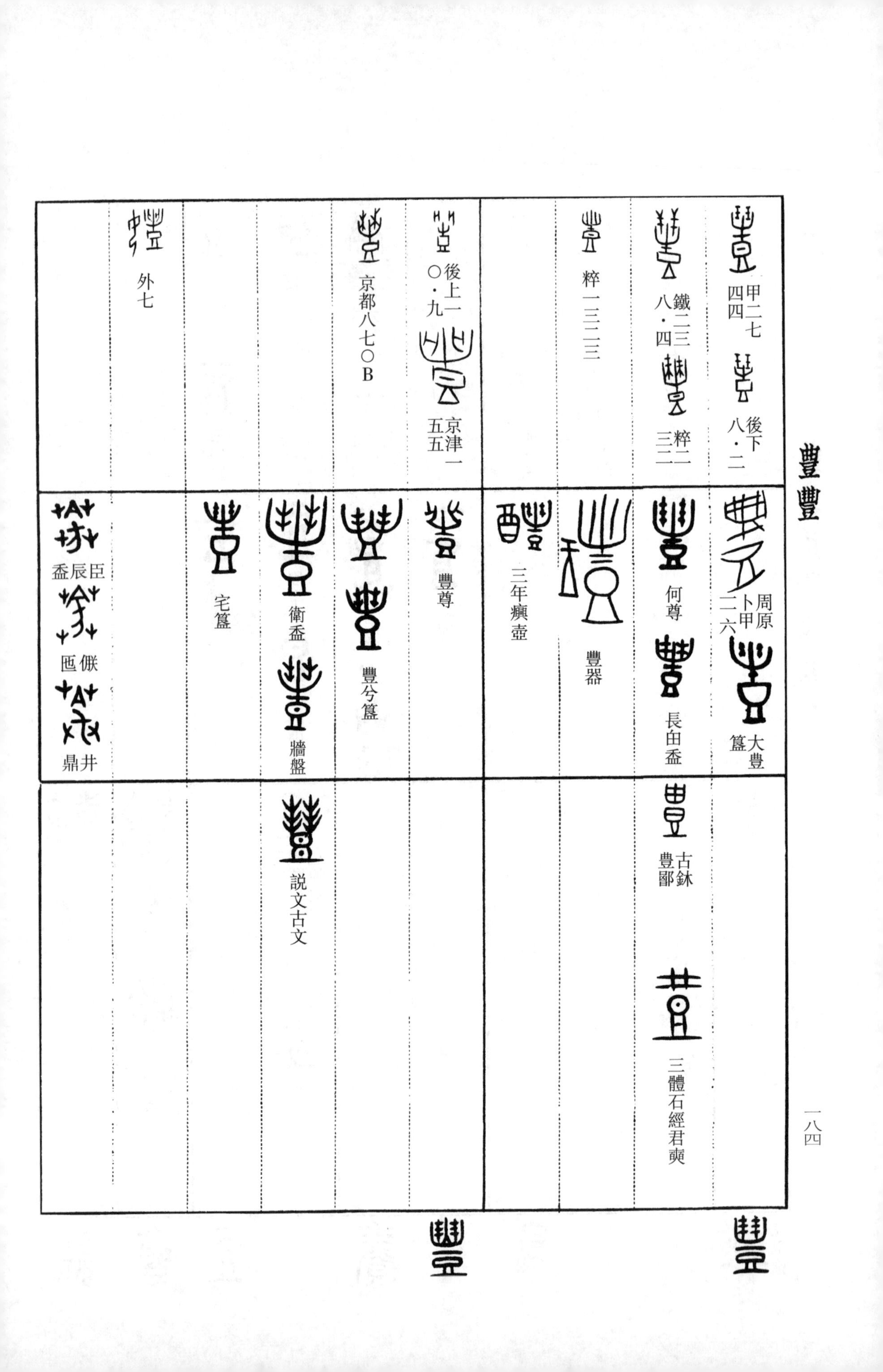

豐豐

甲二七四四

後下八・二

鐵二三八・四

粹二三二

粹一三二三

後上一〇・九

京津一五五

京都八七〇B

外七

周原卜甲二六

大豐簋

何尊

長囟盉

豐器

三年瘋壺

豐尊

豐兮簋

衛盉

牆盤

宅簋

臣辰盉

倗匜

井鼎

古鉥豐鄙

三體石經君奭

說文古文

豐

豐

虘虍虞虔虖虐虡鐻虡

	虘		虍	虞	虔	虖		虐	虡 鐻 虡	
			乙八〇一三							
楚簋				散盤 散盤	癲鐘 毛公鼎	何尊 戜鼎	沈子簋			
		楚帛書		虞司寇壺	秦公簋 蔡侯鐘	侯馬盟書 中山王鼎 三體石經多方	余義鐘	詛楚文 古鉩樂虐 說文古文	郘鐘 吉日壬午劍	古鉩卓陰都虡里 古鉩[illegible]生虡

虢象两手上下張革之形，从虎，象張口露齒有頭足尾的皮革，會意。詩作鞹，从革郭聲，形聲。

	虎	彪	虢	虢	虒（新附）	虩
甲骨文	餘一七·一；乙二九〇八；甲一四三三；前六·六三·六				乙六九六六；乙六九六六	存下五一七；後下三·八
金文	毛公鼎；召伯簋；彔鼎；畬生簋；師酉簋	毛叔盤	毛公鼎	頌鼎；虢季子白盤；彔伯簋；三年瘐壺		即簋
其他	石鼓；江陵楚簡；說文古文；說文古文	鄦伯彪戈	秦公簋	虢太子元徒戈	詛楚文	

𩆖

𩆖母鬲

皿

前五・三・七

燕七九八

皿方彝

皿字布

皿字布

甲二四七三

廿七年皿

盂

京津四四三七

甲三三九三九

盂鼎

永盂

蘇公作王妃盂簋

王子申盞盂

𩆖侯之孫鼎

蔡侯鼎

都公鼎

齊侯匜

盌

右里盌

江陵楚簡

盛

後下二四・三

叔家父匡 成字重見

曾伯簠

盛季壺

詛楚文

好蚉壺

盨

戍甬鼎

仲𨱏父鬲

趞鼎

㽙妻鼎

古匋 盨

甲鼎

盧

甲三六五二

粹一〇九

佚九三五

𨚕次盧

中山王鼎

三體石經僖公

說文籀文

盂

史盂鼎

井人鐘

令狐君壺

盆

彭子中盆

曾大保盆

周雒盨
須字重見
鄭義羌父盨
筍伯盨
鄭井叔盨
叔姞盨
仲自父盨
杜伯盨
員盉
免盤
倗匜蓋
季良父盉
伯春盉
和字重見
史孔盉

盨
盉

益盈盡盅盦昷盥

字	甲骨文	金文	戰國文字
益	鐵二二三·四；後下二四·三	班簋；益公鐘；畢鮮簋	子禾子釜；伯𨰻盉；三體石經皋陶謨
盈			石鼓
盡	乙四五二九；前一·四五·二；天六五；前一·四四·六		侯馬盟書；中山王壺
盅			鄧子午鼎
盦			侯馬盟書
昷			古鉥 王昷
盥	拾一三·一四；京津三〇八五		齊侯盂；蔡侯缶

盞盠盄去血甹卹

字	甲骨文	金文	戰國文字
			盥鼎
盞 見方言			王子申盞盂；太𢈔鼎
盠 見廣雅		盠駒尊；九年衛鼎	
盄 見類篇		杞伯盄	
去	佚三八二；前五・四七・七		鄦去魯鼎；哀成叔鼎；中山王鼎；古鉩；宋去疾鉩
血	粹一二二；前四・三三・二		古匋 血
甹	存下七四二；後上一九・七		
卹	佚六三一	五祀衛鼎；癲鐘；縣妃簋	邾公釛鐘；侯馬盟書；詛楚文

盡盍丨主丹彤青

	盡	盍	丨	主	丹		彤	青	
					京津三六四九 乙六四五一				
師寰簋	父辛卣 師𩛥鼎		庚爵		庚嬴卣		休盤 虢季子白盤	吳方彝 牆盤	
三體石經君奭		㑹志鼎蓋 古鉩 盍𢼸 古鉩 盍訶		三體石經多方	古匋 蒦陽匋里人丹 古鉩 王丹	說文古文 說文古文	石鼓	楚帛書	說文古文

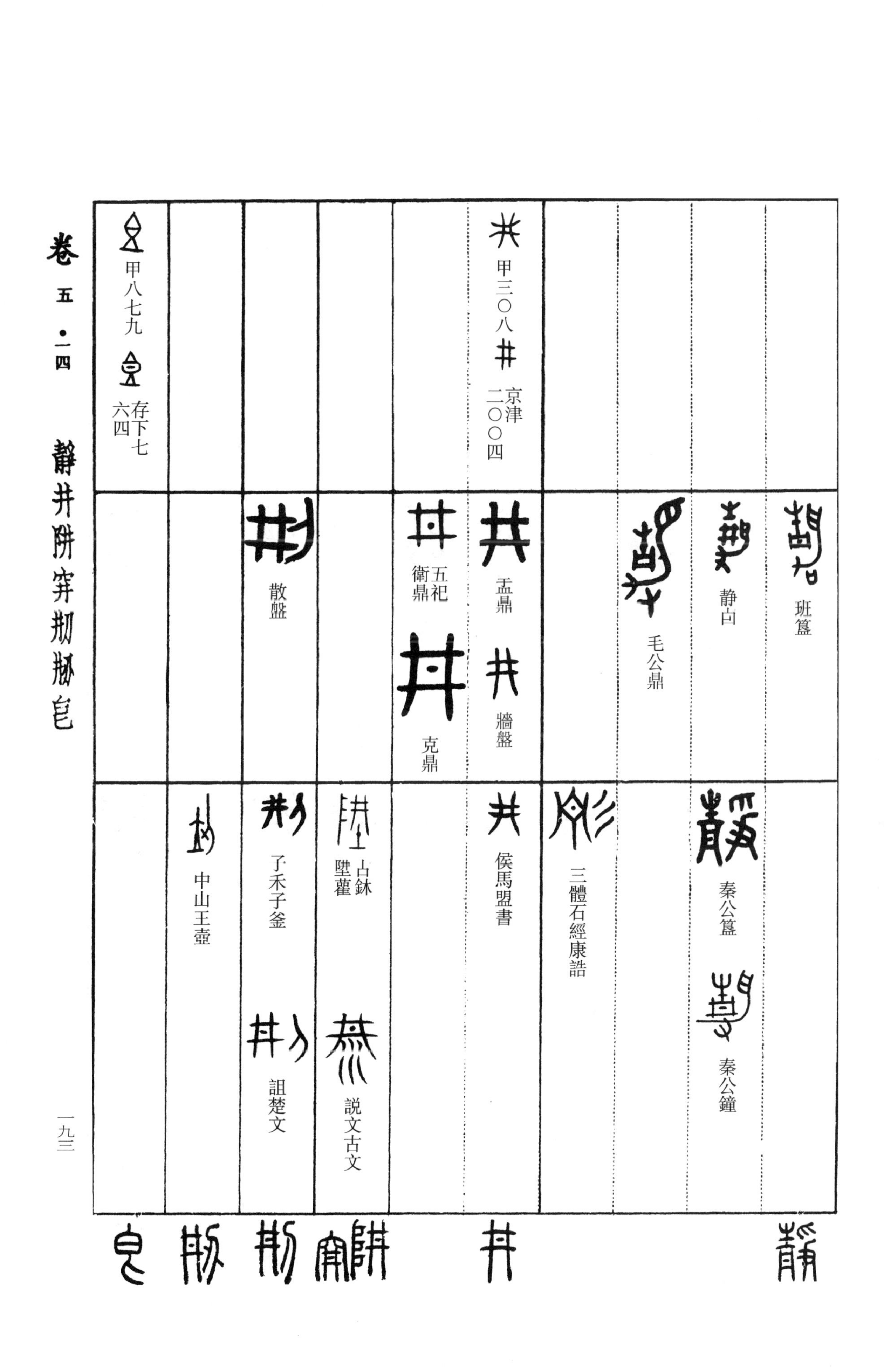

卷五·二四

靜井阱穽刱㓝皀

靜	井	阱	刱	㓝	皀
	甲三〇八；京津二〇〇四				甲八七九；存下七六四
班簋；靜卣；毛公鼎	盂鼎；牆盤；五祀衛鼎；克鼎		散盤		
秦公簋；秦公鐘；三體石經康誥	侯馬盟書	古鉢 壁藿；說文古文	子禾子釜；詛楚文	中山王壺	

欄	上	中	下
卽	後下四一·三；後上七·八	盂鼎；衛簋	石鼓；中山王壺
卽	前六·五二·三；存一六二五		三體石經文公
既	佚六九五；粹四九三	庚嬴卣；頌鼎	石鼓
既		卯簋；九年衛鼎	三體石經君奭
既		麓伯簋	
既		休盤	
既			侯馬盟書；楚帛書
既	乙六六七二	無叀鼎	
皀	戩六·八	番生簋；毛公鼎	
皀		⿰革亘侯鼎	

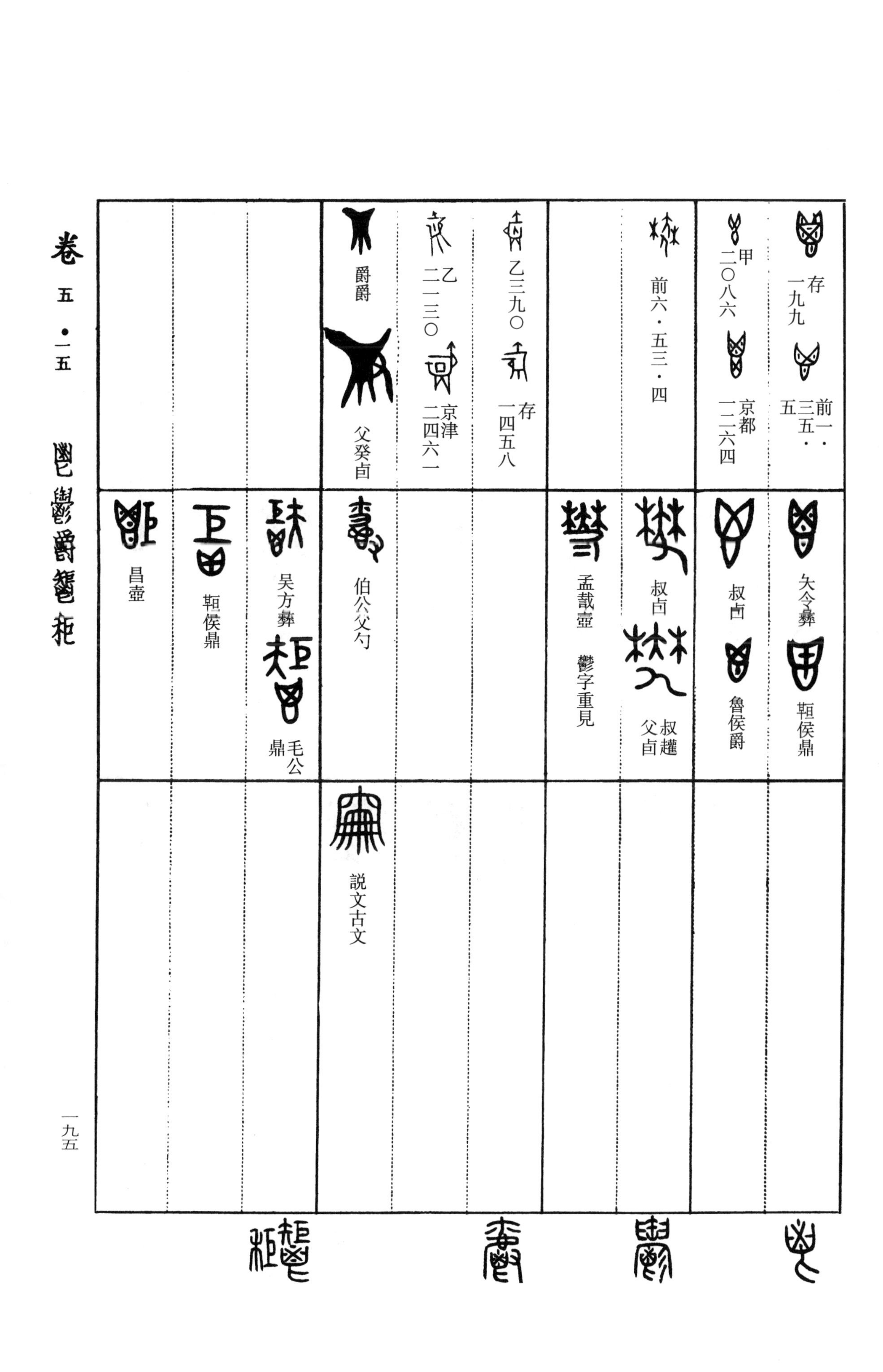

存一九九
前一·三五·五
甲二〇八六
京都二二六四
前六·五三·四
乙三九〇
存一四五八
乙二一三〇
京津二四六一
爵爵
父癸卣

矢令彝
䢅侯鼎
叔卣
魯侯爵
叔卣
叔趯父卣
盂載壺 鬱字重見
伯公父勺
吴方彝
毛公鼎
䢅侯鼎
昌壺

說文古文

邑 鬱 爵 鬯秬

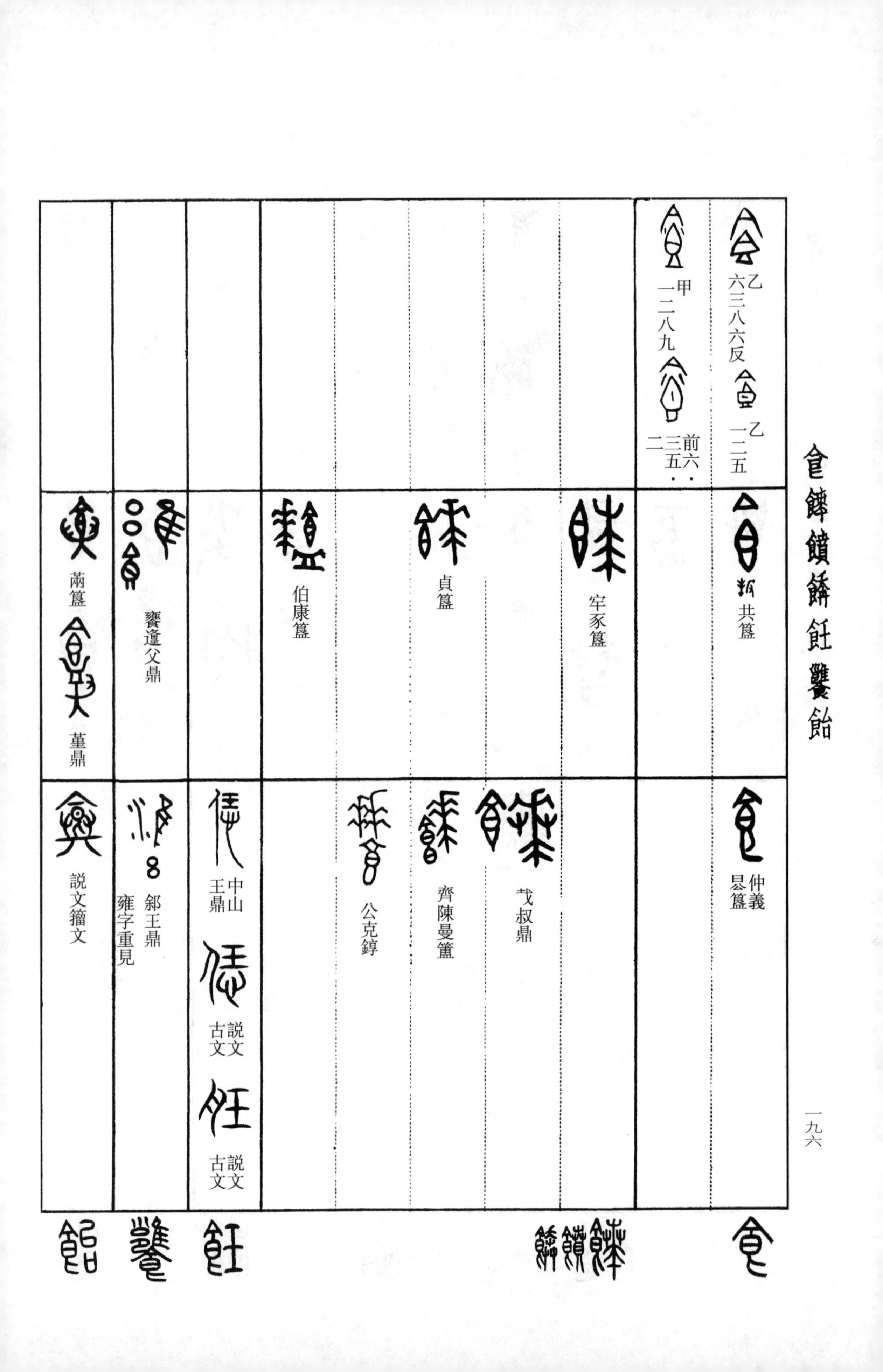

倉䭔饋餴飪饔飴

倉	乙六三八六反　乙一一二五	甲一二八九　前六·三五·二	
䭔饋餴	共篕	宰豢篕　貞篕　伯康篕	
倉	仲義昱篕	戈叔鼎　齊陳曼簠　公克錞	
飪	中山王鼎　說文古文　說文古文		
饔	饔邍父鼎　郘王鼎　雍字重見		
飴	兩篕　堇鼎　說文籀文		

餈餼粢養飯飤餘餳餔餐滄饗飽

	乙四〇九 敖又疊		後下七・一三					拾六・八 卿字重見 宰甫簋	
			父乙飤盉 命簋	伯𩃬父簋	令鼎 居簋			三年瘐壺	
古鉥 周餡 古鉥 肖餈	說文古文	公孫瘩壺	王孫誥鐘 鄂君舟節 中山王壺	吳五姬鼎 新都戰國墓邵之飤鼎		說文籀文	古鉥 滄豣	中山王壺	說文古文 說文古文

今象鈴有鈕有舌之形。

館			古鉥 館
饔			說文籀文
叨		叨孳簋	
鑵		昌鼎	
餟			侯馬盟書
合	菁七·一；河七〇二	召伯簋二	秦公鐘；陳侯因資錞
僉			越王劍
侖			中山王鼎；說文籀文
今	後下一·七	矢方彝；克鼎	侯馬盟書；詛楚文；三體石經多士
今	戩二七·五；乙七八一八	召伯簋	中山王鼎
舍		矢方彝；牆盤	侯馬盟書

見集韻

會娟鼎

鄶始鬲

居簋

鄂君舟節

趩亥鼎

屭羌鐘

楚帛書

戰國秦虎符

沇兒鐘

粹一〇三七

牆盤

三體石經僖公

說文古文

陳昉簋

屖氏會

通別二·八·八

叔倉父盨

倉字布

說文奇字

楚帛書

會

倉

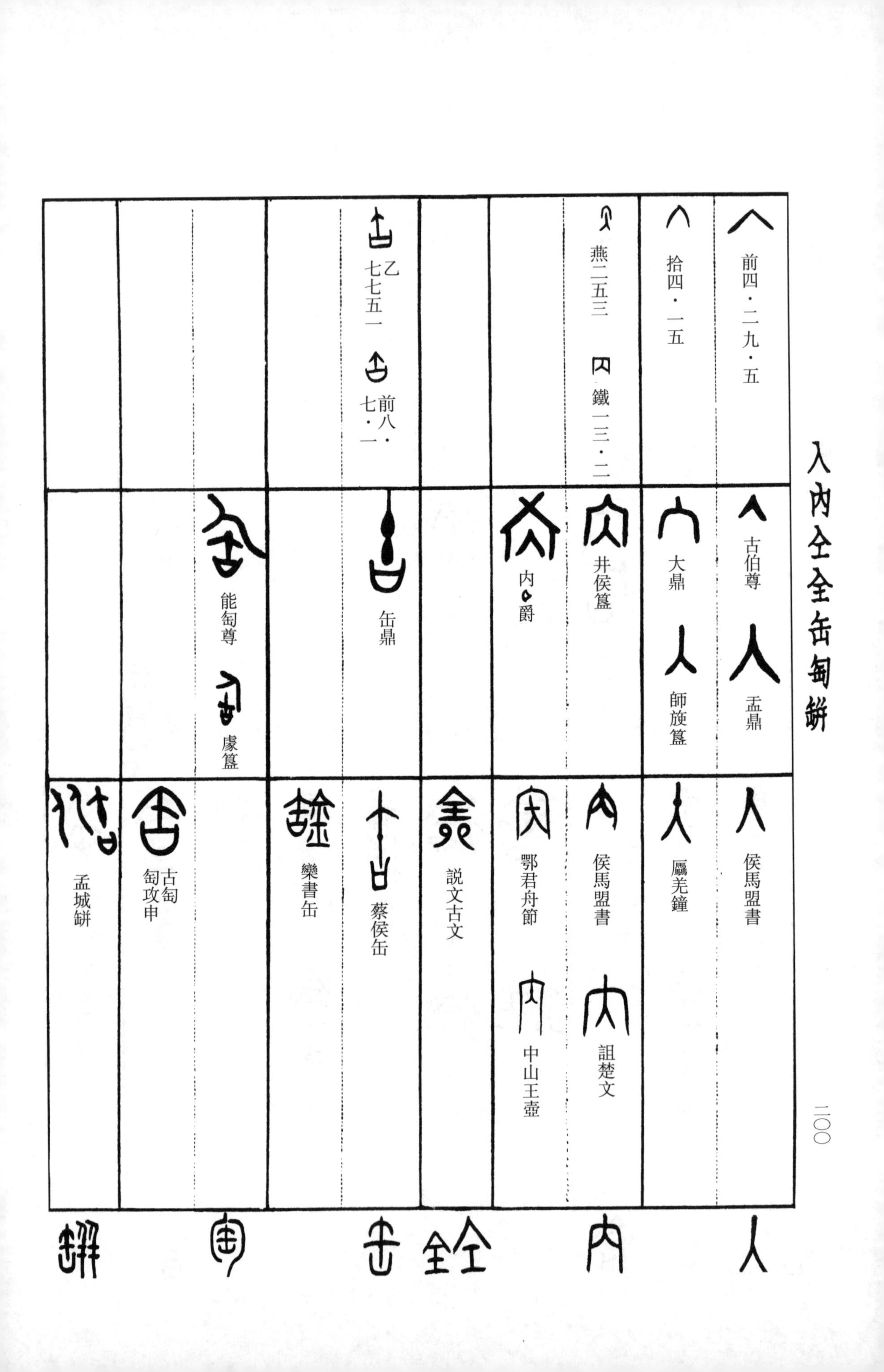

入内仝全缶匋缾

入	入	内	内	仝	缶	缶	匋	匋	缾
前四·二九·五	拾四·一五	燕二五三 鐵一三·二			乙七七五一 前八·七·一				
古伯尊 盂鼎	大鼎 師旋簋	井侯簋	内爵		缶鼎		能匋尊 㝬簋		
侯馬盟書	屭羌鐘	侯馬盟書 詛楚文	鄂君舟節 中山王壺	説文古文	蔡侯缶	欒書缶		古匋 匋攻申	孟城缾

入 内 仝全 缶 匋 缾

罃	䥈		甂	矢		射			矦
				甲一九七六 乙二一二一	甲三一一七 河三三六	菁七·一	京津四四八六 乙七六六一	佚九三〇	甲二二九二
伯百父罃	仲義父䥈 需字重見	伯𩰫父䥈		矢伯卣 不䝬簋	䢅侯鼎	射女盤		靜簋 鬲攸从鼎	保卣 㠱侯父戊簋
	黃孫䥈		國差甔	古鉩 長矢	石鼓 古匋矢			石鼓	牆盤 侯馬盟書

字	甲骨文	金文	戰國文字
矦	佚三七二　乙九四八		中山王壺　古鉥夏侯癸　詛楚文　楚帛書　三體石經文公　説文古文
矤			三體石經君奭
矦			中山王鼎
高	前一·三四·七　乙一九〇六反　甲一六一二	簋　師高簋　牆盤	鄂君車節　高字布　秦公簋　三體石經無逸
亳	前二·二·五　亳父乙鼎　粹二二　佚九二八	亳鼎	古鉥公孫亳　古鉥亳　鄭州戰國陶文

冂	坰	市	央	𩫏	京
			菁一·一	前四·一一·一 粹六五二 粹七一七 京都三二四一	前四·三一·六 前二·三八·四 甲二一三二
師奎父鼎 師旋簋		兮甲盤	虢季子白盤	毛公鼎	班簋 矢文彝 通簋
	說文古文	古鉨 張市	中央勇矛 齊三字刀	國差𦉜	驫羌鐘

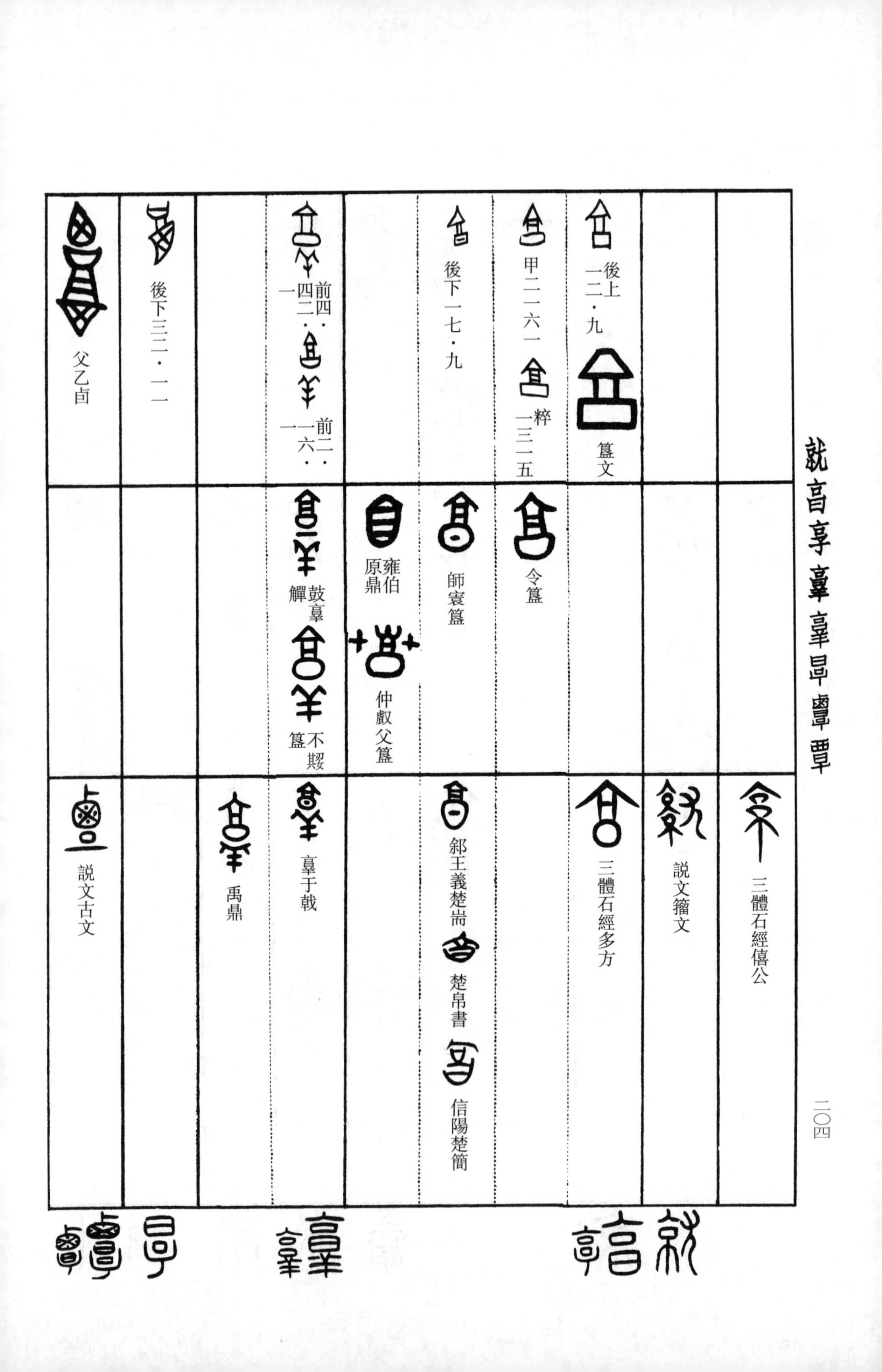

就亯享𦎫𩫏旱𩫨覃

		後上一二·九 篆文	甲二一六一 粹一三一五	後下一七·九		前四·四二·一 前二·一六·一		後下三二·一一	父乙卣
			令簋	師寰簋	雍伯原鼎 仲叡父簋	鼓𩫏觶 不嫛簋			
三體石經僖公	說文籀文	三體石經多方		郐王義楚耑 楚帛書 信陽楚簡		𩫏于戟	禹鼎		說文古文

厚

佚二一一

趠鼎

牆盤

魯伯盤

說文古文

畗

前四·二三·八

粹三九三

甲三〇七二

畗父辛爵

士父鐘

鄂君車節

良

乙二五一〇

乙三三三四

格伯簋

季良父盉

季良父簠

中山王壺

說文古文

說文古文

說文古文

此字象在两大石上架木堆积禾穗而新月在旁，正象禾穗露積在野之形。啚亦从此得義。

前四·一一·六

師友一一·一七〇

粹九一五

父乙甗

鐵四六八·四

珠一八六

前七·一二·一

佚七七二

乙四六一五

盂鼎

農卣

召伯簋

牆盤

康侯啚簋

雍伯旨鼎

夨簋

沈子簋

陳猷釜

古鉢左廩之鉢

古鉢君之廩

𪎺鎛

説文古文

嗇

前四・四一・三

後下七・二

嗇盤

說文古文

好蚉壺圈足銘

古鉨 郚=舒=嗇夫

牆

粹一一六一

牆盤

說文籀文

說文籀文

來

前二・二三・五

粹一〇六六

甲二二三三

後下三六・三

宰甶簋

作册大鼎

康侯簋

牆盤

昌鼎

般甗

長由盉

單伯鐘

石鼓

古匋 来疒

來字布

三體石經文公

麥

前四・四〇・六

京津三四五七

戩一〇・八

麥盉

麥鼎

夂

乙二一一〇

後下一八・四

夋复麦夓夓夏

前五・一三・五

後下三二・六

後上一〇・六

子夌尊

𤔲从盨

𢦏鼎

無憂卣

伯憂觶

毛公鼎

畨生簋

克鼎

楚帛書

楚帛書

楚帛書

好盗壺

中山王壺

秦公簋

鄂君舟節

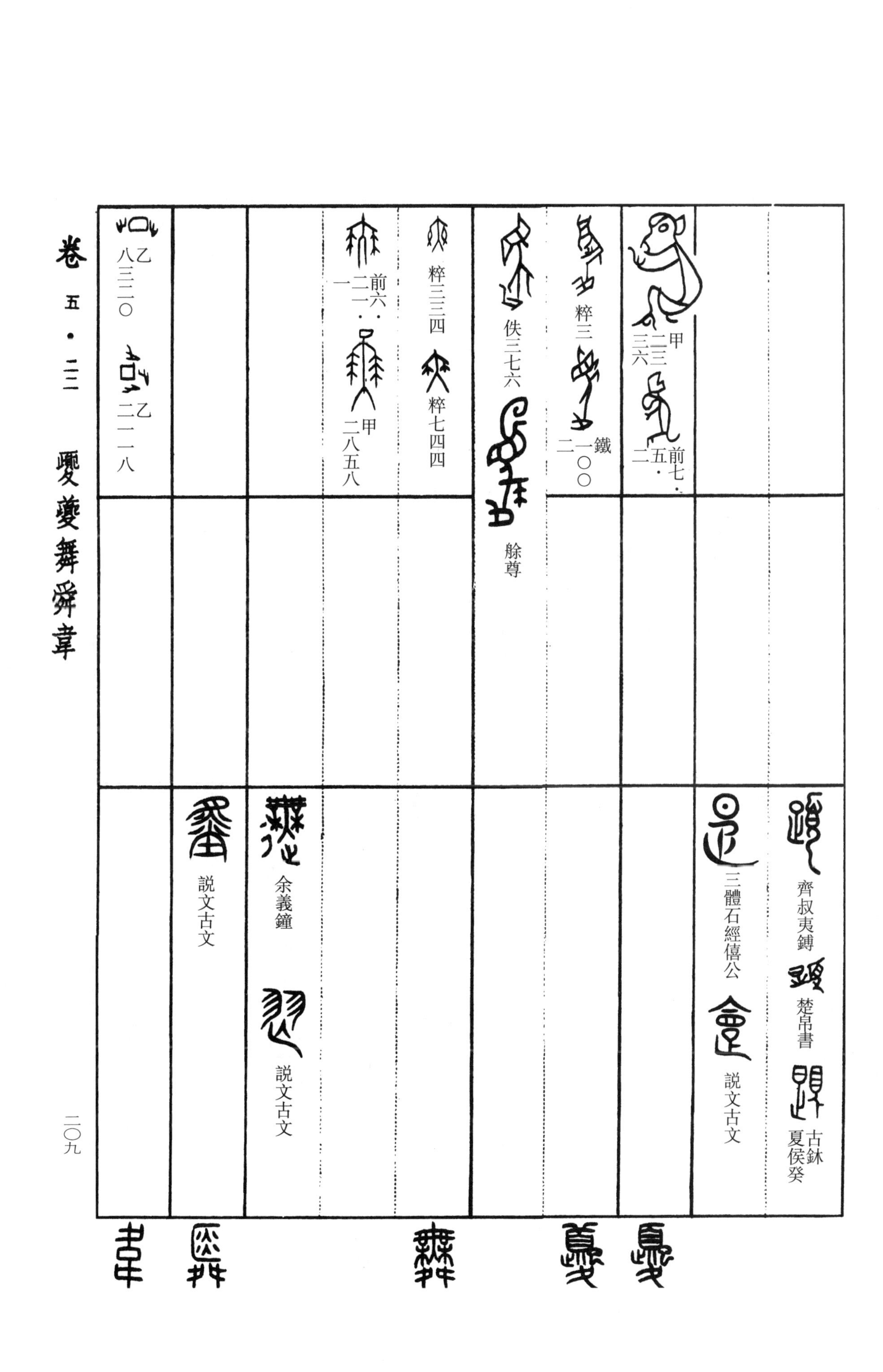

夒夔舞舛韋

夒	夔	舞		舛	韋
甲二三三六；前七·五·二	粹三；鐵一〇〇二	佚三七六；觪尊	粹三三四；粹七四四；前六·二一·一；甲二八五八		乙八三三〇；乙二一一八
齊叔夷鎛；楚帛書；古鈢夏侯癸；三體石經僖公；說文古文			余義鐘；說文古文	說文古文	

	韓	弟	夆	桀
1	甲二二五八；前四·三一·六；金二〇九	乙八八一八；乙四八四	⿰弋阝卣	
2	韋鼎	沈子簋；應公鼎；虘簋；諫簋	夆叔盤；夆伯甗	
3	黃韋俞父盤；呂不韋戟；侯馬盟書；三體石經無逸；說文古文；侯馬盟書；軌字重見；屭羌鐘；侯馬盟書；古鉥韓徒	𪒠鎛；侯馬盟書；信陽楚簡；三體石經僖公；說文古文		古鉥；桀

乘金文作□象大人張足立于木上(車乃木制)鄂君車節省□為□，改木為冂，冂正象車箱開口在後人自車箱後上下之形。

乙七四五

粹一〇九一

佚八七五

克鐘

公貿鼎

虢季子白盤

匽公匜

鄂君車節

三體石經君奭

說文古文

中山王墓刻石文

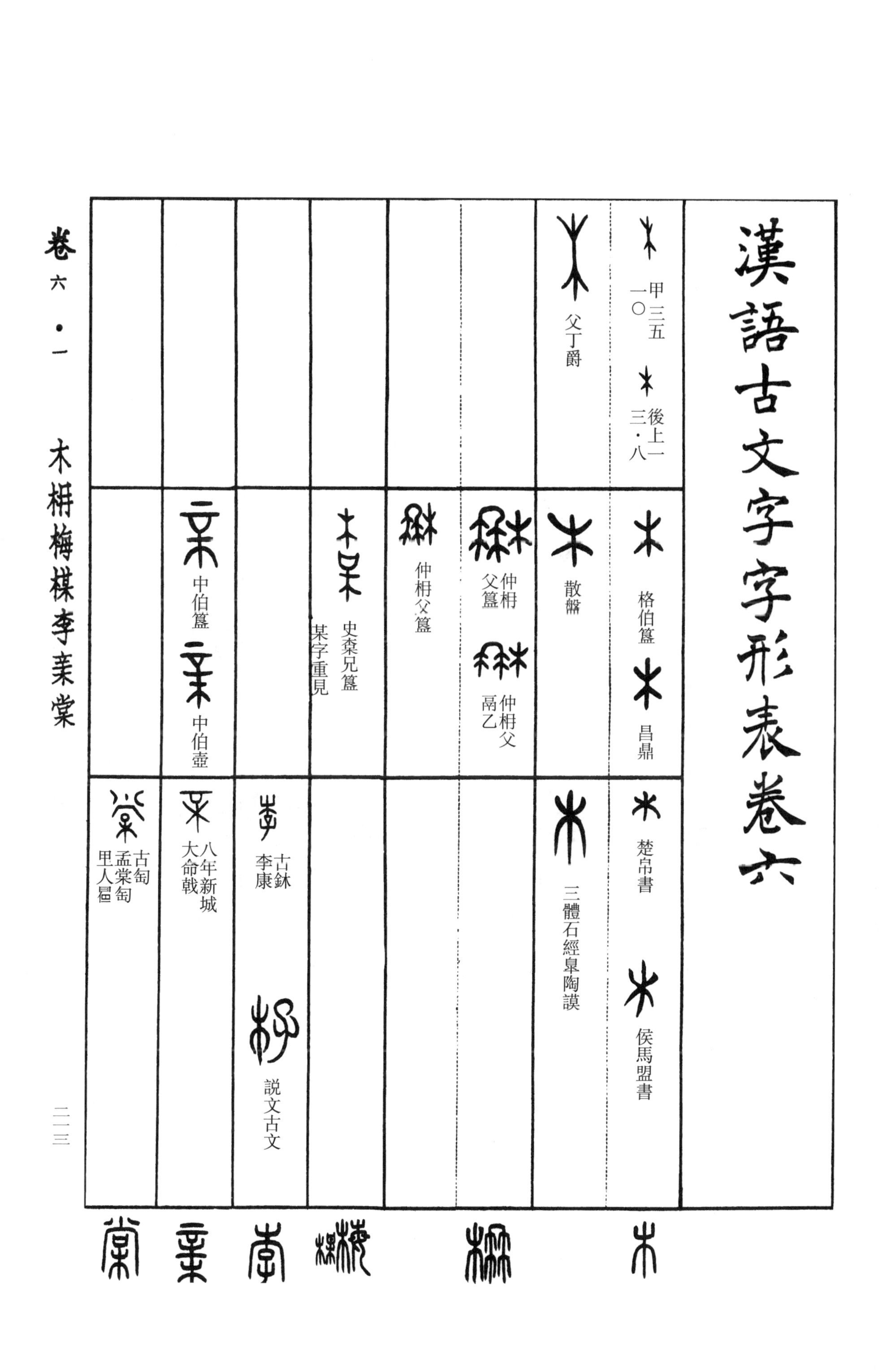

漢語古文字字形表卷六

木		枏		梅	楳	李	桼	棠
甲三五一〇　後上一三·八	父丁爵							
格伯簋　昌鼎	散盤	仲枏父簋　仲枏父鬲乙	仲枏父簋	史楳兄簋　某字重見			中伯簋　中伯壺	
楚帛書　侯馬盟書	三體石經臯陶謨					古鉢李康　說文古文	八年新城大命戟	古匋孟棠匋里人晷

杜	⿰木谷	樱	椅	桅	櫄	棫	杙	柞	梼
七P六七									
格伯簋；師虎簋；杜伯盨						散盤	應侯簋	柞鐘	
戰國秦虎符；古鉢杜學	石鼓	石鼓	古鉢綌椅	說文古文		石鼓		石鼓	侯馬盟書

枋楊柳欒柜杞

枋

好盗壺

古鉥 [illegible]門枋

楊

石鼓

楚帛書

古匋 蒦圜楊里口

古鉥 楊后

柳

簠游一〇九

散盤

柳鼎

侯馬盟書

石鼓

欒

中伯壺

欒書缶

宋公欒戈 䜌字重見

古匋 欒季

柜

信陽楚簡

杞

後下三七・五

乙八八九五

杞伯鼎

杞伯鼎

杞婦卣

三體石經僖公

櫟榮桐榆松窠柏某

櫟	榮				桐	榆	松 窠	柏	某
前二·八·一						前二·三二·六 甲五八二		佚一九五 甲六五三	
	盂鼎 井侯簋	榮簋 五祀衛鼎	己侯簋 師[illegible]簋	榮子盉	翏生盨				禽簋 諫簋
四年相邦戈					宜桐盂		鄂君舟節 松字布	古鉩 柏身	侯馬盟書 說文古文

樹本朱株

朱象系珠形，此商承祚説。中一或二畫象珠形，兩端象三合繩分張之形。古多重赤色珠，故朱得有赤義。

株	朱	本	樹
	珠一二一；後上一二·八		
	彔伯簋；師酉簋；毛公鼎；吳方彝；此簋	本鼎	史桒兄簋
古鉢株參	侯馬盟書；蔡侯朱缶	説文古文；行氣銘；楚帛書；齊刀背文	石鼓；説文籀文

末果枚棖柖樛朻杕格

	末	果	枚	棖	柖	樛	朻	杕	格
			簋辛父 卣丙父枚 粹一〇六〇					存一·二〇〇〇	甲二五六 前五·二四·六
		果簋	枚家卣	散盤					衛簋 頌鼎 各字重見
	蔡侯鐘 末距悍	蔡公子果戈 江陵楚簡			古鉢韓柖	四年相邦戈	江陵楚簡	杕氏壺	

各象人乘鹿（輅）車，足趾在獨輪上形，畗象在原上遂希之形，其畗，即各之異文。各是無輻輪，畗是有輻之輪。

	枯	樸	楨	析	枲	杳	築	榦
粹一〇六二								
格伯作晉姬簋 格伯簋				庚贏卣 散盤				
格氏矛 楚帛書	古鉢枯成戌	石鼓	古匋楨		信陽楚簡 楚帛書	古匋□里□匋杳□	子禾子釜 說文古文	好蚉壺

桴桷椽柖植⿰木置杗杇杠櫝栗

桴	桷	椽	柖	植 ⿰木置	杗	杇	杠	櫝	栗
					乙一四八一				
							杠觶		散盤
十五年相邦劍 中山王鼎	信陽楚簡	古鉨 楊椽	中子化盤	侯馬盟書		江陵楚簡	江陵楚簡	詛楚文	

槃般所从之月，象高圈足之槃，上象其槃，下象其圈足，因其字形与舟相似，故漸譌从舟。

甲三五〇七

古鉨　梩唐𠚤鉨

說文籒文

江陵楚簡

信陽楚簡

龍節

說文籒文

前四·三一·三

明七〇五

後上二六·一

前一·四八·四

戩四五·一

匽公匜

兮甲盤

般字重見

虢季子白盤

沇兒鐘

楚王酓忎盤

說文籒文

三體石經君奭

櫑罍䍣桊㮚棧柯

《論衡·雷虛》說漢時畫雷罍如連鼓之形。金文櫑以連鼓象雷聲雷光並見之形。田象圜鼓形，乙与㇉象雷光形。

櫑		罍				桊	㮚	棧	柯
伯侯父盤		父乙罍 雷字重見	函皇父簋	祖甲罍	櫑仲簋				甶鼎
說文古文	蔡侯盤		說文籀文		說文藁字籀文	信陽楚簡	古鉢 㮚母擇	詛楚文	

櫑 罍 桊 㮚 棧 柯

乙七一六〇

乙七三七七

丙八三

前五・一三・五

京津三七二八

後上一〇・五

樂鼎

𤼈鐘

召樂父匜

陳侯壺

郘公鈚鐘

石鼓

侯馬盟書

沇兒鐘

子璋鐘

余義鐘

王孫誥鐘

上樂鼎

古匋□樂

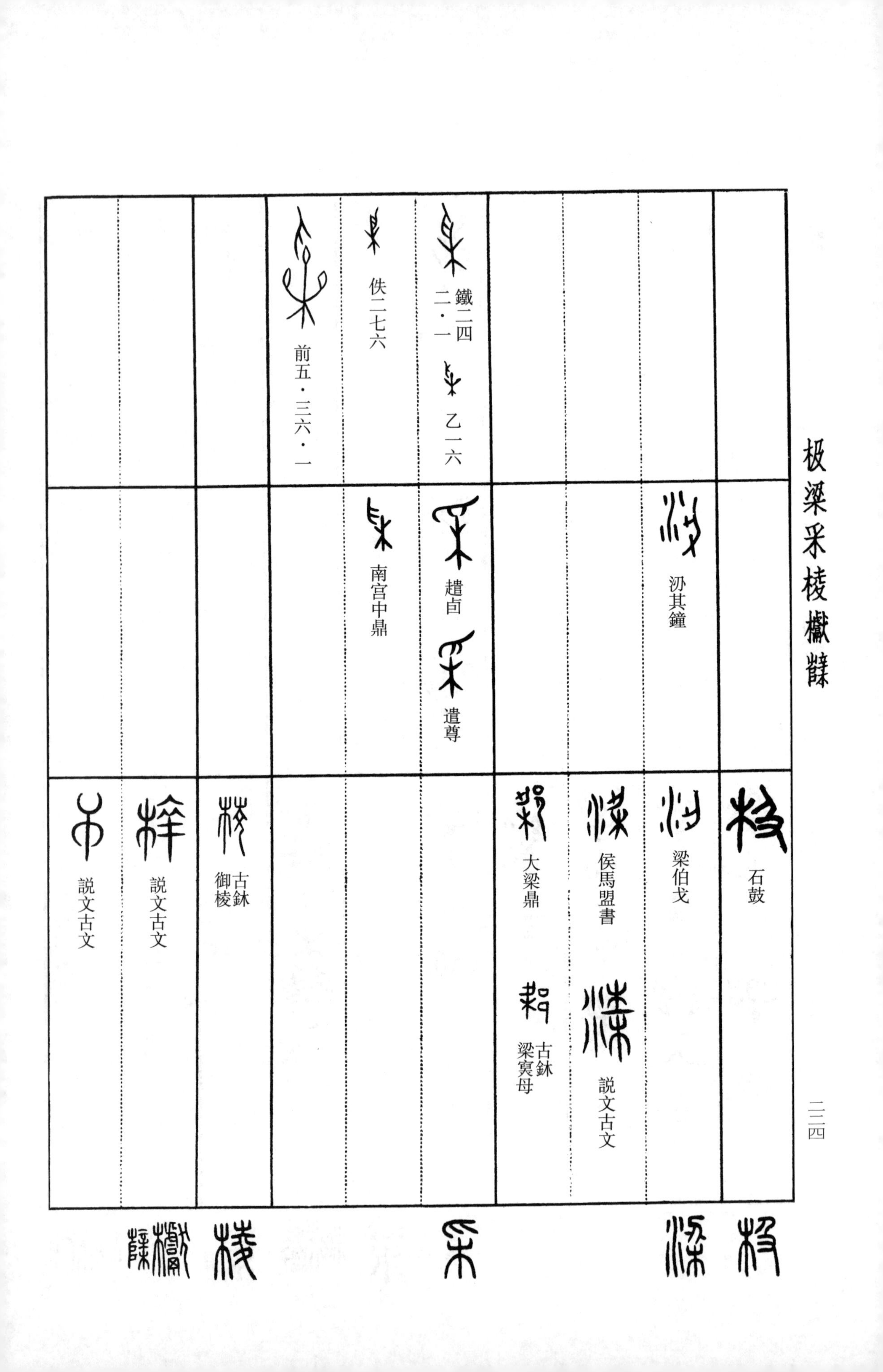

极

石鼓

梁

沙其鐘

梁伯戈

侯馬盟書

說文古文

大梁鼎

古鉥 梁寞母

采

鐵二四二·一

乙一六

趞卣

遣尊

佚二七六

南宮中鼎

前五·三六·一

棱

古鉥 御棱

欁

說文古文

櫱

說文古文

枰

古鉥 枰酉都

枰

析

乙一五六八

河八二八

甲三五七五

格伯簋

簷侯簋

古鉥 析疾

析

業

侯馬盟書

⿰黍命鎛

厵羌鐘

王孫鐘

詛楚文

欒書缶

業

休

前五・二六・三

後上二一・八

乙四八四

乙四七七九

後上一二・七

揚鼎

𤼈鐘

善夫克鼎

頌簋

蔡侯鐘

中山王鼎

静簋

咢侯鼎

洛陽燒溝陶鼎

三體石經君奭

休 庥

椬柙棺楬杞杌棤楒

椬	柙	棺	楬	杞	杌	棤	楒
				（甲骨文）後上二一·六　（甲骨文）後下三三·一〇			
（金文）𪚴季鼎　（金文）姞亘母觶　（金文）恒簋蓋							
（古文）說文古文	（古文）說文古文	（古文）詛楚文	（古文）古鉢肖楬		（古文）古鉢杌睪	（古文）楚帛書	（古文）中山王墓宮堂圖
（篆）椬	（篆）柙	（篆）棺	（篆）楬	（篆）杞　見唐寫本說文木部	杌　見爾雅	棤　見玉篇	楒　見玉篇

椃[illegible]梘檥桯桿補柦東

椃 見集韻	[illegible] 見集韻	梘 見集韻	檥 見集韻	桯 見類篇	桿 見篇海	補 見篇海	柦 見韻會	東
續五·七·九；前四·四五·三	乙九〇六七						佚七八七	前六·三三·四；前六·五七·七
辛椃角；伯椃虘簋							折觥；柦父乙壺	
		信陽楚簡	邾太宰簠	信陽楚簡	子禾子釜	信陽楚簡；古匋 補；古匋 補		

棘

尊乙父	京津四三四五	前七·四〇·二		燕四〇三	前一·四五·三	京津四三九二		後上一五·一五
	何東尊	五祀衛鼎	子壬父辛爵 㝬鐘	壆鼎				天棘父癸爵
			楚帛書					

林 [㯳]

京津五五五六
粹七二六
戜簋
卓林父簋
侯馬盟書
好蚉壺
虢叔鐘
兮仲鐘
柞鐘
克鐘
楚公鐘

無 [舞] [鄦]

無象人長袖下垂舞動之形

粹一三一二
甲二八五八
甲二八五八
前三·二〇·四
前七·三五·二
甗般
作冊般簋
癲鐘
史頌簋
秦公鐘
詛楚文
昌鼎
王子午鼎
隨縣曾侯乙甬鐘
不嫢簋
曩伯盨

粹一三一五

粹一五四七

粹七三

斁狄鐘

伊簋

叔卣

鬱字重見

叔趯父卣

孟載壺

周原卜甲八三

令簋

𣪕馭簋

毛公鼎

瘐鐘

鄭楙叔壺

王孫誥鐘

郤王義楚耑

曾篙鐘

曾侯乙編鐘

詛楚文

三體石經文公

酓肯鼎

侯馬盟書

余義鐘

麓

甲三五七

粹六六四

前二·二三·一

後上一五·七

佚四二六

乙八六八八

拾六·一〇

前二·二八·三

史懋壺

麓伯簋

說文古文

森

後下三·二

金四七二

才

後上一〇·九

續一·三·六

後上三二·一二

旂鼎

十三年癲壺

史懋壺

僕匜

叒 桑

乙三三九〇

乙七一九一反

後下三五·一

粹一五五七

父戊爵

才僩父鼎

曾姬無卹壺

中山王壺

曾侯乙編鐘

三體石經無逸

三體石經君奭

乙五八五八

乙三六六四

父乙爵

前六·三九·二

亞若匜

乙三九七八

前一·六·六

續三·三一·九

我鼎

盂鼎

彔伯簋

昌鼎

中山王鼎

中山王墓宮堂圖

說文籀文

之

前七・一三・一
乙五二七八
甲三二一三
粹一〇四三
甲一八〇
甲一八〇

毛公鼎
善夫克鼎
縣妃簋
散盤

欒書缶
侯馬盟書
鄂君舟節
中山王鼎
王子午鼎
曾侯乙編鐘
石鼓
三體石經僖公

㞢

甲一九〇
珠一四三三
前四・五〇・八
菁三・一
乙五四四八
前二・三五・一
前二・二一・一

陳逆簋
好蚉壺

師

鐵四・三
粹一二〇一
前二・一三・三
前一・四九・一

盂鼎
戜鼎
𠂤字重見

師			
[illegible]鼎　遇甗	傳卣　師奐父盤	師寰簋	
石鼓　詛楚文	齊叔夷鎛　好盗壺	蔡太師鼎　國差𦉜　𪒠志鼎	說文古文　三體石經僖公

出		
甲四七六　甲二四一	後上二九·一〇　鐵一八四·三	乙九〇九一反　前七·二八·三
矢令簋　班簋	伯矩鼎　頌壺	兮甲盤　毛公鼎
石鼓　拍盨　魚鼎匕	侯馬盟書　楚帛書	鄂君舟節　三體石經君奭

敖	索
真敖簋　三體石經文公	楚帛書

出　敖　索

孛南生丰

孛

楚帛書

南

鐵二四〇・一

前四・四四・四

前一・一三・三

甲二九〇七

盂鼎

競卣

五祀衛鼎

駒父盨蓋

散盤

兮甲盤

南疆鉦

三體石經堯典

說文古文

吳王姬鼎

南字布

生

甲三八〇

拾一・一〇

粹一一三一

臣辰卣

害鼎

穆公鼎

單伯編鐘

頌簋

古鉢 生

中山王壺

䣄鎛

侯馬盟書

楚帛書

丰

甲二九〇二

明藏六三三

佚四二六

康侯丰鼎

侯馬盟書

產乑 䔢萼華巢桼束

產		乑	䔢 萼		華	巢	桼	束	
		乙八四六三 前一·三四·六						珠四〇二 甲二二八九	束盤
			命簋 克鼎	華季盨 仲姞鬲		班簋		不𡢁簋 𣪘簋	召伯簋二 昌鼎
哀成叔鼎 侯馬盟書	蔡侯產劍 古鉨產𠫓	說文古文	邾公華鐘 石鼓		古鉨王華		江陵楚簡		

束			剌					橐	圍
京津二六七九		甲六二四 坊间一・七一							
	王來奠新邑鼎	召伯簋 刺鞎鼎	刺卣 召伯簋	柳鼎 㝬簋	揚簋 單伯鐘	無叀鼎	大簋	毛公鼎 散盤	召卣二
	令狐君壺 江陵楚簡	秦公鐘		厲羌鐘 中山王鼎				石鼓	

字	甲骨文	金文	戰國文字
回	粹一九三　乙六三二〇	佃回父丁爵	說文古文　詛楚文
圖		子廟圖卣　矢簋　善夫山鼎　無叀鼎	三體石經多方　呂不韋戟　古鉥 隗圖
國	後下三九·六　或字重見	何尊　班簋　或字重見　保卣　毛公鼎　彔卣	秦公鐘　王孫鐘　蔡侯鐘　侯馬盟書　國差罎　三體石經僖公　古鉥 長國
面	京都三一四六		秦公簋

因象茵席編織紋。

卷六・一四

園圃因囚囚固圍

- 前四・三一二・
- 前七・二〇・一
- 石鼓 
- 說文籀文 

- 古鉥 咸□園相

- 御尊

- 前五・三三八・
- 存二三一八
- 陳侯因資錞 
- 中山王壺 

- 蔞鼎
- 江陵楚簡 

- 乙八五二六

- 甲三三六七
- 佚七五二
- 三體石經多方 

- 侯馬盟書
- 江陵楚簡 

- 妤蚉壺圈足銘
- 古鉥 [illegible]固 

- 庚壺
- 三體石經僖公

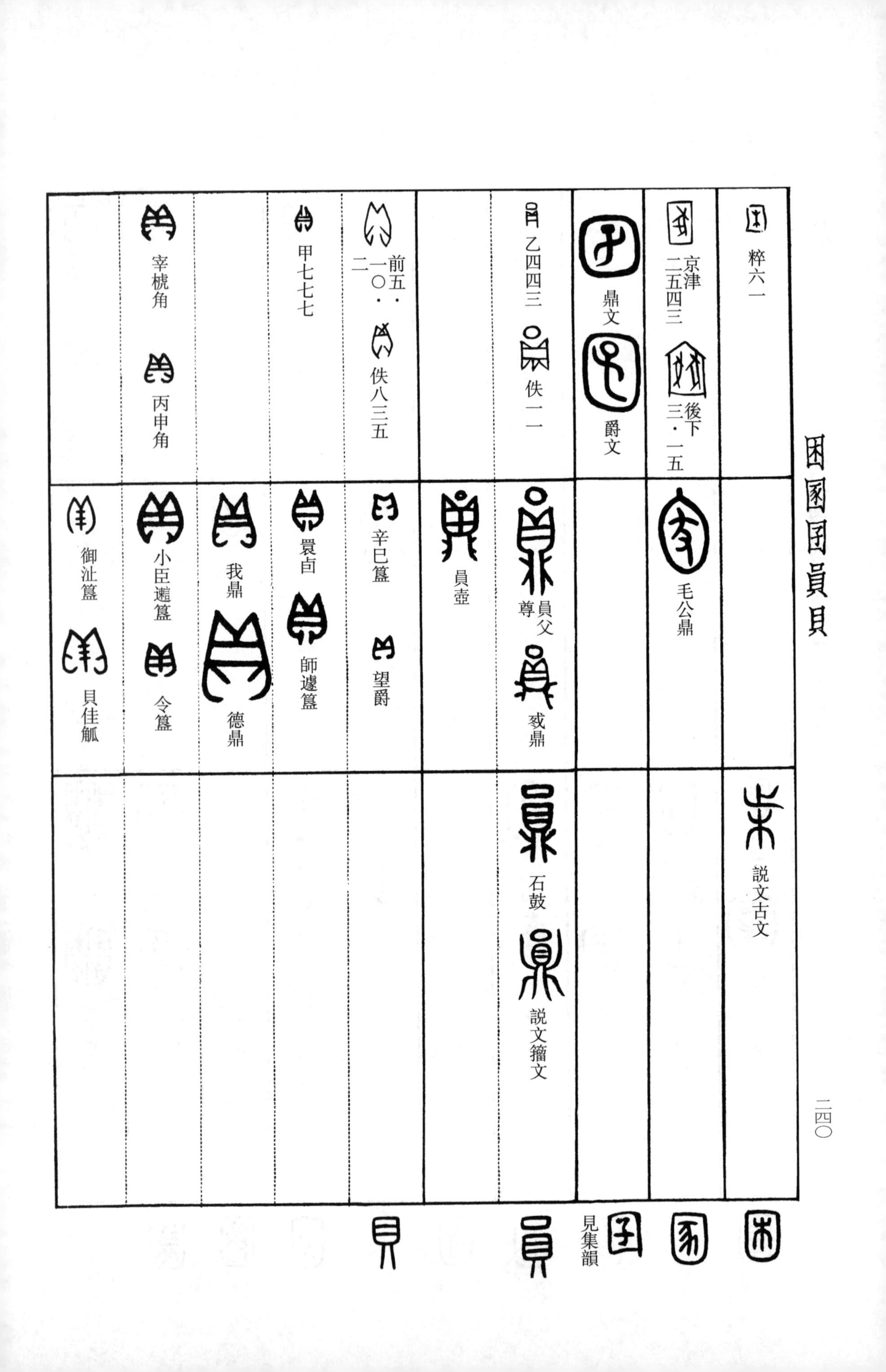

字	甲骨文	金文	篆文
困	粹六一		說文古文
圂	京津二五四三；後下三·一五	毛公鼎	
囷 見集韻	鼎文；爵文		
員	乙四四三；佚一一	員父尊；戜鼎	石鼓；說文籀文
		員壺	
貝	前五·一〇·二；佚八三五	辛巳簋；望爵	
	甲七七七	睘卣；師遽簋	
		我鼎；德鼎	
	辛㮀角；丙申角	小臣謎簋；令簋	
		御𣲚簋；貝隹觚	

貨

從鼎

召伯簋

貝字布

十貨布

節墨之夻化　化字重見

安陽之夻化

明字刀背文

賢

賢父癸觶

賢簋

賢簋

楚帛書

三體石經君奭

石鼓

好蚉壺

中山王鼎

中山王墓刻石文

賀

中山王壺

貢

戰國秦匋文

古鉥　□孫賫

商尊

蔡侯鐘

番匊生壺

魯伯盤

干氏叔子盤

陳侯作壬嬀簋

季良父簠

囂伯盤

叔上匜

𩏂妊甗

樊君鬲

秦公簋

賫　賁　賸

［𠇷］［賸］

贛

說文籀文

賚

克鼎

賞

昌鼎

鬳羌鐘

中山王壺

復尊

攸簋

秦公鐘

賜

虢季子白盤

賜字重見

庚壺

中山王鼎

詛楚文

古鉨 東方賜

贏

庚贏卣

古鉨 孟贏

許子妝簠

貯

乙六六九三反

文爵

沈子簋

五祀衛鼎

前四·二·三

後下一八·八

頌鼎

兮甲盤

侯馬盟書

古匋

貳	賓					質	貿	贖	費
	甲一二二二	續一・二九・三 前五・三〇・四	鐵二五七・四	後下三〇・一四 甲二二六八	乙二七五 前七・二〇・二				
召伯簋 琱生簋	虘鐘 宩字重見	保卣 睘卣	史頌簋 叔賓父盨	井叔鐘			公貿鼎	昌鼎 賣字重見	盂鼎二
邵大叔斧 中山王壺	郳公釛鐘	曾伯陭壺	王孫誥鐘 沇兒鐘 說文古文			侯馬盟書 詛楚文	貿字布		費敏父鼎 八年新城大命戟
貳	賓					質	貿	贖	費

責

乙八八九五

乙一五四五

旂作父戊鼎

缶鼎

兮甲盤

秦公簋

三體石經君奭

賈

古鉨

賫

佚五一八背

矢方彝

作册大鼎

叔卣

傳卣

㝨尊

般甗 商字重見

秦公鐘

買

乙五三二九

佚四六二

買車觚

買王卣

吳買鼎

買簋

侯馬盟書

古鉨

王買

字	甲骨文	金文	戰國文字
賦		毛公鼎	詛楚文
貧			說文古文
賃			龍節
賣		昌鼎	古匋 賣
貴	粹一二二一 前四・一〇・三 甲三五一〇		好盗壺
贔 見玉篇			古鉥 司馬贔
贓 見玉篇			仰天湖楚簡
朋 見廣韻	前五・四・七 前六・二六・七 乙六七三八 甲七七七		

賹邑邦郡都

賹

前一·三〇·五

後下八·五

簋游一二二

倗字重見

中作且癸鼎

衛盉

趞曹鼎

異[illegible]壺

王孫鐘

見玉篇

邑

燕一七九

粹一二二三

後上一八·二

菁二·一

矢簋

臣卿簋

小臣邑斝

師酉簋

古匋

齊侯壺

⿰素命鎛

古匋

秦陶文

邦

乙六九七八

前四·一七·三

盂鼎

牆盤

毛公鼎

叔向父簋

子邦父甗

楚帛書

三體石經無逸

侯馬盟書

中山王鼎

陳侯午錞

齊刀

說文古文

郡

上郡守戟

都

㝬鐘

⿰素命鎛

中都戈

鄙：乙八八二二　鐵六八・四　侯馬盟書　秦王政上郡戈

郊：乙六一七四　黏鎛　啚字重見

岐：說文古文

郎：古鉨

扈：三體石經君奭　說文古文

酆：宅簋　豐字重見　衛盉　古鉨酆歅

鄭：前二・一五・二　後下二四・一　三年瘐壺　鄭季盨　奠字重見　鄭同媿鼎　三體石經僖公　哀成叔鼎　古鉨鄭澤

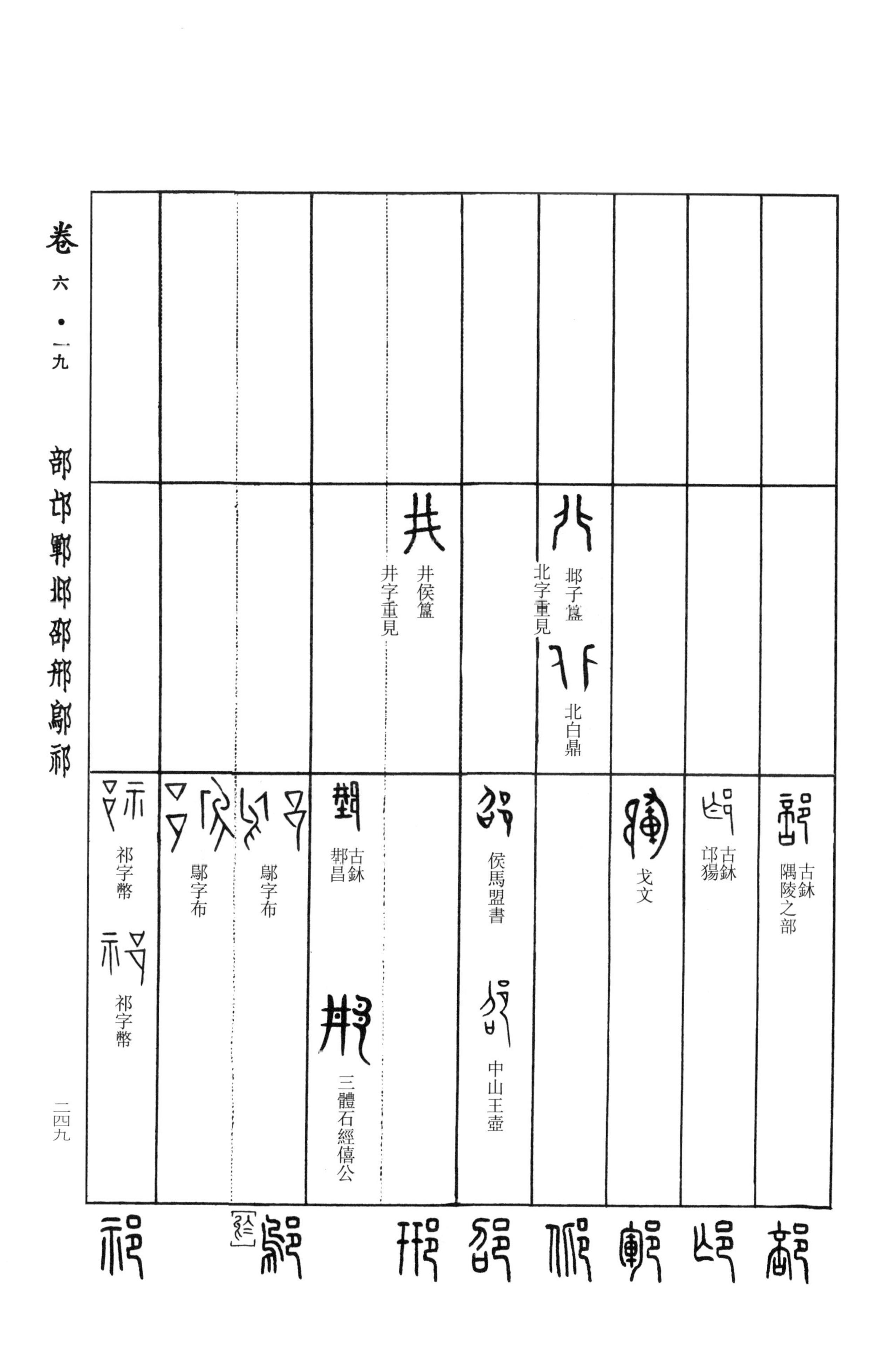

部邙鄆郱郘邢鄔祁

古鉢 隅陵之部

古鉢 邙鍚

戈文

北白鼎

郱子簋 北字重見

侯馬盟書

中山王壺

井侯簋 井字重見

古鉢 郱昌

三體石經僖公

鄔字布

鄔字布

祁字幣

祁字幣

部 邙 鄆 郱 郘 邢 鄔 祁

邯

侯馬盟書

古鉢 邯佗

甘字重見 侯馬盟書

邯鄲幣

鄲

鄲孝子鼎

古鉢 鄲易

侯馬盟書

郇

古鉢

鄭

古鉢 鄭彊

鄦

鄦子簠

鄦㠱簠 無字重見

蔡太師鼎

鄦姬鬲

郾

侯馬盟書

郾王職戈

中山王壺

古鉢 郾讟

复尊

匽侯旨鼎

粹九七八

甲七六五

鄂侯簋

咢字重見

古鉢 郲宣

古鉢 鄧徹

鄧孟壺

登字重見

鄧公簋

鄧子午鼎

鄂君車節

鄂君舟節

□郢鐸

郢侯戈

鄂君舟節

郙公華鐘

鼄字重見

鄘郭郊鄱邴部郅邛

邾公鐘

古鉨

三體石經僖公

井侯簋

拍敦蓋

𩫏字重見

古鉨 韓郭壇

鄂君車節

鄱伯酓匜

古鉨 邴皀

部史碩父鼎

古鉨 郅潒

叔姬簠

邛君壺

孫叔師父壺

江小仲鼎 江字重見

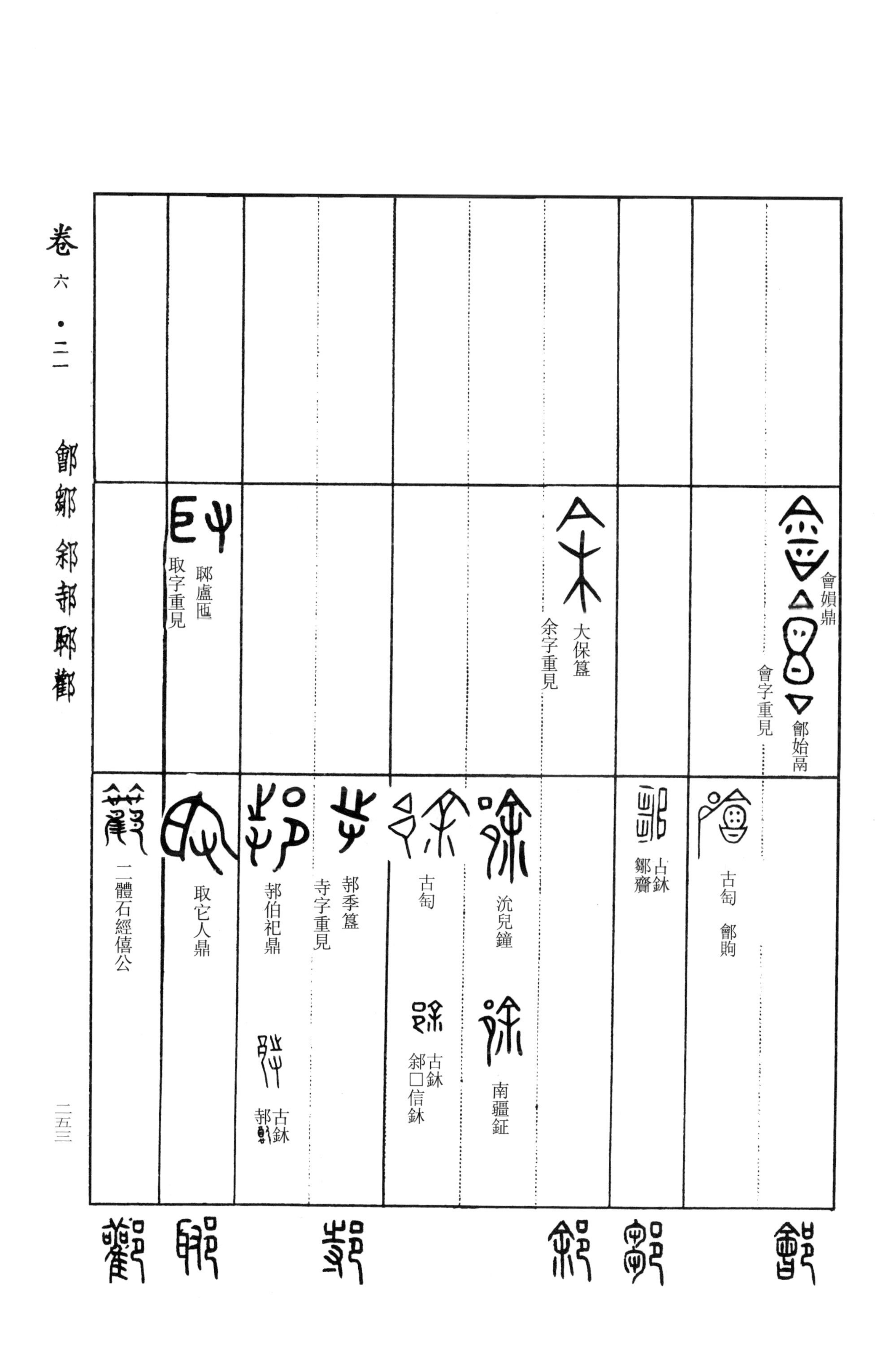

鄶

會娟鼎 鄶始鬲 會字重見

古匋 鄶昫

鄒

古鉥 鄒齎

𨙻

大保簋 余字重見

沇兒鐘

南疆鉦

古匋

古鉥 𨙻□信鉥

邿

邿季簋 寺字重見

邿伯祀鼎

古鉥 邿□

郰

郰盧匜 取字重見

取它人鼎

酄

三體石經僖公

邳邗郯鄫邾郭郳郇戠

邳：邳伯罍 不字重見；古鉨 邳逵疾

邗：遇邗王壺

郯：令簋 炎字重見

鄫：曾伯簠；曾侯乙鎛 曾字重見；曾子中謱鼎

邾：古鉨 邾戠

郭：古鉨 郭鈞；古鉨 郭頭

郳：郳始鬲

郇：古鉨 郇粡

戠：古匋；三體石經僖公

邱郲邢鄱都郅郙郶邛鄡

古鉥 邱賜

古鉥 郲參

古鉥 邢蒼

何尊

都公簋

都公鼎

見字林 都

古鉥 郅遊

古鉥 郅逵

見玉篇 郅

侯馬盟書

郙字布

見玉篇 郙

郶㸐盤

見玉篇 郶

鄂君舟節

見廣韻 邛

詛楚文

見集韻 鄡

郘 見廣韻
郘大叔斧

⿰虒阝 見集韻
侯馬盟書

郋 見康熙引川篇
古鉩 郋瘔

⿱吅⿰巳巳
古鉩 ⿱吅⿰巳巳肰

鄉
前四·二一·五
餘二·二
三手 瘨壺
衛盉

漢語古文字字形表卷七

	日				時		昧	
甲骨文	佚三七四 日癸簋	前四·二九·五 且日戈	粹七〇五 後下三·一八	前二·一七·三 拾八·八	前六·二四·七 甲三〇			
金文	史頌簋	旂鼎 陵方罍	牆盤 昌鼎				免簋	班簋
其他	三體石經無逸	欒書缶 楚帛書	石鼓 好蚉壺 說文古文	吉日壬午劍	中山王壺 三體石經君奭 說文古文	石鼓	三體石經殘石	

昭		晉			啓	晛	景	昃
後上三二·一〇 妹字重見		拾一三·一			粹六四七　粹六四八	後上八·五　戩五·一三		前七·四三·二　前四·九·一
盂鼎　沈子簋	牆盤 邵字重見	格伯作晉姬簋						
	中山王鼎　屬羌鐘	晉公盞　侯馬盟書	鄂君舟節　三體石經僖公	曾侯乙編鐘			古鉢 景除	古鉢 沽昃

昌所从之𠙵形乃今之倒文。夏書曰『道(頭)人以木鐸徇于路。』言頭人振鐸(形似鈴)唱于道上，此唱之本字。昌壺為後來昌从日所从出。

昏	晦	昌	昱
粹七一五 佚二九二			後下二・七 甲六八七 宰椃角 邲卣二 翊字重見
		昌鼎 昌壺	周原卜甲卜祭二二 作冊睘卣 翊字重見
滕侯昊戟 古匋 三體石經無逸	中山王壺	楚帛書 古鉨千秋萬世昌 蔡侯盤 古匋昌 古鉨昌 古鉨昌 說文籀文	

㬎

- 前七·三二·四
- 前六·二〇·四
- 盂鼎
- 石鼓
- 中山王鼎
- 說文古文

昔

- 甲二九一三
- 鄴初下四五·五
- 菁六·一
- 何尊
- 昌鼎
- 卯簋
- 善鼎
- 詛楚文
- 好盗壺
- 三體石經君奭
- 中山王鼎
- 徐王鼎
- 古匋楚里昔
- 說文籀文

昆

- 昆疕王鐘

晐

- 古鉨 申晐

昕

- 京津三二六一

	昉 新附	昶 新附	昲 見方言	暲 見玉篇	旦			倝	韓
甲四五八 京都三一一三					粹九八四	粹七〇〇 後下三九・一四			佚二九一 庫一〇二五
		昶伯匜 昶伯盤			揚簋	頌鼎 休盤	伊簋		利簋 克盨
	古鉥 宋昉 古鉥 徐昉		古匋 城圜昲	古鉥 侯暲		侯馬盟書 中山王墓宮堂圖		厲羌鐘	

𣃘為旂之本字，旂為後起形聲字，旂又為旃之省。周原甲骨作𣃘，三年𤼈壺作𣃘旂。中甗「漢𣃘州」即江漢間之蘄州。

㫃旗旂旃旜施

後下三・八

前五・五・七

爵文

甲九四四四

矢令彝

史𧦝簋

盂鼎

伯簋

休盤

旂作父戊鼎

旂鼎

周原卜甲卜祭二二

季鼎

朝訶右庫戈

陳侯因𬯀錞

三體石經僖公

說文古文

古匋 趙旗

古鉩 肖旗

古鉩 旂聯

邾公釛鐘

中山王鼎

中山王壺 陀字重見

游

甲一五六六
甲三五九三
鐵一一三二・一
京津四四五七
仲斿父鼎
曾侯中子斿父鼎
石鼓
魚鼎匕
鄂君舟節
中山王鼎
簷叔之仲子平鐘
三體石經無逸
說文古文

旋

後下三五・五
後下二六・二
佚五四三
召卣
麥盉

旄

師遽簋

旛

石鼓

旅

佚七三五
鐵九〇・一
矢簋
旅仲簋
薛子仲安簠
說文古文

族 ⿸㫃車

戩二七·九

父乙卣

偕卣

後下四二·六

甲九四八

甲三六六

京津二一〇二

明藏六一六

免簋二

明公簋

家尊

𠟭叔盨

甫人觥

班簋

毛公鼎

曾伯簠

陳公子甗

三體石經僖公

侯馬盟書

不易戈

石鼓

⿸㫃車 見康熙

冥	晶	曐	星	曑	參 〔三二〕	曟	月 〔七〕
	甲六七五 佚五〇六	前七·二六·三	存下一四七 乙六六七二	前七·二五·四 萮參父乙盉		粹二五一	甲二二五 京津五一六
		麗伯星父簋		盠方彝	五祀衛鼎 五年琱生簋	克鼎	不𡢁簋
詛楚文	信陽楚簡	說文古文	楚帛書	魚鼎匕 古鉢　司馬參	中山王鼎 楚帛書	楚帛書 古鉢　晨	

朔

粹六五九

前二·二三·二

盂鼎

師奎父鼎

趞卣

克鐘

沇兒鐘

侯馬盟書

鄂君舟節

三體石經僖公

王孫壽甗

朏

古鉢 韓朔

吳方彝

九年衛鼎

侯馬盟書

霸

令簋

害鼎

昌鼎

兮甲盤

揚簋

頌簋

遹簋

師奎父盧

說文古文

期

齊侯壺

寡兒鼎

夆叔匜

王孫誥鐘

吴王光鑑

說文古文

古鉨 尹期

王子午鼎

有

甲一二八九

佚五八六

粹一三

三體石經君奭

盂鼎

令鼎

牆盤

柳鼎

侯馬盟書

者沪鐘

江陵楚简

朧

前六·四六·二

前四・一〇・四
乙六六七二 
乙六四七〇 
甲二七八
後下二一三・五 
後上二五・七
摭續六四 
甲二三六三 
前四・三三・二
後下三九・一七
寧滬一・一五六 

矢方彝
叔向簋 
毛公鼎 
牆盤 
明我鼎 
戈父辛鼎 
刺鞎鼎 
井侯簋 
盟弘卣 

秦公簋
沇兒鐘 
楚帛書 
侯馬盟書 
好蚉壺 
燕明刀 
三體石經君奭 
說文古文 
陳侯鼎 
古鉢昜都邑聖逑盟之鉢

夕 [囧]

- 鐵一一六・一
- 後下一九・九
- 甲一一二七
- 曆鼎
- 盂鼎
- 毛公鼎
- 石鼓
- 秦公鐘

夜

- 效卣
- 𢦏簋
- 師酉簋
- [革亘]侯鼎
- 夜君鼎
- 𡥼蚉壺
- 中山王鼎
- 古鉥　夜眠

夢 [𤕫]

- 菁三・一
- 甲六九〇
- 佚九一六
- 簠雜六五

（盟）

- 冉父丁方罍
- 魯侯爵
- 蔡侯盤
- 侯馬盟書
- 三體石經僖公
- 詛楚文
- 說文古文
- 王孫誥鐘

	賁	外	[illegible]
甲骨	甲一二二八 前四·一八·三 後上六·四		後下二·二 存下五二〇
金文		外叔鼎 靜簋	利簋 𤸫鐘 㲋鼎 毛公鼎 師酉簋
戰國	楚帛書 秦公簋 說文籀文 古鉥 荆賁	詛楚文 子禾子釜 中山王壺 說文古文 臧孫鐘	秦公鐘 中山王鼎

多　象两塊肉形，古時祭祀分胙肉，分两塊則多義自見，說文以為从二夕實誤。

字	甲骨文	金文	戰國文字等
多	粹四〇四；前七・三五・一	辛巳簋；召尊；麥鼎	秦公鐘；石鼓；詛楚文；三體石經多方；說文古文
㝖		周㝖壺	
毌［貫］	粹一二八九；甲三一一三；後下三七・二；乙五二四八	小盂鼎；小臣宅簋	
圅	京津四四六七；後下二二・六；林二・一九・一四	圅皇父匜	
甬［甬］	戍甬鼎	牆盤；毛公鼎	侯馬盟書；中山王鼎
康			[畐+司]料盆

甬　象鐘有甬可以懸系之形，甬下鐘形与用形相似，故後期金文皆誤从用。

[illegible] 卤 㮚 [illegible]

甲骨	金文	篆
前四·四二·六 前四·二六·四		
乙七八三五 綴合八五	盂鼎 昌壺	古匋 卣
乙九〇〇 乙三六六一		說文籀文
京津四三三四 前六·四一·五		
前一·一八·四	毛公鼎	石鼓
前二·一九·三 前二·一九·四		石鼓 古鉨 子粟子信鉨 三體石經 皋陶謨
後下一六·一三	牆盤	說文古文
		古鉨 傷邦粟鉨
		說文籀文
後上一八·一一		古鉨 羣粟客鉨 古鉨 郢粟客鉨

齊

前二·一五·四

前七·一四·一

乙九九二

乙八二六七

前二·一五·三

齊卣

齊史疑觶

師旗簋

𩩙鎛

三體石經僖公

齊陳曼簠

䲨羌鐘

陳侯午錞

商鞅方升

曾侯乙編鐘

朿

乙八七二三

乙八八五一

粹九七六

甲六三五

綴合四二八

前六·三七·二

乙五三二八

朿卣

朿鼎

趞鼎

剌鼎

三體石經君奭

朿：宜□之朿戈；蔡子朿鼎

片：乙二七七三；前四·四五·三

鼎：文鼎；文卣；乙七四五；甲二八五一；盂鼎；昌鼎；王子午鼎；頌鼎；圅皇父簋；郜造遣鼎；作册大鼎；鼎麥；㪔鼎

[朿] 朿　[片] 片　[貞] 鼎

父乙鼎

康季鬲

諶鼎

作旅鼎

𨍭鼎

鼎𡗗

秦公簋

國差鐈

沖子鼎

右官合鼎

蔡侯鼎

楚王酓肯鼎

中山王鼎

酓肯鼎

趞亥鼎

邾討鼎

鼐

京津二一二二

前五·三·六

宰甫簋

前一·二二·一

乙八三七

鐵一二九·二

根鼎

王作簋

曆鼎

昌鼎

員鼎

鈇簋

庲生鼎

索角

見玉篇

克

摄二·四六八

甲一二四九

前八·九·二

利簋

井侯簋

曾伯簠

者沪鐘

公克錞

彔

佚六五八

前六・一・八

粹一二七六

宰峀簋

彔卣

牆盤

頌簋

屓叔多父盤

麓伯簋

詛楚文

說文古文

三體石經多方

說文古文

禾

甲三九二

粹八

後上二四・九

乙四八六七

曶鼎

邾公釛鐘

鄂君車節

高奴權

秀

石鼓

穖

庚嬴卣

段簋

穆 穋 秫 朮 稻

穆

- 甲三六三六
- 辛伯鼎
- 遹簋
- 牆盤
- 戜鼎二
- 穆公鼎
- 井人鐘
- 蔡侯盤
- 詛楚文
- 中山王壺
- 邾公華鐘
- 王孫誥鐘

穋

- 說文古文

秫 朮

- 乙三三九四
- 乙八三七六

稻

- 乙四五六七
- 佚四〇〇
- 前二·一六·四
- 叔家父匡
- 史免匡
- 鬺姬作⿰方舀嫼簋
- 曾伯簠
- 陳公子甗

采穗積穆康年

侯馬盟書

古鉨 司馬采

商鞅方升

前一·三七·一

後上二〇·五

矢方彝

揚簋

石鼓

詛楚文

輔仁六一

毛公鼎

哀成叔鼎

蔡侯盤

齊陳曼簠

令狐君壺

甲二八二七

召卣二

九年衛鼎

蔡侯盤

乙六四二三

頌鼎

鄦侯簋

中山王鼎

番君鬲

齊侯匜

邾公華鐘

廿年距愕

三體石經文公

芮大子伯簠

者沪鐘

采穗積穆康

邶子卣
甫人觥

蘇公簋
豆穌蘇

古鈢 瘤穀

侯馬盟書

說文籀文

粹八七八
粹一一五一

甲三三五三

侯馬盟書

三體石經僖公

楚帛書

古鈢 千秋

後下三七·八

甲五七一
甲七九四

史秦鬲

師酉簋
訇簋

秦公鐘

說文籀文

稱	稷	秭	秝	兼	黍
後下三一·一五／乙七七九九／菁一／再字重見			林一一八·一四／金三九六		鐵七二·二／前三·二九·六／甲三五三／甲三八一四
洹秦簋／㝬簋／衛盉		昌鼎			
會志鼎／三體石經僖公／三體石經君奭	說文籀文			郘王子鐘／詛楚文	

米粱粒釋糂糟糗

字	甲骨文	金文	戰國文字等
	 乙六七二五；前四·三九·七 	 仲叡父盤	
米	 粹二二七；後上二五·七 		 信陽楚簡
粱		史免匡；叔家父匡	陳公子甗；沙字重見
粱		仲叡父盤；伯公父簠	曾伯簠；古鉥 韓粱
粒			 說文古文
釋			 古鉥 糬釋
糂			說文籀文
			說文古文
糟			 說文籀文
糗			 古鉥 戴糗

二八二

糴穜臼舂舀凶兇臮𣏟麻

糴	穜	臼	舂	舀	凶	兇	臮	𣏟	麻
			京津四二六五 鄴三下四三·六	續二·一六·四					
			伯舂盉	㝬鐘				𣏟車父簋 𣏟伯車父鼎	師麻匡
古鉨 王糴	古鉨 坴穜	中山王墓刻石文			楚帛書	古鉨 兇奴相邦	說文籀文		侯馬盟書

見搜真玉鏡

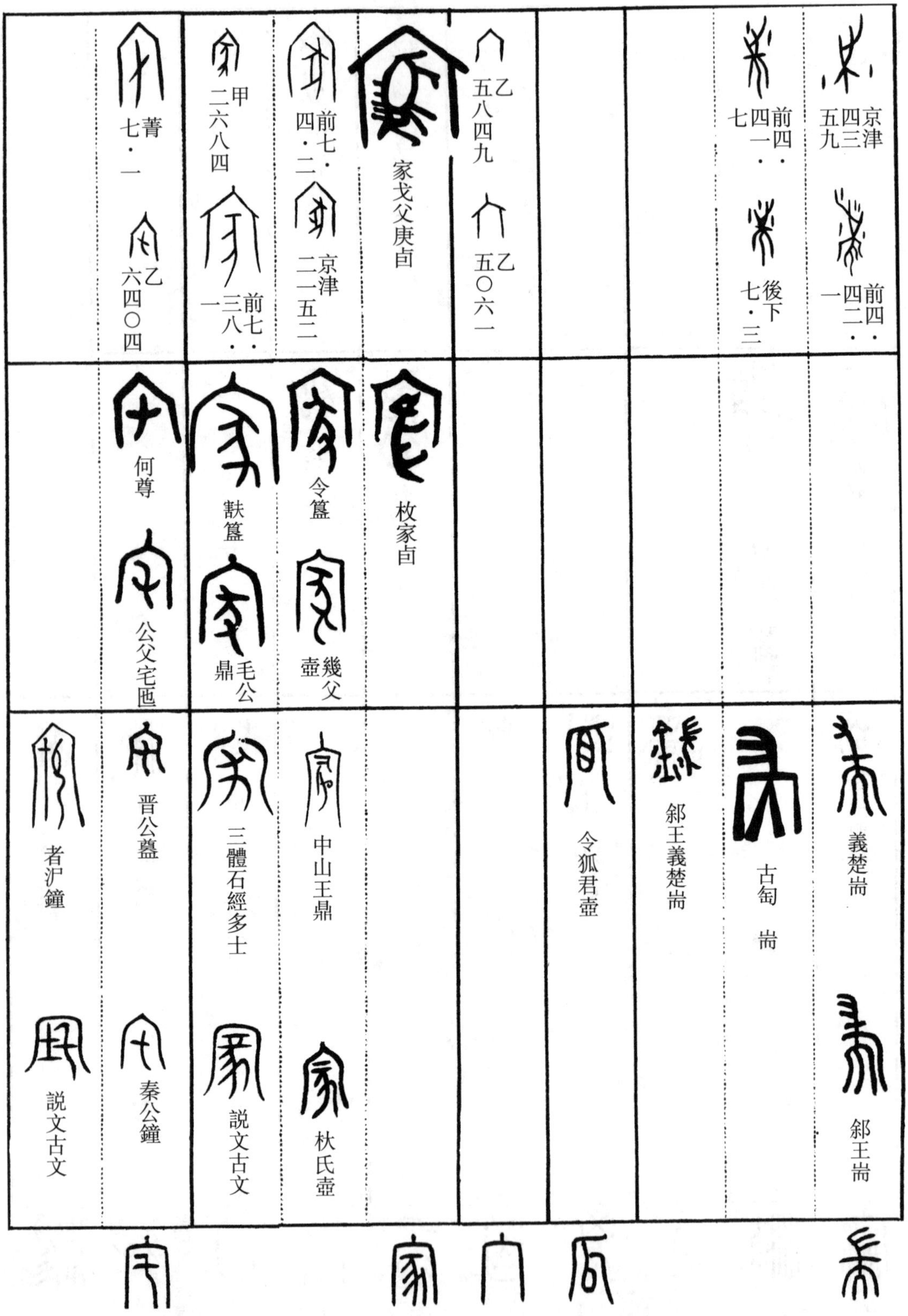

耑

京津四三五九

前四·四二·一

前四·四一·七

後下七·三

義楚耑

郘王耑

古匋 耑

郘王義楚耑

瓜

令狐君壺

宀

乙五八四九

乙五〇六一

家

家戈父庚卣

前七·四·二

京津二一五二

甲二六八四

前七·三八·一

枚家卣

令簋

幾父壺

𤔲簋

毛公鼎

中山王鼎

杕氏壺

三體石經多士

說文古文

宅

菁七·一

乙六四〇四

何尊

公父宅匜

晉公𥂴

秦公鐘

者沪鐘

說文古文

後上一三·二二

後上二四·七

掇一·四五九

乙四六九九

甲四九一

叔旅魚父鐘

五祀衛鼎

牆盤

牆盤

向卣

向簋

虢季子白盤

窒叔簋

何尊

揚簋

說文籀文

好蚉壺

向字布

曾子仲宣鼎

石鼓

詛楚文

𠭯忎鼎

侯馬盟書

江陵楚簡

詛楚文

三體石經多方

說文古文

中山王鼎

江陵楚簡

	寘	院	宏	宖	㝩	寍	定
1						京津五三五五	佚九九二 前六·二四·六
2	牆盤 患字重見 師寏父簋	史寏簋	毛公鼎 畓生簋	牆盤	克鼎 㝬簋	牆盤 毛公鼎	衛盉 伯定盉
3	侯馬盟書		王子午鼎			石鼓 國差鑰 侯馬盟書 中山王壺	蔡侯盤 侯馬盟書 中山王鼎 行氣銘

宴：乙四二五一　存四一五　睘尊　戜鼎　石鼓　侯馬盟書

宴：格伯簋　陳猷釜　安陽布　古鉥 𩂔安信鉥

宴：宴簋　郳公華鐘

寴：鄂侯鼎　王孫誥鐘

寴：甲二一九八　粹一四六　中山王鼎

寴：咢侯鼎　史懋壺　江陵楚簡

富：侯馬盟書　上官登

富：中山王鼎　古鉥富𦍒　信陽楚簡

實：散盤　簋𠳵　國差𦉜

容：前一·三六·六　粹一四六　古鉥容痞　古鉥肖𠡦器容一斗　說文古文

寶

後下一八·三

甲三三三〇

粹一四八九

戍嗣子鼎

庚嬴卣

霸姑簋

史頌匜

仲義父鼎

敔簋

毛公鼎

農卣

斲尊

嬴氏鼎

虢季氏簋

⿰彳屖盨

量侯簋

轉盤

周窀匜

江陵楚簡

秦公鐘

⿰素命鎛

邾討鼎

欒書缶

仲盤

畗父盉

宰峀簋

蕃君鬲

說文古文

仲宦父鼎

宦

粹一一九六

佚四二六

吳方彝

宰儂鼎

平安君鼎

𪐴鎛

三體石經僖公

宰

觚文

守宮卣

守簋

楚帛書

侯馬盟書

中山王墓刻石文

守

𤼈鐘

沇其鐘

曾伯從寵鼎

寵

諫簋

宥

宜寫宵宿

鐵一六·三

戍甬鼎

般甗

史宜父鼎

秦公簋

侯馬盟書

說文古文

中山王鼎

古鉨 王宜

好蚉壺

三體石經君奭

江陵楚簡

說文古文

石鼓

宵簋

粹九七〇

寧滬一·三八四

宿父尊

𡨦叔簋

古匋 宿

乙二五二五

乙三八九九

甲九二二

說文㐪字古文

前一·三〇·五

戩二五·一三

鄧鬲

寑女止盤

小臣系卣

師遽方彝

寑孯

說文籀文

召伯簋

綴合一八六反

前四·二三·八

宆母觚

卣邙

乃孫作且己鼎

邾公釛鐘

虘編鐘

三體石經皋陶謨

父辛卣

毛公鼎

中山王鼎

寑 宑 寬 寡

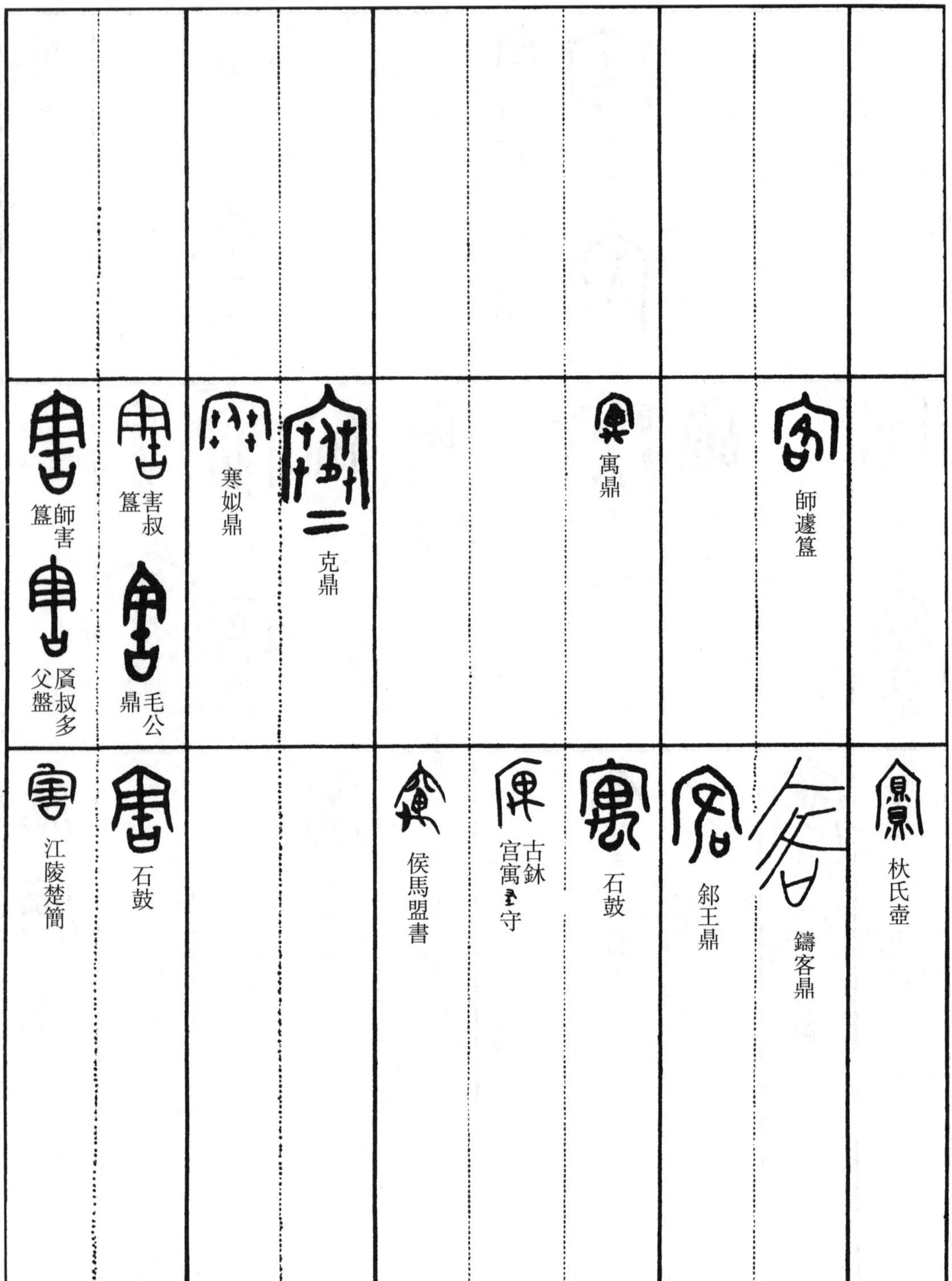

客寓搴害

師遽簋

鑄客鼎

郗王鼎

杕氏壺

寓鼎

石鼓

古鉩宮寓𡈼守

侯馬盟書

克鼎

寒姒鼎

害叔簋

毛公鼎

師害簋

𢦚叔多父盤

石鼓

江陵楚簡

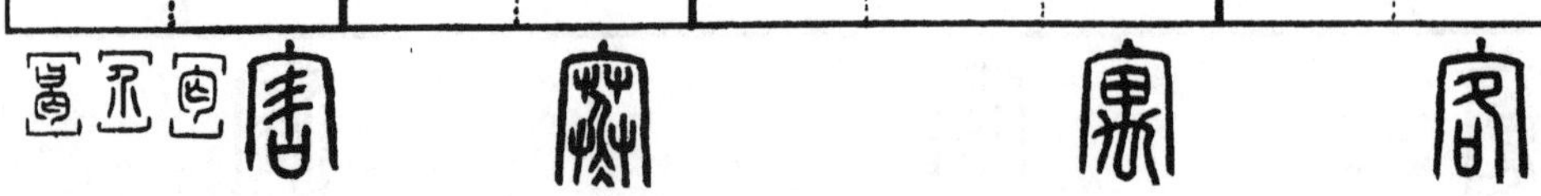

伯家父簋

大簋

索角

前六・一六・一

後下三・一三

兮中盤

㫚鼎

說文古文

伯椃簋

叔角父簋

麥盉

師望鼎

義伯簋

說文古文

前一・三〇・七

不𡢁簋

戜簋

甲六五三

召伯簋二

宋竆宗宙寘寰

宋

佚一〇六

京都三一二二

永盂

北子宋盤

趞亥鼎

侯馬盟書

前二・一三・四

三體石經僖公

竆

京津二四九〇

佚六二四

宗

乙七六六

侯馬盟書

好蚉壺

前五・八・五

侯馬盟書

中山王鼎

前四・三八・四

何尊

盂鼎

中山王墓宮堂圖

戍嗣子鼎

㝬簋

詛楚文

三體石經無逸

宙

乙七六三

寘 新附

詛楚文

寰 新附

寰盤

中山王壺

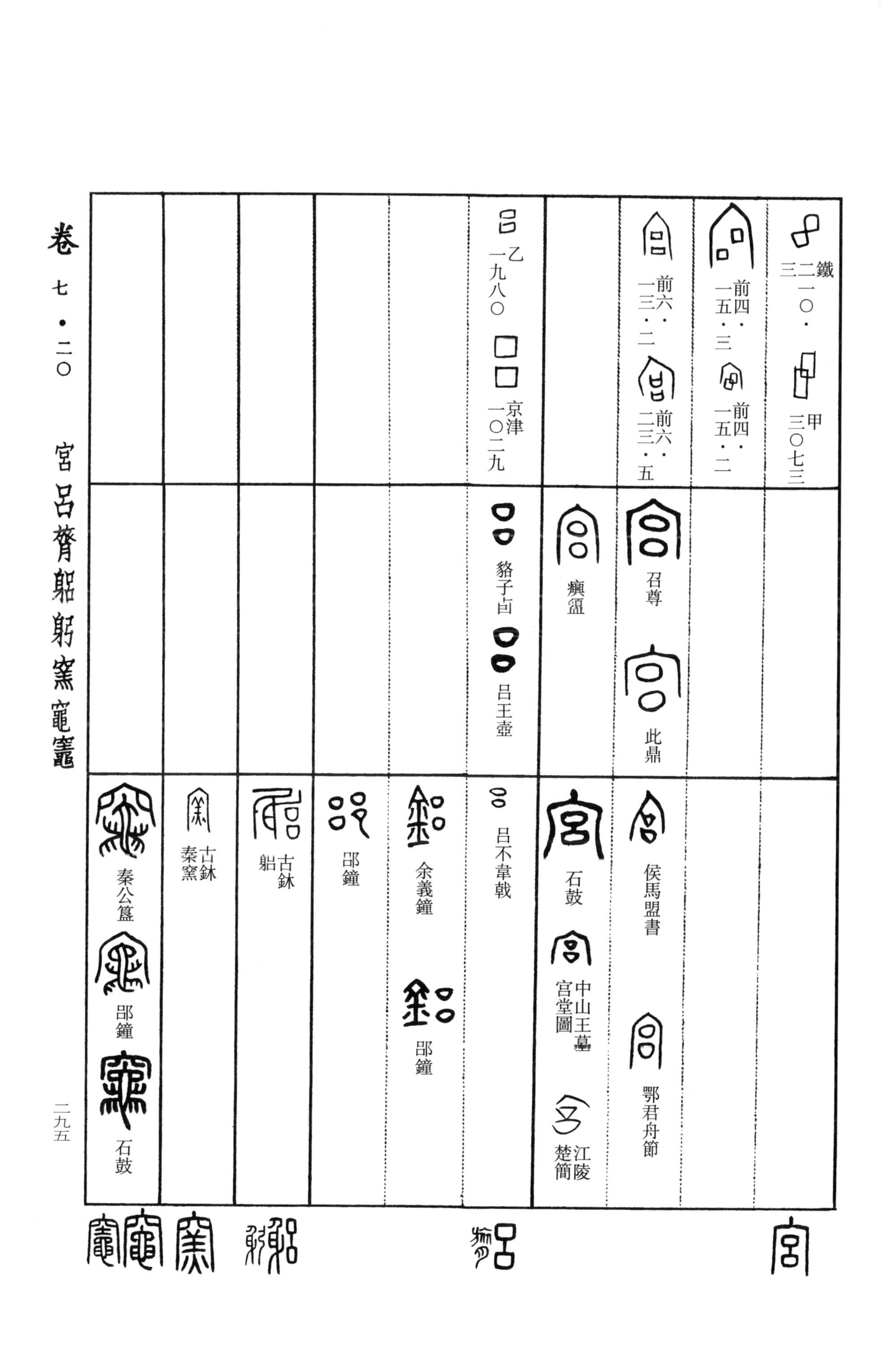

鐵二一〇·三　甲三〇七三

前四·一五·三　前四·一五·二

前六·一三·二　前六·二三·五　召尊　此鼎　侯馬盟書　鄂君舟節

瘨盨　石鼓　中山王墓宮堂圖　江陵楚簡

宮

乙一九八〇　京津一〇二九　貉子卣　呂王壺　呂不韋戟

余義鐘　邵鐘

呂　膂

邵鐘

古鉢船

躳　躬

古鉢秦窯

窯

秦公簋　邵鐘　石鼓

竈　𥨣

窔		[illegible]伯簋	沁陽載書
穿			古鉨王穿
竂	前四·三一、六 續三·二八·七	矢令彝 趞盂	
	粹一二二二	毛公鼎 番生簋	
空			十一年鼎 古鉨空同訑
窵			蔡侯鐘
窒			古鉨窒中單
突			古鉨女突
寬 見康熙引韻經		伯寬父盨	
窹			中山王鼎 說文籀文

疒疾瘨疵瘏瘁痏

疒	疒	疾	疾	疾	瘨	疵	瘏	瘁	痏
乙七三八；後下一一·八	粹一二六八；前五·二〇·三	乙三八三；後下三五·二							
		毛公鼎			師瘨簋蓋				
		侯馬盟書；上官鼎；古鉢 王疾	江陵楚簡；說文古文	說文籀文		古鉢 疵	古鉢 瘏	古鉢	侯馬盟書

疕瘍瘖疫痤癰疥瘕痔痹

疕	瘍	瘖	疫	痤	癰	疥	瘕	痔	痹
昆疕王鐘									
古鉨 史疕	侯馬盟書 古鉨 長瘍	古鉨 肖瘖	古匋 王疫 古鉨 王疫	古鉨 郭痤 古鉨 臣痤	侯馬盟書 古鉨 癕 古鉨 司馬癰	古鉨 [illegible]疥	三體石經多士	古鉨	古匋 痹

瘇	說文籀文
⿸疒盍	古鉨 亳⿸疒盍
⿸疒貝	古匋
⿸疒冉	說文籀文
疢	古鉨 擇疢
⿸疒夾	古匋 關里⿸疒夾
疲	古鉨 肖疲
癃	古鉨 陳癃；說文籀文
⿸疒舌	侯馬盟書
⿸疒是	古鉨 馬是⿸疒是

瘳⿸疒酉⿸疒合⿸疒臬⿸疒柬疿⿸疒亦⿸疒覃痦痏

瘳	古鉢 瘳粹；古鉢 瘳罕
⿸疒酉 見廣雅	古匋 ⿸疒酉
⿸疒合 見字林	古鉢 容⿸疒合
⿸疒臬 見玉篇	古鉢 肖⿸疒臬
⿸疒柬 見玉篇	古鉢 東[illegible]⿸疒柬鉢
疿 見玉篇	古鉢 疿處
⿸疒亦 見玉篇	古鉢
⿸疒覃 見玉篇	古鉢 陽成⿸疒覃
痦 見龍龕	古匋 城圖痦
痏 見廣韻	國差𦉜；班簋

⿸疒余 ⿸疒各 瘕 瘠 痄 ⿸疒交 ⿸疒存 ⿸疒區 ⿸疒皇 ⿸疒呈

⿸疒余 見廣韻	 [seal form]	⿸疒余鼎
⿸疒各 見廣韻	 [seal form]	國差罎
瘕 見廣韻	 [seal form]	古鉨 史瘕
瘠 見廣韻	 [seal form]	古鉨 史瘠
痄 見集韻	 [seal form]	侯馬盟書
⿸疒交 見集韻	 [seal form]	侯馬盟書
⿸疒存 見集韻	 [seal form]	古鉨 司馬⿸疒存
⿸疒區 見集韻	 [seal form]	⿸疒區戈
⿸疒皇 見集韻	 [seal form]	古鉨 王生⿸疒皇
⿸疒呈 見篇海	 [seal form]	侯馬盟書

⿸疒夫 見五音集韻	癰 見韻會	疤 見字彙	⿸疒未 見字彙補	⿸疒先 見正字通	冂	同	青	冑
					乙二二一〇	京都三〇一六；後下一〇·二	京津二〇四	
					盂鼎	沈子簋；散盤		盂鼎二
古鉢遽⿸疒夫；古鉢長⿸疒夫	古匋 癰	陳得殘陶豆	古鉢王⿸疒未	古鉢邡⿸疒先		石鼓；中山王壺；古匋楚城遷關里同；詛楚文；楚帛書；三體石經殘石		侯馬盟書

冒 㒳 兩 㒼 网 罔 綱 罨 罟

冒	㒳	兩		㒼	网				罟
					甲三一一二 乙三九四七	前六·三八·二 後下八·一二	乙五三三九 明藏一九八	卣	
戜簋 虘簋	九年衛鼎	駒尊 衛盉	函皇父簋	㒼簋					
胄簋 中山王墓宫堂圖	詛楚文 說文古文		齊侯壺 詛楚文	古匋 楚城遷㒼里忎	三體石經多士 說文古文	說文籀文	古鉩韓网		石鼓 中山王墓刻石文 古鉩王罟

羅罟罝[illegible]罯罵罳罹冡巾帥

羅			古鉩 張羅	羅
罟			古匋 罘	罟
罝			古鉩 虢罝；說文籀文	罝
罯			三體石經無逸	罯
罵			侯馬盟書	罵
罳			古鉩 王罳	新附
罹			古匋	新附
冡	續三·四五·八；鐵一五二·一			見篇海
巾	前七·五·三；京津一四二五	元年師兑簋		巾
帥	佚八三一	彔伯簋；師望鼎		帥

前四・二八・二

毛公鼎

晉公盨

侯馬盟書

前七・二一・四

五祀衛鼎

井人妄鐘

石鼓

信陽楚簡

彔伯簋

師兌簋

番生簋

尊

毛公鼎

吳方彝

十三年𤼈壺

彔伯簋

字重見

𨊠侯鼎

說文古文

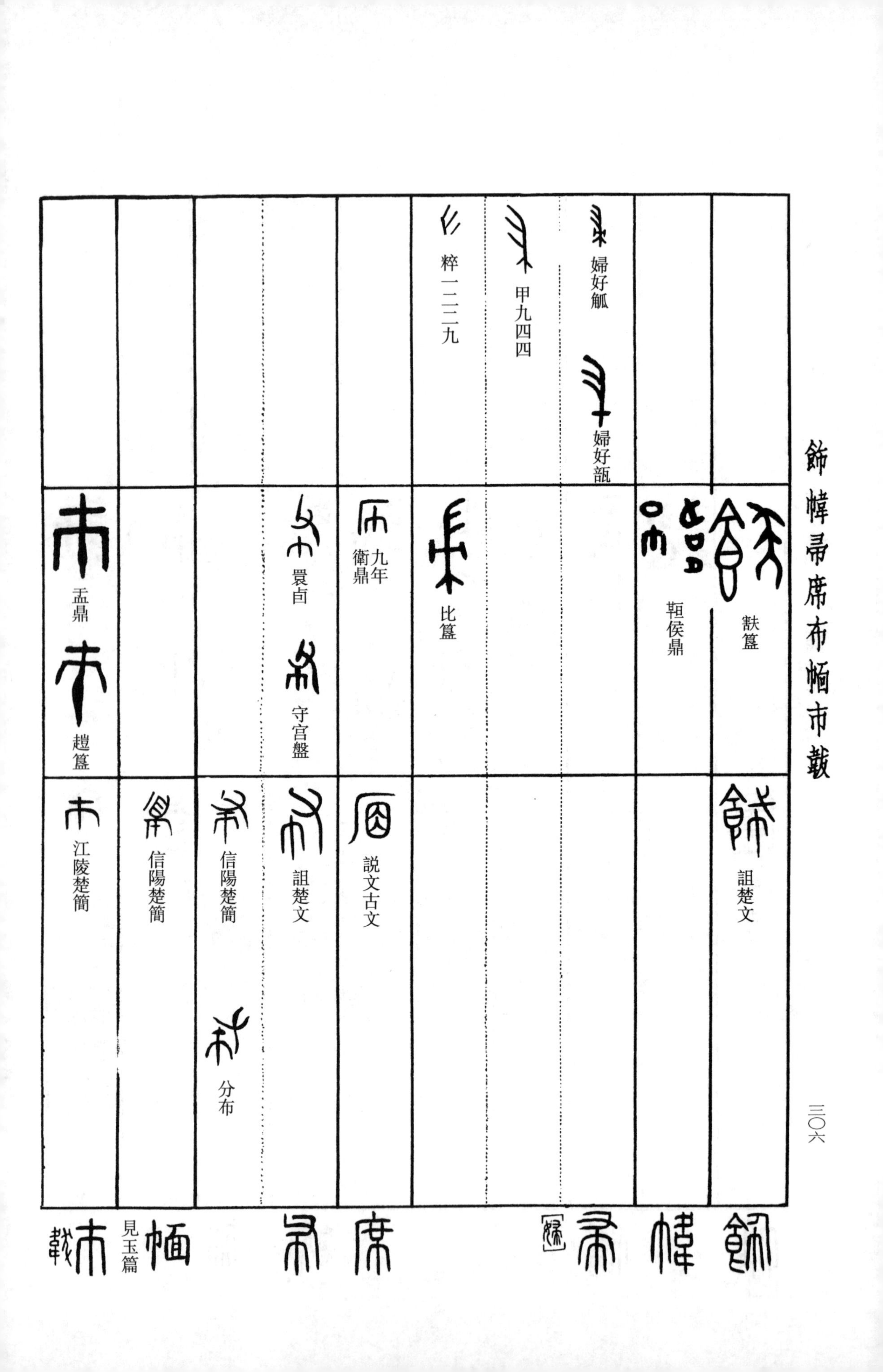

字	一	二	三
飾		㝬簋	詛楚文
幃		䡅侯鼎	
帚〔帰〕	婦好觚 婦好瓿		
	甲九四四		
	粹一二三九	比簋	
席		九年衛鼎	說文古文
布		睘卣 守宮盤	詛楚文
			信陽楚簡 分布
㡛 見玉篇			信陽楚簡
市		盂鼎 趞簋	江陵楚簡
𢦏			

字	甲骨文	金文	戰國文字等
韐 鞈		師旋簋；衛盉；揚簋；昌鼎	
帛	前二·一二·四	大簋；召伯簋二	者減鐘；石鼓；古鉢帛生佔
錦			隨縣戰國墓木衣箱刻文
白	佚四二七；甲四五六；京津四二〇〇；摭續六四	作册大鼎；微伯瘭匕	侯馬盟書；江陵楚簡；三體石經僖公；說文古文
敝	存下八一一；拾六·一一；簠游一二三		詛楚文

乃孫作且己鼎

休盤

曾伯簠

頌鼎

訇簋

九年衛鼎

㝬簋

⿰㡀虘簋

𤺺鐘

三體石經皋陶謨

漢語古文字字形表卷八

人	人	人	人	保	保	保	保
後上・一七・一；鐵一九一・一	戩四一・六	甲八五四		父丁簋；保鼎	父己斝	京津一一七；癸爵	且辛父庚鼎
令簋；㦰簋	散盤						
王孫鐘；中山王鼎	曾姬無卹壺；石鼓	取它人鼎；三體石經僖公	王人甗				三體石經君奭

乙七七八二
掇二·一〇
後下一四·八
周原卜甲五〇
保卣
叔卣
毛叔盤
大保鼎
大保爵
作册大鼎
司寇良父簋
斐鼎
邾公華鐘
王孫誥鐘
𬴃鎛
十年陳侯午錞
陳侯因資錞
中山王鼎
説文古文
齊縈姬盤
邾叔鐘
説文古文

仁企佩伯仲

仁	企	佩	伯	〔白〕	仲
	京津二八四八 前五·二七·七 甲一〇一一 佚八一八		後下四·一一		甲一二六四
		頌鼎 瘨簋蓋 善夫山鼎	彔伯𢦔簋 衛盉		令鼎 散盤
中山王鼎 說文古文 說文古文	說文古文		成伯刀 三體石經僖公	古鉥荀伯伊之鉥	𦅫鎛

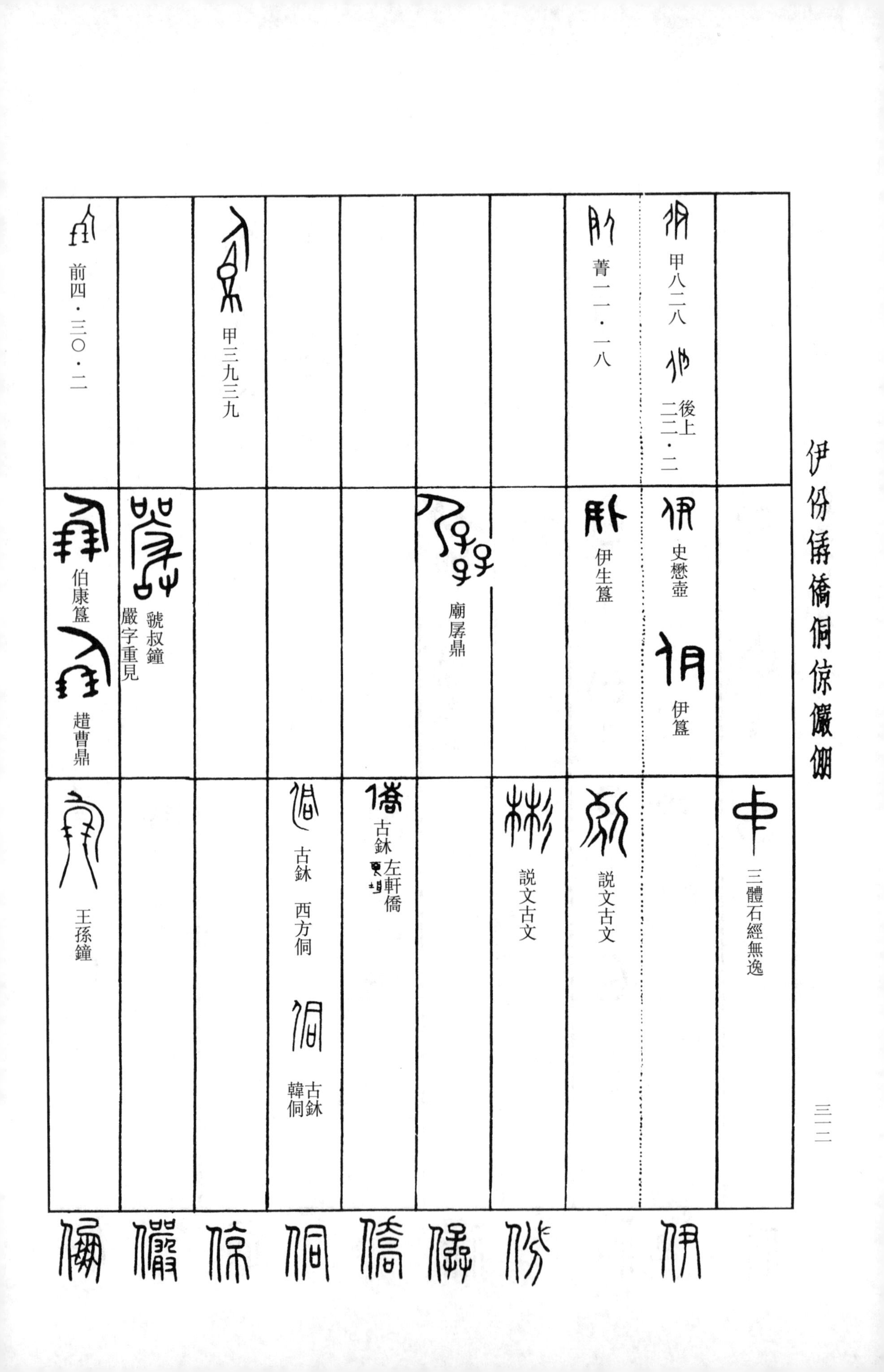

伊			份	僝	僑	侗	倧	儼	倆
	甲八二八 後上二二·二	菁一一·一八						甲三九三九	前四·三〇·二
	史懋壺 伊簋	伊生簋		廟孱鼎				虢叔鐘 嚴字重見	伯康簋 趞曹鼎
三體石經無逸		說文古文	說文古文		古鉨 左軒僑	古鉨 西方侗 古鉨 韓侗			王孫鐘

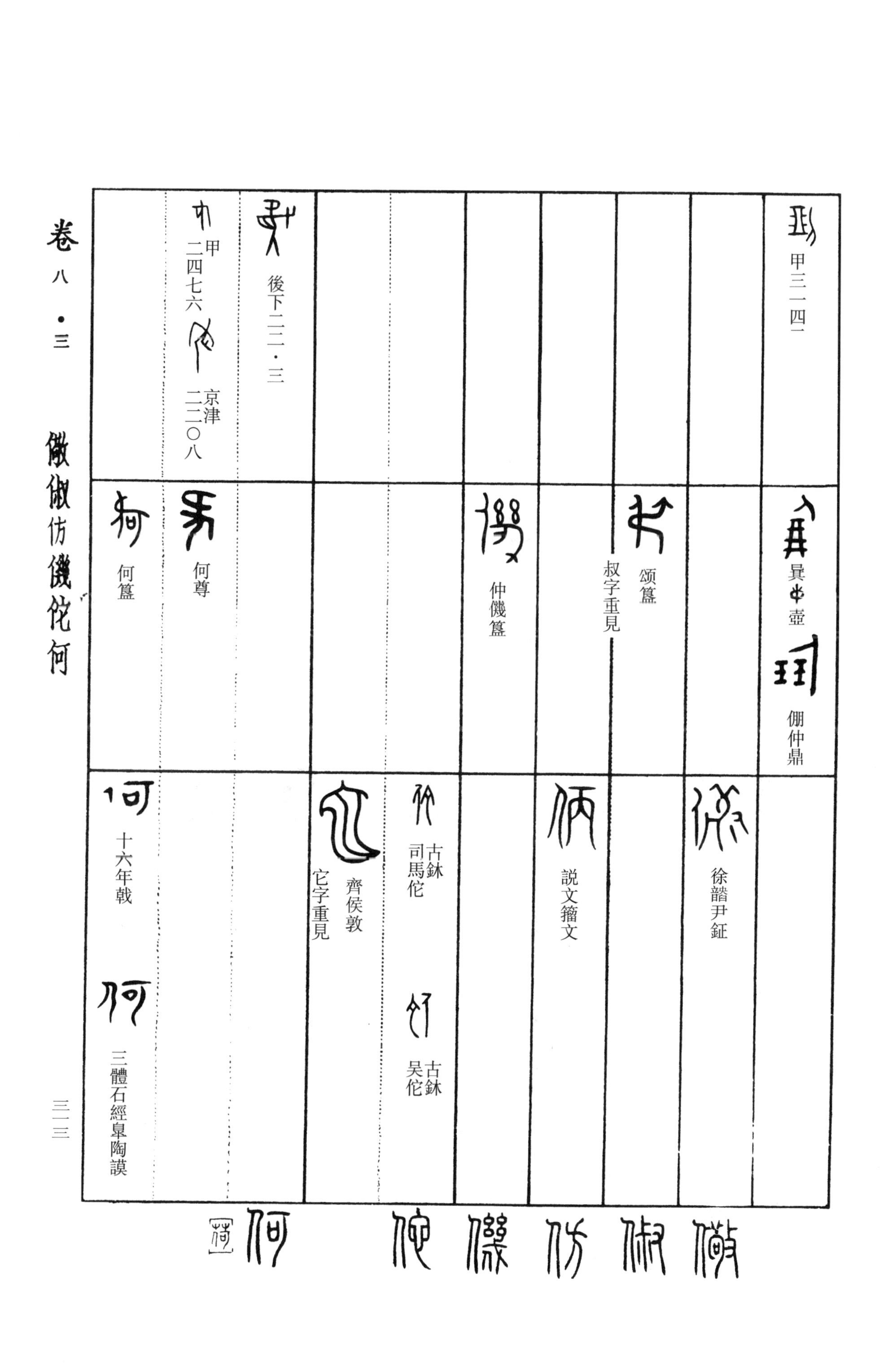

儆 俶 仿 儀 佗 何

儆	俶	仿	儀	佗		何		
甲三一四一						後下二二·三	甲二四七六　京津二二〇八	
㠱中壺　倗仲鼎		頌簋　叔字重見	仲儀簋				何尊	何簋
	徐䛩尹鉦	說文籀文		古鉨司馬佗　古鉨吳佗	齊侯敦　它字重見			十六年戟　三體石經皋陶謨

儆 俶 仿 儀 佗 何 〔荷〕

字	甲骨	金文	戰國及其他
備		敔簋盖；戜簋	齊侯壺；中山王鼎；說文古文
位	乙六九六四；粹一二一八	頌鼎；比簋；立字重見；㝬簋	中山王壺
儐〔賓〕	續三·四七·七；京津一〇二五	守簋	
儕		殷穀盘	
俱		㝬鐘；具字重見	秦公鐘
傳			中山王鼎
倚			古鉢 倚

依側付偁伍散

乙四七六一
前六·三四·一

無叀鼎

永盂
散盤

後下三〇·八
父己爵
或者鼎

乙六三九九
父癸爵
父甲爵

甲二七五二
偁缶簋

衛盉
爯字重見

古鉩
伍官之鉩

陳二三
京都二四六
召尊
衛盉
石鼓
侯馬盟書

牆盤
散盤

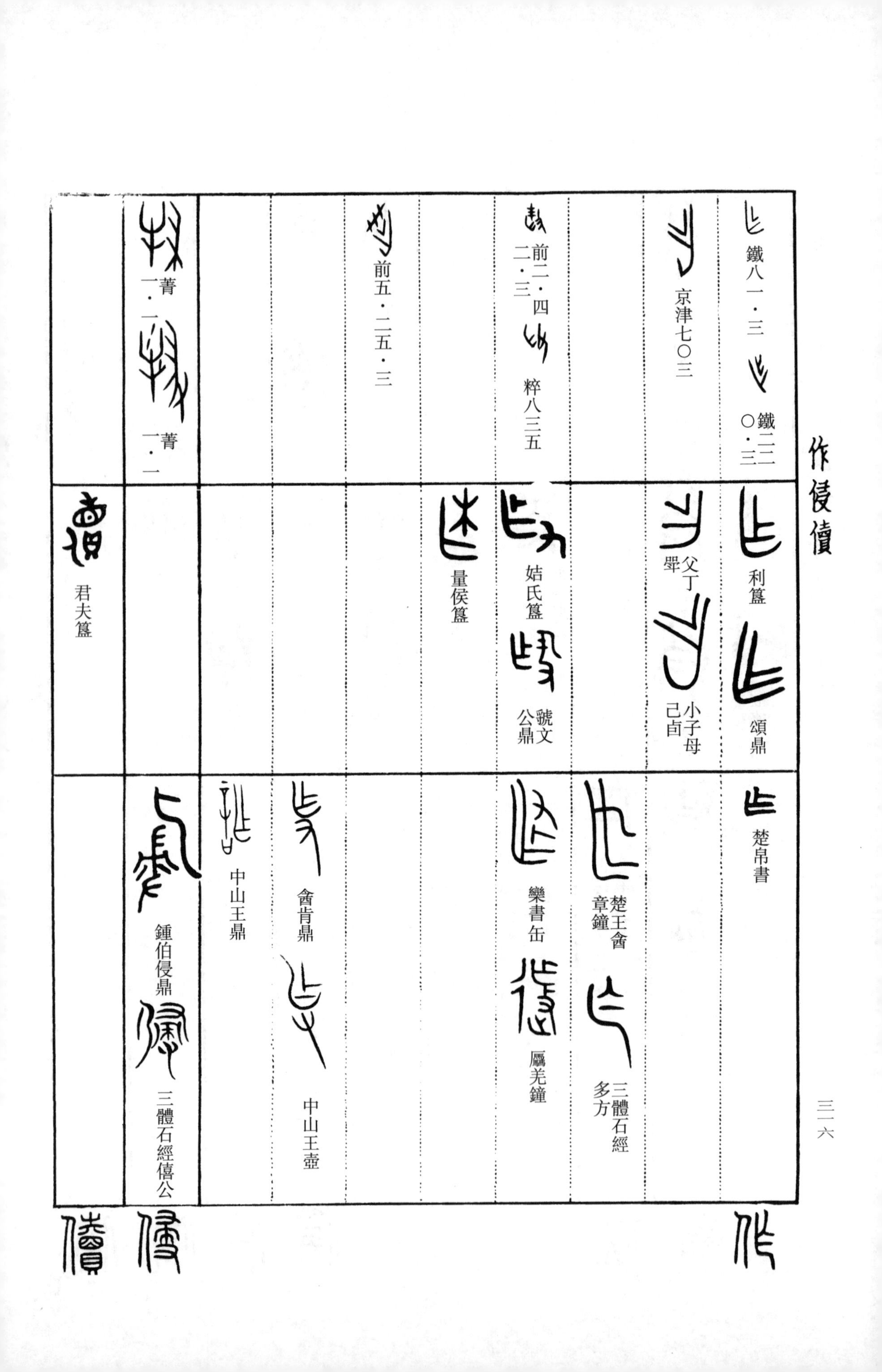

作

鐵八一·三
鐵二二〇·三
京津七〇三
前二·四二·三
粹八三五

利簋
頌鼎
父丁斝
小子母己卣
姞氏簋
虢文公鼎
量侯簋

楚帛書
楚王酓章鐘
三體石經多方
欒書缶
厵羌鐘
酓肯鼎
中山王壺
中山王鼎

侵

前五·二五·三
菁一·一
菁一·一

鍾伯侵鼎
三體石經僖公

僨

君夫簋

償
昌鼎
賞字重見

儀
牆盤
義字重見
虢叔鐘
秦公鎛

任
乙八一三三
續四·二八·四
任氏簋
古鉥 任範
乙四六六七
中山王鼎
龍節
賃字重見
中山王鼎

倪
明四二三

俗
五祀衛鼎
永盂

俾
㝬簋
卑字重見
齊侯鑰
中山王鼎
儥匜

億
牆盤
啻字重見
令狐君壺

使伶傳倌佚

甲六八

粹三六

事字重見

京津二九四八

後下七·一三

佚七二八

僕匜

㺇鼎

叔趯父卣

傳尊

散盤

傳𣪘尊

毛公鼎

三體石經僖公

中山王鼎

詛楚文

十六年戟

龍節

古鉢

倌

傳

伶

傳

倌

佚

[媵]

卷八·六

倍倀佃

豆閉簋

季宮父簠

叔上匜

朕字重見

叔男父匜

賸字重見

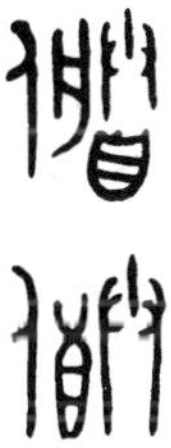

儹匜

干氏叔子盤

ㄙ君壺

詛楚文

楚帛書

作鐘

格伯簋

克鐘

柳鼎

古鉨佃書

三體石經君奭

伐	係	伏	傷	侮	佝
前七·一五·四 甲一四九〇 人三〇五三 續三·一一·三 粹二四九					
大保簋 彔卣 戜簋 㝬鐘		史伏尊			
侯馬盟書 三體石經文公 南疆鉦 楚帛書 石鼓	古鉨長係 古鉨室孫係 古鉨王係		古鉨傷邦栗鉨	中山王鼎 説文古文	古匋 楚城遷蕈里佝

弔金文象人持弋射矰繳之形与弟同意

俘

前六·三八·四

菁六·一

甲二〇四九

孚字重見

戜簋

師寰簋

咎

乙一六〇八

乙一五三二

咎父癸卣

集咎簋

周原卜甲 卜祭二五

楚帛書

江陵楚簡

像

楚帛書

弔

前五·一七·二

後下一三·二

京津一二九二

叔父丁簋

叔倉父盨

叔鼎

陳肪簋

哀成叔鼎

三體石經君奭

俘 咎 像 弔 [叔]

佋僰侲免佫估

[淑]	叔簋；戒叔尊；曾大保盆；王孫鐘；王孫誥鐘
佋	頌鼎；邵字重見；五祀衛鼎；瘨鐘；鄂君舟節；詛楚文
僰	尹卣；瘨壺
侲	人簋；大鼎
免 見玉篇	免卣；史免匡；三體石經僖公
佫 見廣韻	古鉨 佫鄭左司馬
估 見廣韻	古鉨 帛生估

字頭	甲骨文	金文	戰國文字
侄 見廣韻			驫羌鐘
佐 見廣韻			好蚉壺
偪 見集韻	摭續一四九		詛楚文
佶 見集韻	鐵一七二・四		
⿰亻羕 見集韻			楚帛書
伷 見集韻	林二・二五・一二		
侑 見集韻			侯馬盟書
佑 見集韻			古匋 蒦圆匋里王佑
⿰亻商 見集韻			中山王壺
俯 見集韻		伯[illegible]俯簋	

字	甲骨文	金文	其他
佶（見集韻）			古鉢 宋生佶
伎（見韻會）		叔伎父簋	
𢼄	前五·二四·二；前六·二一·二	亞盉	
𢼄	前七·三六·二	康侯簋	
眞			真敖簋；石鼓
眞			說文古文
化	乙二二六八；續存二二一五		中子化盤
〔頃〕		伯□甗	齊之夻化
匕	後下三六·六；乙三七二九反	豕妣辛簋；我鼎	江陵楚簡
〔𣲖〕		者作妣丁爵	𦅫鎛

卓象以畢[illegible]罩鳥之形。[illegible]鳥之首形，當為罩之本字。篆文將[illegible]之十訛作甲，与戎字誤同。

頃卬卓从從

頃	卬	卓	从	從
		甲三四七九 粹一〇八二	乙五〇七五 後上二七·二 宰椃角	京津一三七二
		卓林父簋	天作从尊 从鼎	遽從角 賢簋 啟卣 兮甲盤 作從彝卣
秦匋文	詛楚文	說文古文	魏石經從允兩體殘石	芮公鐘 齊侯壺 曾伯從寵鼎 侯馬盟書 侯馬盟書 中山王鼎 中山王墓宮堂圖

并比北冀丘

并	比	北	冀	丘
後下三六·三　戩三三·一四	京都一八二三　京津一二六六	粹三六六　戩二六·四　前五·四七·一　菁六·一		乙四五一八　粹一二〇〇
散盤　從鼎	比簋　諶鼎	師虎簋　邶伯鼎　邶子鼎　柳鼎	[illegible][illegible]冀簋　令簋	
中山王鼎　三體石經君奭	說文古文	石鼓　楚帛書　古匋　北屈布	秦公鐘	商丘叔簠　子禾子釜　齊刀背文

虛㐺眾聚臮壬

鄂君車節

說文古文

三體石經僖公

中山王墓刻石文

九年我丘令戈

古鉩 閑虛鉩

甲二八五八

𣪘㐺鼎

前七・三〇・二

甲二二九一

昌鼎

侯馬盟書

三體石經殘石

後下三八・九

京津一〇三一

師旂鼎

師寰簋

楚帛書

詛楚文

乙一九八六

中山王鼎

楚帛書

江陵楚簡

說文古文

天六九

後下三九・一

信陽楚簡

徵

楚簋

趞簋

𪒠簋

毛公鼎

說文古文

朢

寧滬二·四八

甲三一一二

前七·三八·一

保卣

望簋

盠駒尊

㦰鼎

無叀鼎 望字重見

師虎簋

師望鼎

說文古文

𡈼

古鉨 𡈼𡈼鉨

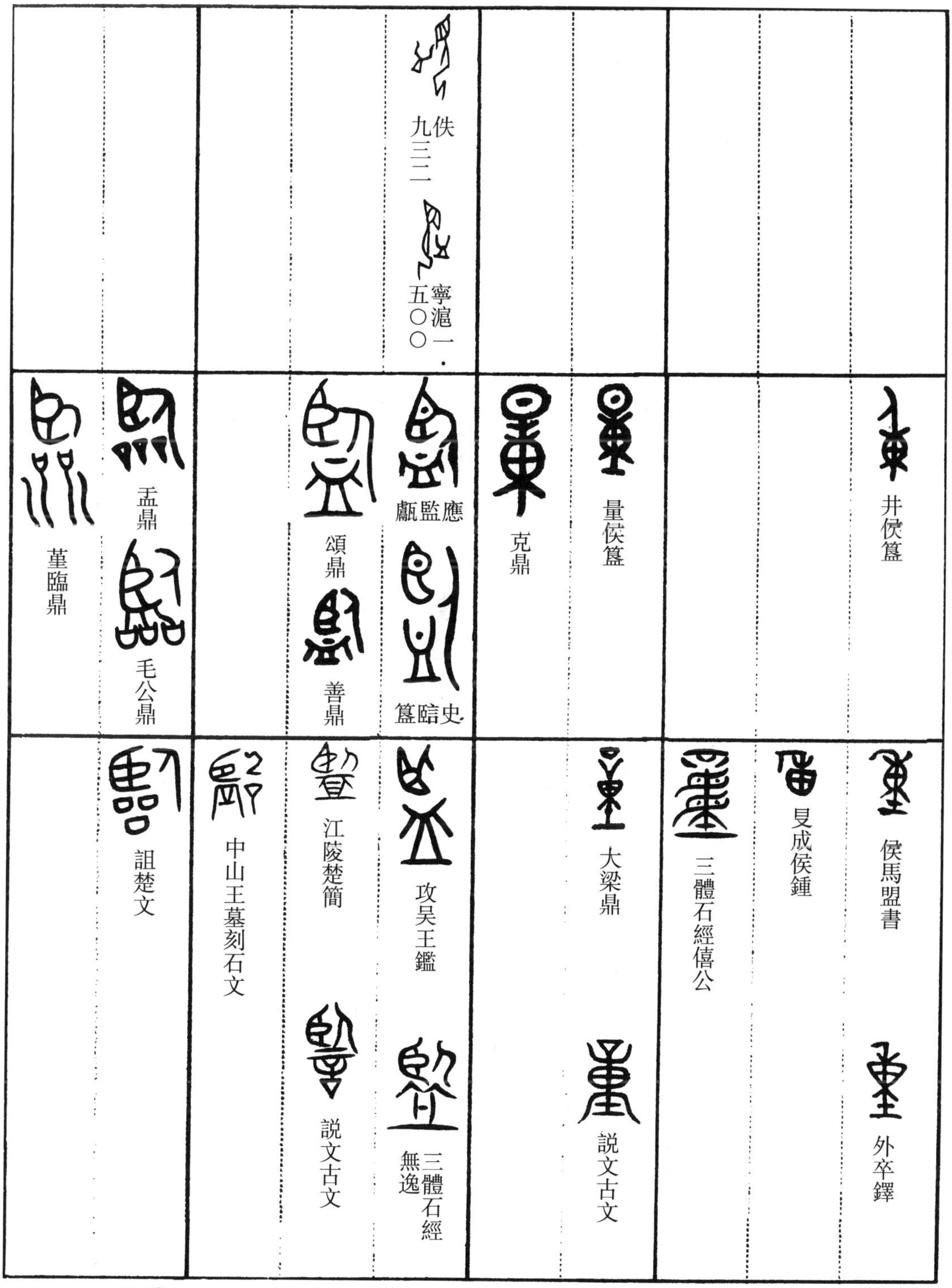

重

井侯簋

侯馬盟書

外卒鐸

㝬成侯鍾

三體石經僖公

量

量侯簋

克鼎

大梁鼎

說文古文

監

佚九三二

寧滬一·五〇〇

應監甗

史䀆簋

頌鼎

善鼎

攻吳王鑑

三體石經無逸

江陵楚簡

說文古文

中山王墓刻石文

臨

盂鼎

毛公鼎

堇臨鼎

詛楚文

身	殷	衣
戬四一·三 乙六七三三	邲其卣二	前一·三〇·四 粹八五 後上二〇·三
叔趯父卣 叔向簋 或簋 㝬簋	保卣 盂鼎 臣辰卣 牆盤 虢叔簠	或鼎 昌壺 寰盤 此鼎 休盤
古鉢安身 邾公華鐘 中山王鼎 侯馬盟書	三體石經多士	江陵楚簡

衮袗裖表裏襮裣褘襲

衮	吳方彝；師𩛥鼎；侯馬盟書；昌壺
袗 裖	詛楚文
表	說文古文
裏	番生簋；毛公鼎；信陽楚簡；江陵楚簡；䩠侯鼎（里字重見）
襮	㦰鼎
裣	㦰方鼎；㦰鼎
褘	粹一五八八
襲	㦰鼎；說文籀文

衺褱褢褆齌

衺：說文籀文

褱：古鉥王褱　古鉥史褱　古鉥褱臤

褢：沈子簋　毛公鼎　伯𢦔簋　𤼈鐘　褱鼎　楚帛書　古鉥孫褱

褆：古鉥李褆　古鉥王褆

齌：陳逆簋　陳昉簋　說文古文

襄

穌甫人匜

齊叔夷鎛

鄂君舟節

說文古文

三體石經僖公

被

戰國秦虎符

褻

毛公鼎

衷

古鉨 欒衷

裨

戜簋

裕

敔簋

十六年左軍戟

三體石經君奭

衦

信陽楚簡

裝

古匋

裛

信陽楚簡

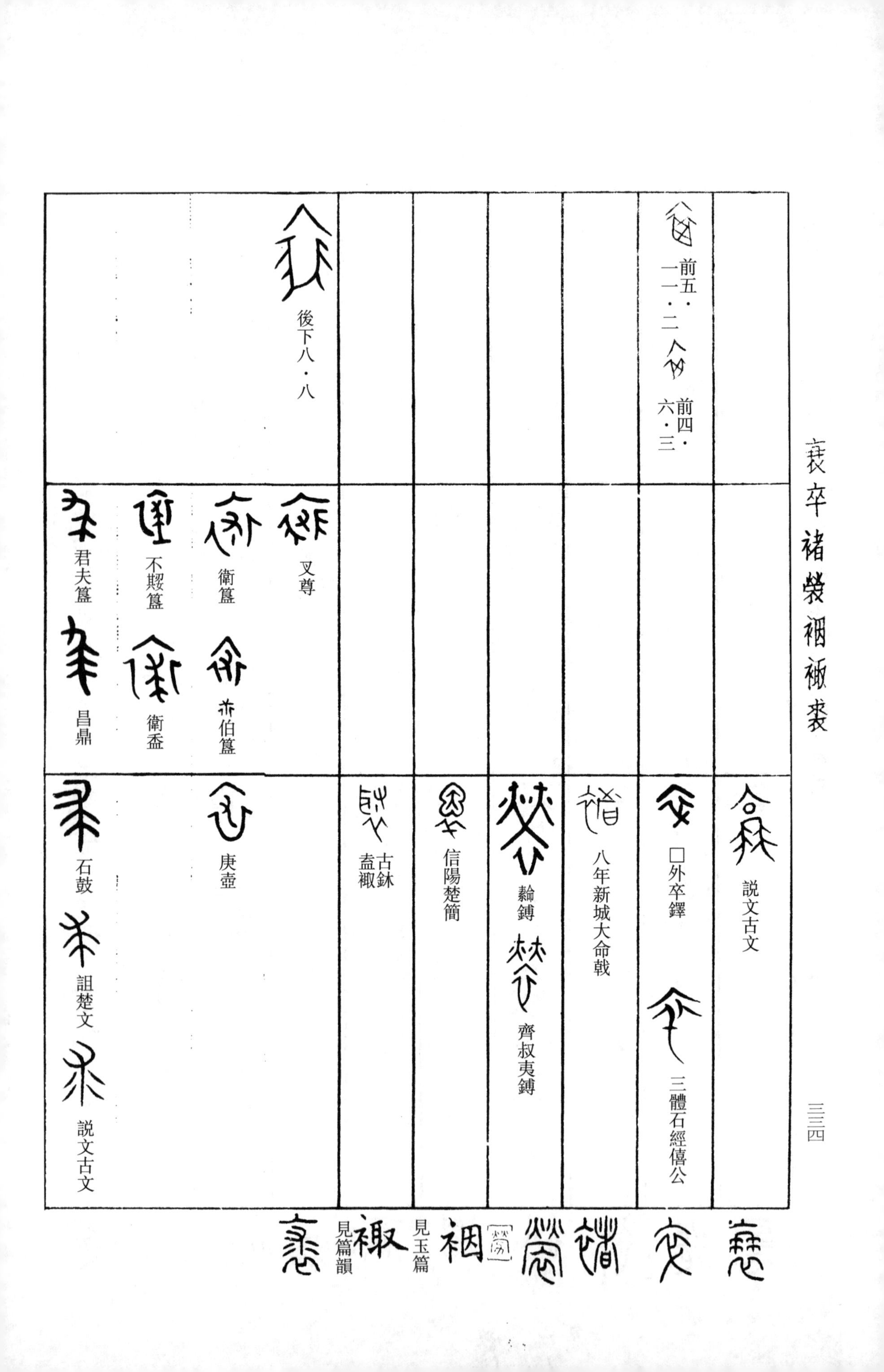

衰	卒	褚	褮	裀 見玉篇	䙝 見篇韻	裘
	前五·一一·二 前四·六·三					後下八·八
						叉尊 衛簋 赤伯簋 不𡢁簋 衛盉 君夫簋 昌鼎
說文古文	□外卒鐸 三體石經僖公	八年新城大命戟	𬯀鎛 齊叔夷鎛	信陽楚簡	古鉢 盍䙝	庚壺 石鼓 詛楚文 說文古文

鐵七六·三

珠一〇〇八

燕六五四

後下二〇·一四

殳季良父壺

師至父鼎

尊𠂤

黄君簋

師咢父鼎 句字重見

侯馬盟書

中山王鼎

詛楚文

夆叔匜

𩒨鎛

滕侯耆戈

相邦義殘戈

曾伯簠

杲同簋

壽

沈子簋

頌簋

𦉢生盨

遟盨

長生簋

豆閉簋

頌簋

頌鼎

毛公旅鼎

善夫克鼎

善夫克鼎

豆閉簋

欒書缶

趩亥鼎

古鉢 善壽

邾公釛鐘

壽春鼎

𦅫鎛

古匋 蒦圆 壽□□

魯遵父簋

前七·二三五·二
後下三五·二二
後下三五·五
前二二·二六

人豊簋
考卣
卿尊
盤
康侯簋
井侯簋
彔伯簋
沈子簋
昌鼎
師害簋
伯家父簋
叔角父簋

齊陳曼簠
王子午鼎
中山王鼎
郘王義楚耑
簷叔之仲子平鐘
考字布

孝

㚬且丁卣

杜伯盨

姬鼎

昌鼎

卓林父簋

師麻簠

鄤仲孝簋

散盤

王子午鼎

中山王壺

曾伯陭壺

畓君簠

曾伯簠

陳侯午錞

大司馬簠

毛

毛公旅鼎

毛公鼎

毛叔盤

召伯毛鬲

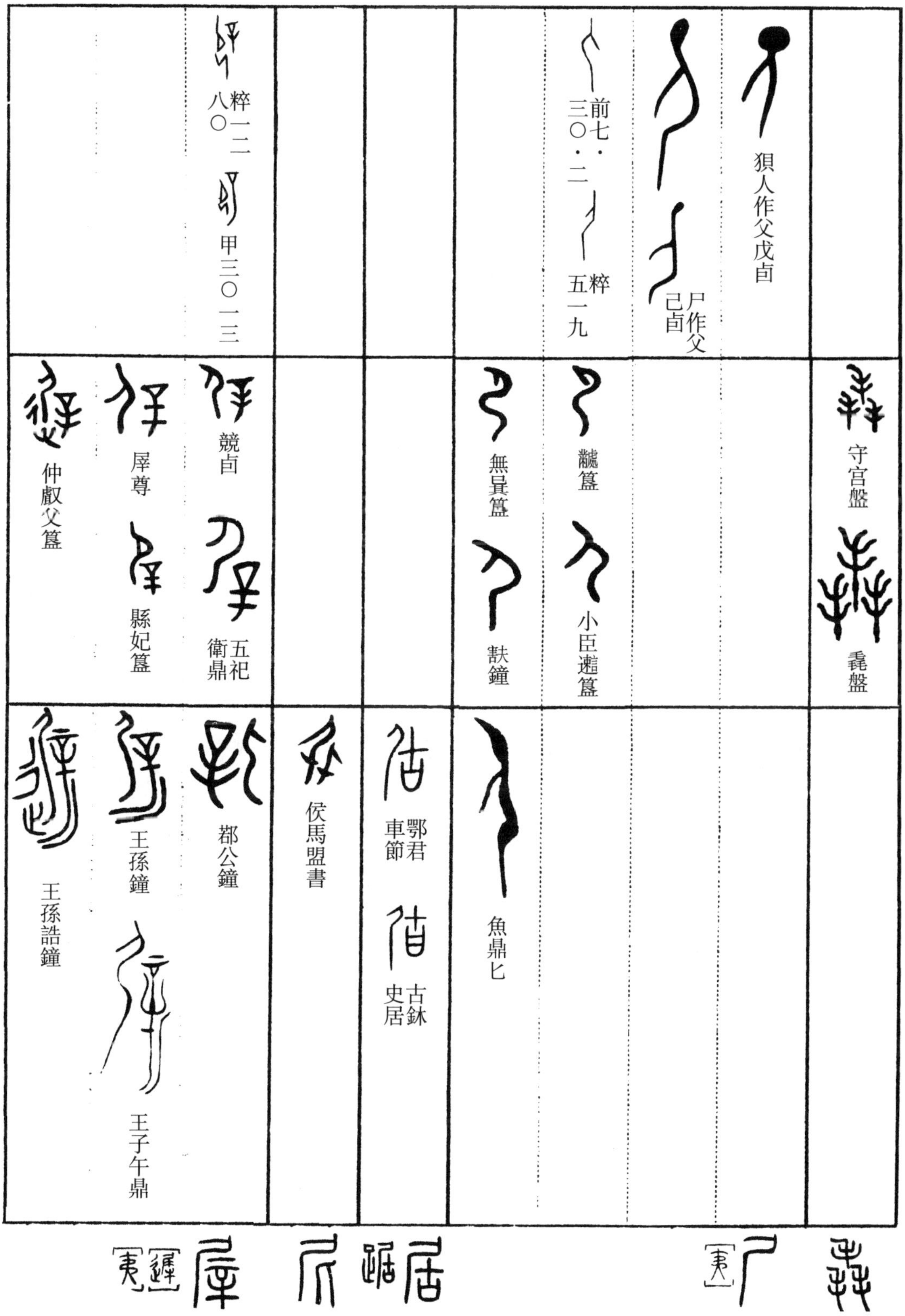

守宮盤

毳盤

毳

狽人作父戊卣

尸作父己卣

前七・三〇・二

粹五一九

䶂簋

小臣遽簋

無㠱簋

㝬鐘

魚鼎匕

尸 𡨧

鄂君車節

古鉨史居

居 踞

侯馬盟書

尻

粹一二八〇

甲三〇一三

競卣

五祀衛鼎

屖尊

縣妃簋

仲𡫞父簋

郘公鐘

王孫鐘

王子午鼎

王孫誥鐘

屖 遲 𡨧

屋屏尾屈尿履屎舟

	屋	屏	尾	屈	尿	履	屎 見玉篇	舟	
			乙四二九三		菁五·一 鐵五五·四		乙八二九五反 京津二七二八	前七·二一·三 乙九三〇	戩四·七
伊簋 鬲攸比鼎								舟父丁卣 舟簋	敄觶
	說文籀文 說文古文	三體石經君奭	古鉢尾生 隨縣戰國墓漆二十八宿匫	䣄篙鐘 楚屈叔沱戈		說文古文		石鼓 鄂君舟節	

俞 船 彤 朕

朕	朕	彤	船	俞
甲五五九、甲三八九六	甲二三〇四、佚六	前二·二·二、甲三九三九 / 甲一三、文父丁爵		

朕	朕	彤	船	俞
戈叔朕鼎	盂鼎、㝬簋 / 頌壺、毛公鼎	艅尊、仲彤盨		豆閉簋、俞伯尊

朕	朕	朕	彤	船	俞
中子化盤 / 中山王鼎	魯伯簋、者沪鐘、楚帛書	鑄公簠、吉日壬午劍		南疆鉦	𦅫鎛 / 魯伯俞父盤、侯馬盟書

俞　船　彤（彤 尚書）　朕

甲二三〇八

京津二一三三

甲五九〇

後下二七·二三

佚三二〇

林一·二四·五

般甗

免盤

仲叡父盤

㢓叔多父盤

匽公匜

兮甲盤

井侯簋

駒父盨

盂鼎

趩簋

宗周鐘

石鼓

曩伯盤

余卑盤

齊侯盤

說文古文

秦公鐘

三體石經文公

說文古文

方

後下一三・五
鐵一八四・三
大豐簋
禹鼎
曾伯簠
石鼓
中山王鼎
楚帛書
三體石經君奭
佚四〇
召卣
彔伯簋
前五・二三・二
不𡢁簋

汸

甲三六一三
好蚉壺

兒

前七・四〇・二
前八・七・二
者兒觶
小臣兒卣
昜兒鼎
甲三〇九〇
沇兒鐘
余義鐘

允

佚二二七
後上三一・六
班簋
石鼓
三體石經殘石
不𡢁簋
中山王壺

兑

甲二〇〇七
粹一一五四
師兑簋

兄

前一·三九·六

佚二五七

佚五一八背

甲三九一六

剌卣

蔡姞簋

保卣

史桒兄簋

帥鼎

三體石經無逸

𦅫鎛

侯馬盟書

沇兒鐘

王孫誥鐘

王孫鐘

說文

兒

競

競卣

鬲比盨

兢

散盤

皃

貌

說文籀文

覍

說文籀文

弁

續五·五三

亞且乙父己卣

牧弁簋

尚書

先

寧滬二三〇二

乙三七九八

粹一二七

壺文

令鼎

敔狄鐘

卯簋

虢季子白盤

秦公鐘

中山王鼎

詛楚文

三體石經無逸

余義鐘

侯馬盟書

兟

侯馬盟書

侯馬盟書

見

甲三五二二

後下一一·一

存下四五

珠二二五

匽侯鼎

牆盤

玐鼎

瘭鐘

作册魖卣

𣎆伯簋

江陵楚簡

楚帛書

侯馬盟書

中山王壺

鄂君舟節

秦匋文

視

何尊

侯馬盟書

〔眡〕

	觀	㝵	親
甲骨	前二・七・二 甲一八五〇 雚字重見	鐵二〇三・一	
金文	效卣		盠駒尊 克鐘 史懋壺 寴字重見
戰國	侯馬盟書 中山王墓宮堂圖 說文古文 說文古文 中山王壺 說文古文	三體石經僖公	詛楚文 詛楚文 中山王鼎

覲覓覼靈欠欽吹欱歐歡

					甲三七二九 明一八八〇		乙一八五六反 庫一五〇六		
		女𩛥鼎 堇字重見	班簋	覼卣			吹方鼎 虞司寇壺		
中山王鼎					楚帛書	魚鼎匕 楚帛書		古鉩鄦歐 古鉩王歐	古鉩江歡
	覲	覓 見廣韻	覼 見類篇	靈	欠	欽	吹	歐	歡

款款欲歌謌歎歠歐次飲

酒与肆所从之彡皆象飲酒形，《禮記·檀弓》『杜蕢揚觶』，揚觶猶今言『舉酒』

款	欲	歌	歎	歠	歐	次	次	飲
						後下四二·六	明一〇〇一	後上八·一四；甲二〇五一·四菁
						史次鼎		𡨦中壺
古鉥 李款	詛楚文	余義鐘；訶字重見；蔡侯編鐘	說文籀文	古鉥 章歠	古鉥 董歐	嬰次盧	說文古文	余義鐘；中山王壺

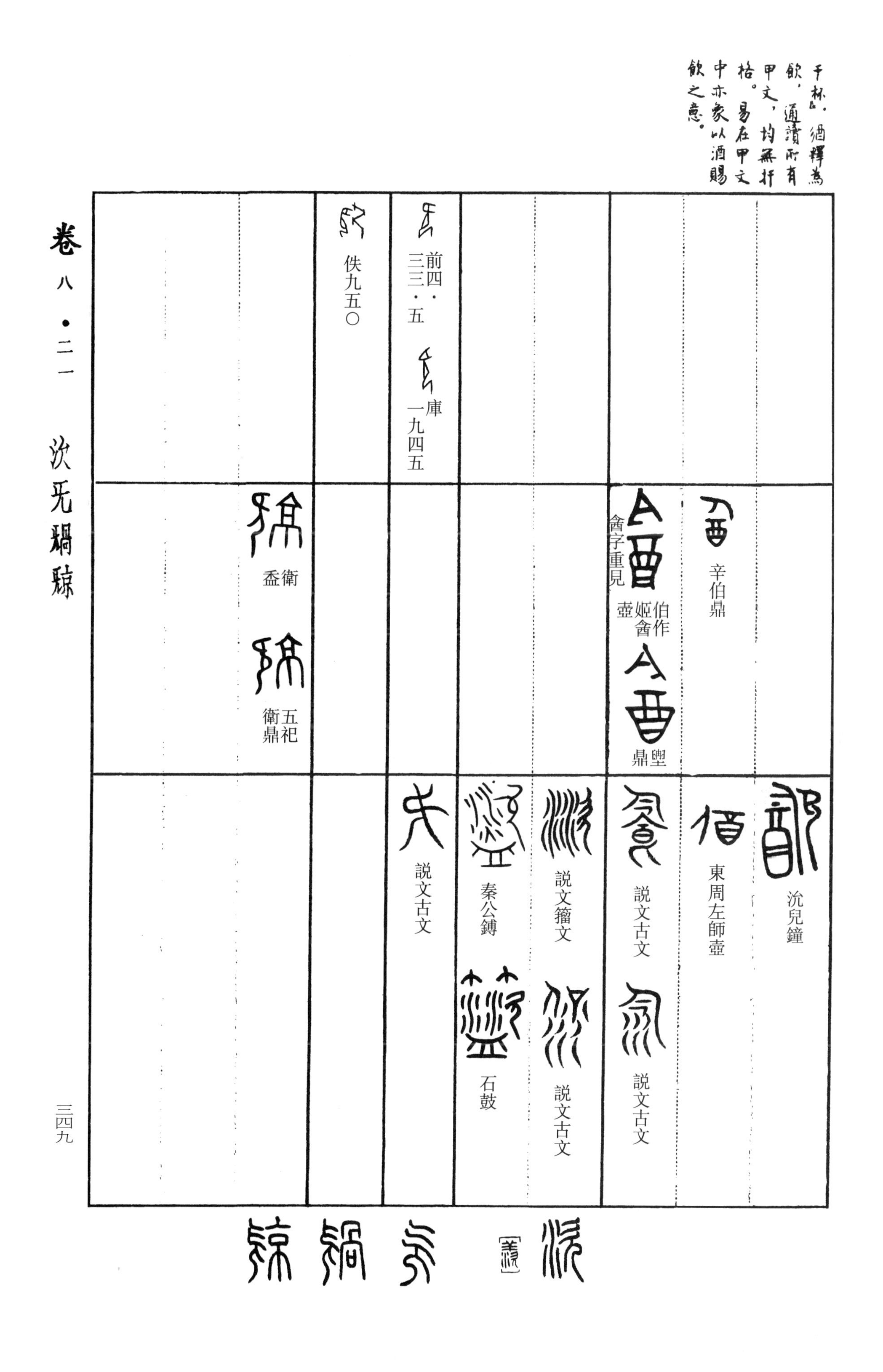

于林」。酒釋為飲，通讀亦有甲文，均無扞格。易在甲文中亦象以酒賜飲之意。

			前四・三三・五 庫一九四五	佚九五〇			
	辛伯鼎	伯作姬酓壺（酓字重見） 塱鼎					五祀衛鼎 衛盉
沇兒鐘	東周左師壺	說文古文 說文古文	說文籀文 說文古文	秦公鎛 石鼓	說文古文		

［羨］

漢語古文字字形表卷九

頁 [illegible]	頭	顏	頌	顛
乙八八四八 珠三三〇 坊间二・一九八				
卯簋		五祀衛鼎	頌鼎 史頌匜	
	蔡侯鼎 古鉨 子鮮頭	說文籀文	說文籀文	臨潼秦墓陶文 古鉨 王顛

古鉢 趙顯

魚鼎匕

說文籀文

古鉢 題□

中山王墓宮堂圖

說文籀文

沈子簋

毛公鼎

寰盤

伯顝父鼎

三體石經文公

叔碩父甗

叔碩父鼎

石鼓

後下一二·五

魯伯匜

叔專父盨

楚季盤

毳匜

囂伯盤

楚王頟鐘

侯馬盟書

中山王壺

三體石經多方

何尊

中山王鼎

行氣銘

堹燹盨

郘鐘

古鉨 攺頌

䫌顯面首

								甲二三七五	前六·七·一
								甲四一六	乙三四〇一
	大豐簋	沈子簋	盂鼎 康鼎	班簋 伯簋	彔伯簋 頌簋	諫簋 㳅其鐘	公臣簋		沈子簋 師訊鼎
古鉢 弋䫌						侯馬盟書 詛楚文		江陵楚簡	侯馬盟書 楚帛書

䭫

甲六五三

柏二三

師旋簋

帥俞簋

無㠱簋

命簋

大作大仲簋

師𩵦鼎

揚簋

公臣簋

三體石經殘石

𣍃伯簋

卯簋

頁字重見

縣

縣妃簋

郘鐘

須

易叔盨

白多父盨

須炁生鼎

立盨

鄭義伯盨

彡㐱鬒修彰彫彥文

字	甲骨文	金文	戰國文字
彡	乙六二一九		
㐱鬒		㐱卣	
修			古鉩修身
彰			古匋
彫			信陽楚簡
彥		彥鼎	屖氏彥會
文	乙六八二〇反；甲三九四〇	令簋；保卣；戜簋；昌鼎	

前一·一八·一

後上一九·七

文 簋

旂鼎

彧者鼎

旂作父戊鼎

通簋

牆盤

虢文公鼎

改盨

師害簋

召卣二

牆盤

髮鐘

秦公鐘

文陽布

中山王壺

三體石經文公

曾侯鐘

王子午鼎

説文古文

后司

粹四〇一 乙八八九三

前二·二四·七 後上二〇·二

后母戊鼎

后母辛鼎

菁二·一 前二·一四·三

後下九·一三

商尊

牆盤 㝬鐘

盠方彝 柳鼎

衛盉 康侯簋

永盂

卯簋 無叀鼎

齊叔夷鎛

吳王光鑑 中山王墓宮堂圖

侯馬盟書 鄂君車節

好盜壺 楚帛書

大司馬簠

卩令卲卯印归抑

司工丁爵
兮甲盤

乙九〇七七
甲二四九一
古鉩 大司徒長卩乘
古匋 匋攻卩

後下一〇·一四
甲五九七
邲卣
前五·三二·一
宅簋
卯簋
牆盤
侯馬盟書
屬羌鐘
蔡侯鐘

沈子簋
牆盤
頌壺
毛公鼎
秦公鐘
鄂君舟節

屬羌鐘

甲三五四一
佚八九七

乙一四三
毛公鼎
曾伯簠

佚六七四
乙一〇〇

辟	卿	卯	色
	前四·二二·六；粹五四三；乙亥丁鼎；前四·二一·五；甲七五二	乙一二七七	
盂鼎；牆盤	㽙侯簋；召仲考父壺；令鼎；靜簋；三年瘐壺；休盤；宅簋；麥鼎；遹簋		
三體石經多方；說文會字古文	信陽楚簡；邾公釛鐘；中山王壺		說文古文；信陽楚簡

𡂑匍匊勻旬訇匓

	𡂑	匍		匊	勻	旬		訇	匓
						佚九八〇 粹一四六三	菁五・一 佚二九		
師害簋 毛公鼎		盂鼎 牆盤	師克盨	畓匊生壺	勻簋	王來奠新邑鼎		禹鼎	令簋 毛公旅鼎
驫羌鐘 中山王壺	三體石經君奭		秦公鐘		古鉨 鄅勻	王孫鐘 說文古文			

ㄋ，象狗蹲踞警惕之形，引伸為敬。猶所从之苟即象猶豎耳頷下系鈴之形。

後下三六·六

前八·七·一

牆盤

昌壺

趞簋

大保簋

盂鼎

盂鼎 苟字重見

班簋

毛公鼎

師酉簋

侯馬盟書

江陵楚簡

楚季苟盤

說文古文

秦公鐘

蔡侯盤

吳王光鑑

王孫誥鐘

楚帛書

中山王鼎

古鉢 敬上

鄦公䤾鐘

石鼓

乙六六八四
菁五·一
前四·一八·六
乙五三九七
拾四·一二
乙六六六九
鐵一四六·二

鬼壺
盂鼎
盂鼎
毛公鼎
駒父盨蓋

隨縣戰國墓漆二十六宿匫
侯馬盟書
梁伯戈
楚帛書
陳肪簋
說文古文
說文古文
說文籀文
王孫鐘
王孫誥鐘
詛楚文
說文古文
古鉢鄭亡畏
三體石經君奭

甲三六四二
父丁觚
父壬尊
善夫山鼎
㪤卣
克鼎
克鼎

禺邗王壺
侯馬盟書
三體石經莊公
古鉨私𠃨
古鉨正行亡私
古鉨
說文古文
古鉨魏突
中山王鼎
江陵楚簡
楚帛書
三體石經禹貢
說文古文
高密戈
說文籀文

禺 厶 羨 誘䛙 巍 山 嶽 密 岫 陵峻

岳崋嵋嵍崇岸府庠廬廡

岳	前七・二；簠地三〇
崋	古鉢崋倢
嵋	說文古文
嵍	須嵍生鼎
崇	三體石經君奭
岸	古鉢司馬岸
府	大府簠；鑄客鼎
庠	中山王墓宮堂圖；古鉢空同庠
廬	趞曹鼎 膚字重見；師湯父鼎
廡	說文籀文

廄
說文古文

廣
班簋
牆盤
晉公盨
禹鼎
廣簋
士父鐘

底
辛厗父簋
詛楚文

庶
矢簋
衛盉
沇兒鐘
中山王鼎
毛公鼎
子仲匜
石鼓
三體石經皋陶謨

廙
毓祖丁卣

廟
吳方彝
師旋簋

庎厂厰

廟孱鼎

免簋

師酉簋

虢季子白盤

無叀鼎

朝字重見 陳侯因資錞

中山王壺

說文古文

禹邗王壺

折觥

睘卣

趞卣

說文籀文

駒尊

散盤

虢季子白盤

兮甲盤

庎 見集韻

厂

厰

不䡾簋

甲二三六九
京津四八二五

存下七二九

盂鼎

五祀衛鼎

散伯簋

毛公鼎

小臣謎簋

敔簋

封簋

友簋

保卣

牆盤

齊叔夷鎛　敢字重見

秦公鐘

詛楚文

楚帛書

三體石經多士

子仲匜

厃仄厭危石磺碣磬

字	甲骨文	金文	戰國文字・說文
厃		農卣；師虎簋；長由盉；揚簋	
仄			說文籀文
厭		毛公鼎 猒字重見	齊叔夷鎛
危			隨縣戰國墓漆二十八宿匫
石	鐵一〇四・三；乙四六九三	紀侯貉子簋；鐘伯鼎	鄭子石鼎；侯馬盟書；好蚉壺圈足銘；詛楚文；褱鼎
磺			說文古文
碣			說文古文
磬	前四・一〇・五		說文籀文

	長	肆 𨽸	勿 𣃦
	後上一九·六 林二·二六·七 乙八八一二 前七·五·三		甲六四〇 前四·五四·四
	牆盤 寡長鼎 長湯匜 長由盉		盂鼎 毛公鼎
說文古文	楚帛書 說文古文 說文古文 中山王墓宮堂圖 長陵盉 詛楚文 屭羌鐘 中山王墓 中山王壺	邵鐘 齊侯壺 隨縣戰國楚墓石磬 三體石經多士	[illegible]鎛 侯馬盟書 石鼓

昜冄而

昜

甲四七五
戩二四・五
甲二五〇一
粹四二四
甲四五六
前四・一〇・二
甲二〇七八

師嫠簋
量侯簋
勿鼎
昜𠂤簋
揚鼎
宅簋
旓叔鼎

中山王鼎
楚帛書
侯馬盟書
好蚉壺
鄂君舟節
三體石經君奭
嘉子昜伯簠

冄

乙四五二五
佚六八八

師寰簋
冄鼎

南疆鉦
相邦冄戟

而

真敖簋
石鼓
侯馬盟書
三體石經皋陶謨
中山王鼎

豕豭豧豢豨虡豪豩

豕	豭	豧	豢	豨	虡	豪	豩
前四·二七·四；乙七九八五	粹九四八；乙四五四四		前六·四七·八；續五·八·六				京都二六八；拾一·五
函皇父簋	頌鼎				虡簋	毛公鼎	
石鼓；説文古文		樂子嬰豧簠		古鉨 豨	侯馬盟書		

豬希𧰿綿㣇象䝙豚

豬（見玉篇）
石鼓

希
沇象爵
說文籀文
說文古文

𧰿
說文籀文

綿
前一·四八·三
乙七七九九
大豐簋
召卣二
召尊
三體石經多士
說文古文
楚帛書

象
前四·五一·五
鐵二一〇·二
後上一八·五
肆簋
衛盉
三年㾓壺
侯馬盟書
古鉥荆𠤷
古鉥長𠤷

㣇
信陽楚簡
信陽楚簡

豚
粹一五四〇
前三·二三·六
前三·三一·二
乙八六九八
臣辰卣
豚鼎

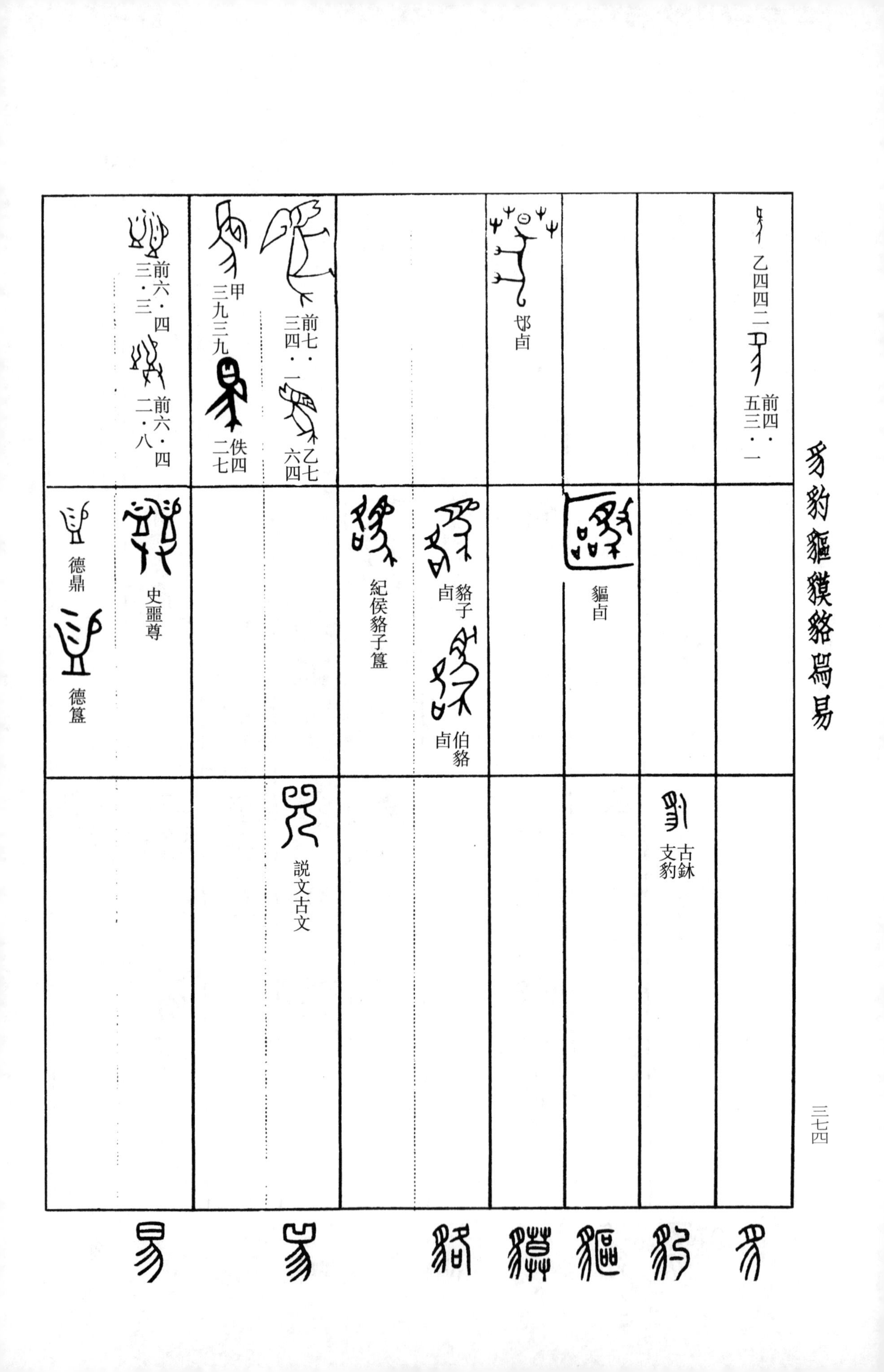

豸豹貙貘貉舄易

字	甲骨文	金文	古文
豸	乙四四二一；前四·五三·一		
豹			古鉢文豹
貙		貙卣	
貘	邲卣		
貉		貉子卣；伯貉卣；紀侯貉子簋	
舄	前七·三四·一；乙七六四；甲三九三九；佚四二七		說文古文
易	前六·四三·三；前六·四二·八	史噩尊；德鼎；德簋	

前七·四·一
佚二三四
乙三四〇〇
前三·三一·三
且辛鼎
粹六一〇
乙九六〇

小臣系卣
耳尊
辛巳簋
小臣系卣
小子野簋
大簋
毛公鼎
師湯父鼎

蔡侯鐘
中山王鼎
三體石經君奭
中山王壺
好蚉壺
說文古文

漢語古文字字形表卷十

乙九〇九二

京津一六八六

粹一一五六

盂鼎

克鐘

九年衛鼎

師眉鼎

元年師兑簋

守簋

虢季子白盤

公貿鼎

盂辛父鬲

𢦏簋

好蚉壺

説文籀文

説文古文

侯馬盟書

鄂君舟節

石鼓

楚帛書

郾侯簋

古鉥 𣓗湩都左司馬

古鉥 司馬佗

侯馬盟書

騅駱駒駁馬騽驐騂

騅	駱	駒	駁	馬	騽	驐	騂		
					甲二九八 前四·四七·三		前二·五·七 前四·七·五		
盠駒尊 九年衛鼎	師奎父鼎	盠駒尊	盠駒尊						
侯馬盟書				説文籀文		侯馬盟書		石鼓	説文籀文

中山王鼎 喬字重見

騎□馬節

石鼓

侯馬盟書

說文籀文

石鼓

庚壺

古鉨 駟扶

伯駟父盤

說文古文

古鉨 趙騷

戰國秦咸陽陶文

古匋 騶

驫騂騝⿰馬利⿰馬童⿰馬占⿰馬齊⿸厂馬

字頭	甲骨文	金文	戰國文字
驫		驫飼簋	驫羌鐘
騂 新附	甲二〇九一；佚九二八	大作大仲簋	侯馬盟書；古鉨 [illegible]羊
			陳騂壺
			石鼓
騝 見玉篇			石鼓
⿰馬利 見廣韻	佚九七〇；前四·四七·五		
⿰馬童 見集韻			古鉨 臤⿰馬童
⿰馬占 見正字通			石鼓
⿰馬齊 見正字通			石鼓
⿸厂馬	後下三三·四		侯馬盟書

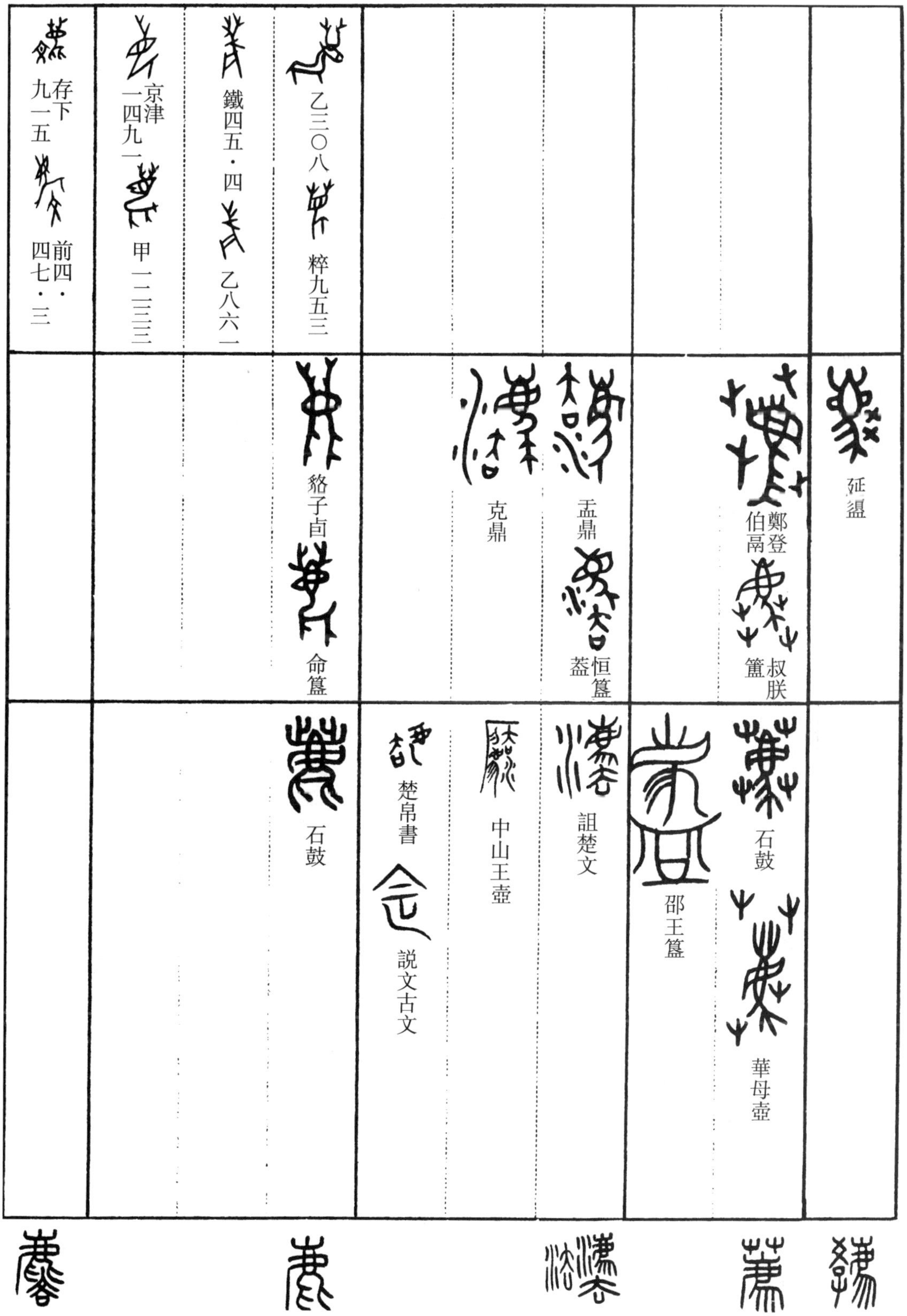

⿰孝廌
- 延盨

薦
- 鄭登伯鬲
- 叔朕簠
- 石鼓
- 華母壺
- 邵王簋

灋　法
- 盂鼎
- 恒簋蓋
- 克鼎
- 詛楚文
- 中山王壺
- 楚帛書
- 說文古文

鹿
- 乙三〇八
- 粹九五三
- 鐵四五・四
- 乙八六一
- 京津一四九一
- 甲一一三三
- 貉子卣
- 命簋
- 石鼓

麐
- 存下九一五
- 前四・四七・三

麋

佚九三〇

甲三一八〇

甲一九七〇

石鼓

三體石經無逸

麐

前七·二八·四

前四·四八·八

師害簋

說文籀文

麃

九年衛鼎

麑

乙五一六一

甲二四一八

菁一〇一三

麗

周原卜甲卜三

取盧匜

師旋簋

三體石經多方

說文古文

說文籀文

麀：前八・一〇・一；林二・二六・九；石鼓

麤：說文籀文

䴡

㲋：說文古文

㚟：珠七三六；續三一九・七

㝃：佚一七七；遺小子簋

兔（見玉篇）：井季㝃卣；石鼓；古鉢㝃

兔：甲二七〇；婦好墓円斝；石鼓

逸：秦子矛；中山王壺 用為一夫之一；齊陳曼簠

萈	萈	犬	犬	犬	犬	狗	尨	狡	猗
		佚八一 前七·三·三	甲四〇二	前七·一·二	犬鼎 犬鼎		前四·五二·三 佚九四六		
		員鼎							
三體石經多士	壽春鼎	侯馬盟書 江陵楚簡				侯馬盟書 古鉢狗	古鉢王尨	古鉢張狡	古鉢長猗

猎狾狃犯戾獵狩臭

猎	狾	狃	犯	戾	獵	狩	臭
	簠帝四					鐵一〇·三 綴合三〇〇；前六·四九·五 粹一八九一；甲一六五六 宰峀簋	鐵一九六·三
						獸字重見	
古鉢 馬猎	古鉢 狾章	古鉢 狃期	詛楚文	三體石經多士	好蚉壺	三體石經僖公	

甲九〇 隻字重見

䣄志鼎

中山王鼎

三體石經微子

前八・一一・二

甗侯鼎

克盨

侯馬盟書

召伯簋

䚄簋

陳公子甗

伯旨甗

齊陳曼簠

鄭大師甗

壴甗

陳侯午錞

令簋

鬲字重見

盂鼎

麥鼎

麥盉

狄从亦聲，从火乃形譌。

前五・一二・五
沨字重見
佚六〇二
邲其卣
麥尊
牆盤

古鉨 消狦

後上一四・八
甲六一五
侯馬盟書
說文古文
古鉨 周狂
三體石經多方

牆盤
㝬狄鐘
古鉨 長狄
曾伯簠
侯馬盟書
三體石經僖公

存下七二二
存下七三一
牆盤
㝬簋
毛公鼎
侯馬盟書
石鼓
三體石經僖公
王孫鐘
中山王鼎

狦　狂　狄　猶

狠狐狽狢狺㹠猤獏

		前六四八·四	存下三五九 前二·二七·五	京都六七三 粹一五五二					
				狽簋		伯狺父鬲			
陳猷釜	王孫誥鐘		古鉩令狐佗 古鉩令狐得之		古鉩狢菁		古鉩肖㹠	古鉩秦猤	古鉩司馬獏臣 古鉩成獏
		狠	狐	狽 見玉篇	狢 見玉篇	狺 見廣韻	㹠 見廣韻	猤 見廣韻	獏 見集韻

獵 見集韻	狃 見集韻	犾	獄	獄	䏍	䏍	䏍	䏍 見爾雅	能
犾卣 犾尊		鐵一〇四・一	獄卣						
			魯侯獄卣 牆盤	召伯簋					沇子簋 牆盤
	好蚉壺				戰國銅戈	說文籀文	江陵楚簡	古鉨 䏍語	哀成叔鼎 江陵楚簡 中山王鼎

三體石經君奭

縣妃簋

能匋尊

毛公鼎

𤘇生簋

詛楚文

說文古文

古匋

三體石經堯典

後下九・一

前六・四九・三

三體石經殘石

粹七二

戩三九・八

項燮盨

𤔲王盉

靜簋

善鼎

戩二一・九

後上二四・七

鄘伯馭簋

麥鼎

然：中山王鼎　江陵楚簡

難：者減鐘

燔：戰國秦虎符

烈：班簋　召伯虎簋　厲羌鐘

烝：段簋　姬鼎　陳侯午錞

閔：後下四一・一三　粹一九二　侯馬盟書　古鉢閔湯　閔𠆢布

焌：前六・二七・一　後下一五・二　戩四七・三　京津三八七〇

炭羨灾熹熬鏊稫熝灸𤆀

炭		羨	灾	熹	熬	稫	熝	灸	𤆀
				前五·八·五 後下四一·七			掇一·四三五		前五·三三·一
					兮熬壺				
信陽楚簡	王子嬰次盧	南疆鉦 王孫誥鐘	石鼓			說文籒文		古鉢 馬灸	

樊爨焦𢦏灾煙烟照光

後下四・五
乙四九九五

甲五九八
乙二九
鄂君車節

京津一四三七
前一・三三・一

鄦侯簋
古鉨焦安

乙五九五
誠明二
楚帛書

後下八・一八
說文籀文
說文古文

牆盤
說文籀文
說文古文

牆盤

宰甫簋
吳王光鑑

前三・三三・五
夨方彝
詛楚文

熾炅烕熙炤烄

續五·七·七

寧滬三·四〇

啟尊

禹鼎

中山王鼎

說文古文

說文古文

牆盤

說文古文

古鉨 炅

楚帛書

詛楚文

齊侯敦

熙字重見

高奴權

古匋 丘齊炤里王囗

叔趯父卣

散盤

熾

炅

烕

熙

炤 見廣韻

烄 見集韻

粦不从炎，从炎乃炎形之譌。

煬（見集韻）			中山王鼎
炎		令簋	楚帛書
燮	前五・三三・四	卣文；燮簋	晉公盨
粦		牆盤；師䡘鼎；穆公鼎	
黑	黑田七卣	鄘伯馭簋	鑄子叔黑臣簠；侯馬盟書；古鉨 臧孫黑鉨
黕			古鉨 費黕
黔			古鉨 左黔
黟			古鉨 趙黟
囪　窗			說文古文

恖焱熒炙赤滕縢

恖

克鼎

毛公鼎

焱

乙八六九一

熒

榮子盉

古鉢 口熒

炙

古鉢 孫炙

說文籀文

赤

後下一八·八

乙二九〇八

麥鼎

衛盉

師旋簋

此鼎

師嫠簋

楚帛書

古鉢 𤼷赤

古鉢 李赤

邾公華鐘

說文古文

滕

滕虎簋

滕侯盨

邾伯御鼎

滕侯耆戈

滕之不劍

後上四・一七
佚三九三
佚七九二
甗文
戈文

大祝禽鼎
牆盤
頌鼎
永盂
夾卣
盂鼎
禹鼎
應公鼎
應公鼎
山夸父盨

三體石經君奭
石鼓
歸父盤
中山王壺
鄂君舟節
大子鼎
中山王墓宮堂圖

大　奎　夾　奄　夸

夷亦夾

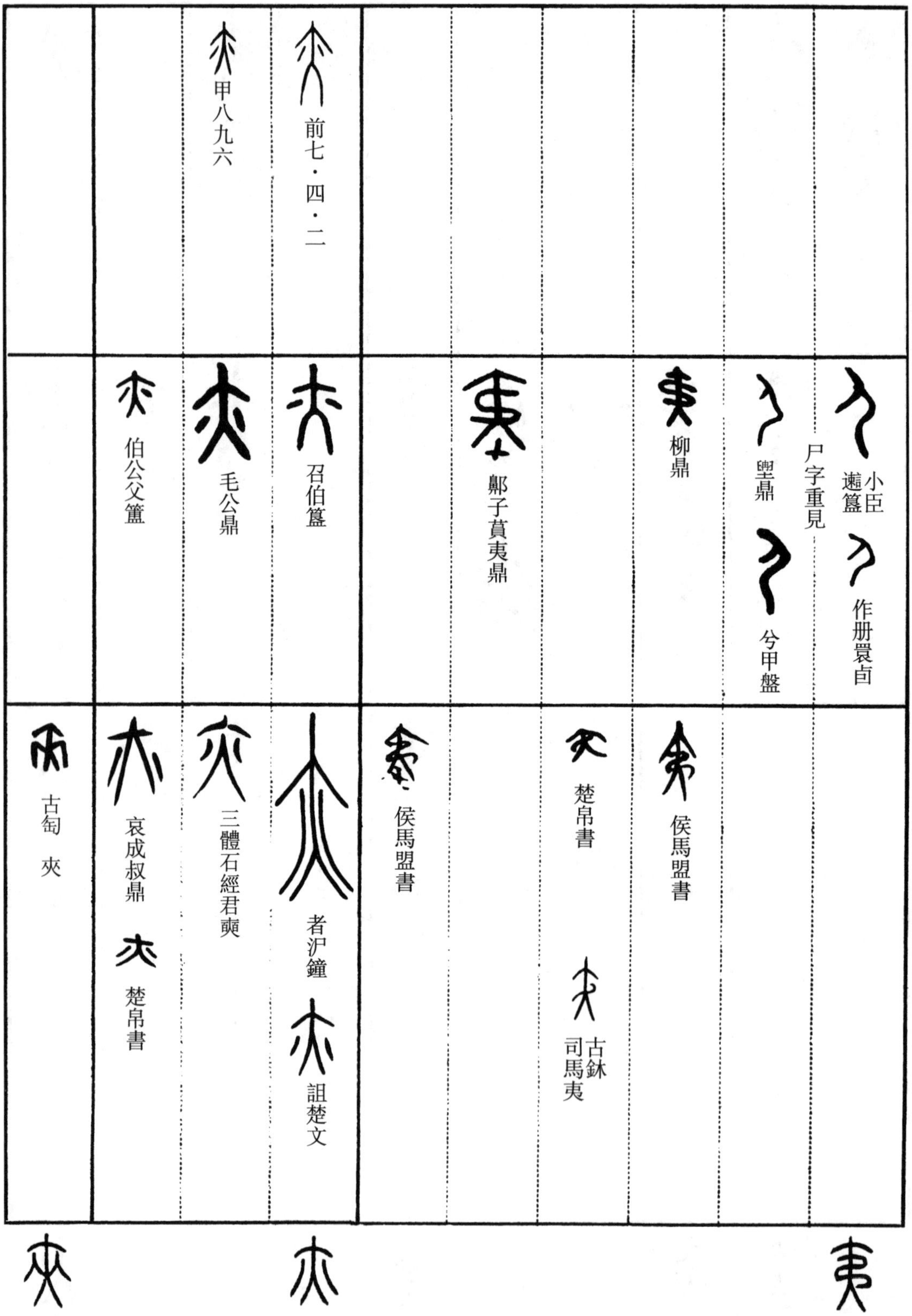

小臣逋簋 作册睘卣	尸字重見	𩵦鼎 兮甲盤	柳鼎		鄦子莫夷鼎		前七·四·二	甲八九六		
		侯馬盟書	楚帛書 古鉢司馬夷		侯馬盟書	召伯簋	毛公鼎	伯公父簠	
						者沪鐘 詛楚文	三體石經君奭	哀成叔鼎 楚帛書	古匋 夾

喬		夭					吴	夨	
		夭余磬	甲二八一〇 後下甲·一三					戩三三·三	前一·四八·三 乙五三一七
			亞毁爵				敄馭觥 師酉簋	夨土鼎蓋	夨簋 能匋尊
楚王酓肯鼎 中山王鼎	邵鐘 喬君鉦 侯馬盟書	三體石經君奭		吴季子之子劍	吴盤 説文古文	侯馬盟書 中山王鼎	蔡侯盤 石鼓		

奔交尣壺

奔		盂鼎；井侯簋；克鼎；𢦏簋	三體石經僖公；石鼓；中山王鼎；三體石經君奭；石鼓
交	甲八〇六；甲九六一	交鼎；交君簠	江陵楚簡；三體石經堯典
尣		牆盤	說文古文
壺	存一二三九；後下二八·二；前五·五·五	隹壺爵；三年𤼈壺；番匊生壺	盛季壺；東周左師壺；齊侯壺；中山王壺

壺

魯侯壺

司寇良父壺

兮熬壺

尚壺

員壺

伯壺

圅皇父簋

吕王壺

壹

詛楚文

古鉥 壹心慎事

懿

沈子簋

牆盤

單伯鐘

禾簋

幸

甲二八〇九

前四・三二・五

侯馬盟書

中山王壺

睪

侯馬盟書

古鉥 史睪⿸疒酉

執

前五·三六·四
鄴三下·三六·一〇
佚六八一

㦰簋
兮甲盤
虢季子白盤
不𡢁簋
師寰簋

石鼓
侯馬盟書
中山王墓宮堂圖

圉

前七·一九·二
乙二二七三
甲二四一五
菁一·一

牆盤
圉方鼎

詛楚文

盩

盩司土卣

石鼓

報

令簋
召伯簋

奢

奢虎簠

後上二六・六

戩二三・一

戩一・七

佚三三

杜伯盨

叔卣

盂爵

吴方彝

毛公鼎

彔伯簋

克鼎

矢尊

虢季子白盤

石鼓

詛楚文

説文籀文

説文古文

説文古文

三體石經文公

嶧山石

昦奚夫[illegible]

甲七八三
丙申角
亞中奚簋
卣文
戩四九·三
後下三三·九
京津三八七〇
前五·三二·一

牆盤
單伯昦生鐘
遹簋
盂鼎
戜簋
大簋
吉父簠
大鼎 大字重見
牆盤

信陽楚簡
吴王夫差劍
邾公牼鐘
侯馬盟書
中山大鼎
信陽楚簡
三體石經僖公
攻吴王鑑

昦 奚 夫 [illegible] 胡甫

扶立竭竝暜替

		掇一・四一六	後下九・六 甲八二〇	佚二五二			粹九一五 前六・五〇・五		
遇甗 㝬簋	枯衍簋			立鼎	吴方彝 克鼎		並爵 辛伯鼎	番生簋	
王孫鐘 王孫誥鐘				國差𦉜	中山王壺	古鉢閴竭	侯馬盟書 中山王壺		中山王鼎

囟脾巤思慮心

囟	脾	巤	思	慮	心
甲五〇七					
長由盉		師寰簋			師𩛥鼎 師望鼎 散盤 克鼎
說文古文	古匋 脺之□豆 三體石經僖公		楚帛書 古鉩 思言敬事	中山王鼎 古鉩 慮之	𥿢鎛 王孫鐘 石鼓 侯馬盟書 詛楚文 中山王壺 三體石經無逸

息

蔡侯鐘

侯馬盟書

中山王壺

古鉨 長息

性

蔡姞簋 生字重見

志

侯馬盟書

中山王壺

古鉨 呈志

惪

陳侯因資錞

者沪鐘

中山王鼎

楚帛書

侯馬盟書

令狐君壺

三體石經 君奭

說文古文

應

詛楚文

應監甗 雁字重見

慎

- 邾公華鐘
- 三體石經多方
- 說文古文
- 古鉢壹心慎事

忠

- 中山王鼎
- 古鉢忠仁思士

愷

- 信陽楚簡

念

- 沈子簋
- 燮簋
- 萬尊
- 克鼎
- 段簋
- 毛公鼎
- 者沪鐘
- 壽縣蔡侯墓殘鐘
- 古鉢相念
- 三體石經君奭
- 中山王鼎

憲

- 伯憲盉
- 牆盤

慈	恕		恭			恬	愿		
					前四·二九·三　龏字重見				
					頌鼎				
中山王壺　古鉨 王慈	說文古文	中山侯鉞	中山王壺	楚帛書	邾公華鐘　三體石經文公	古鉨　吕恬	三體石經臯陶謨	中山王壺	秦公鐘

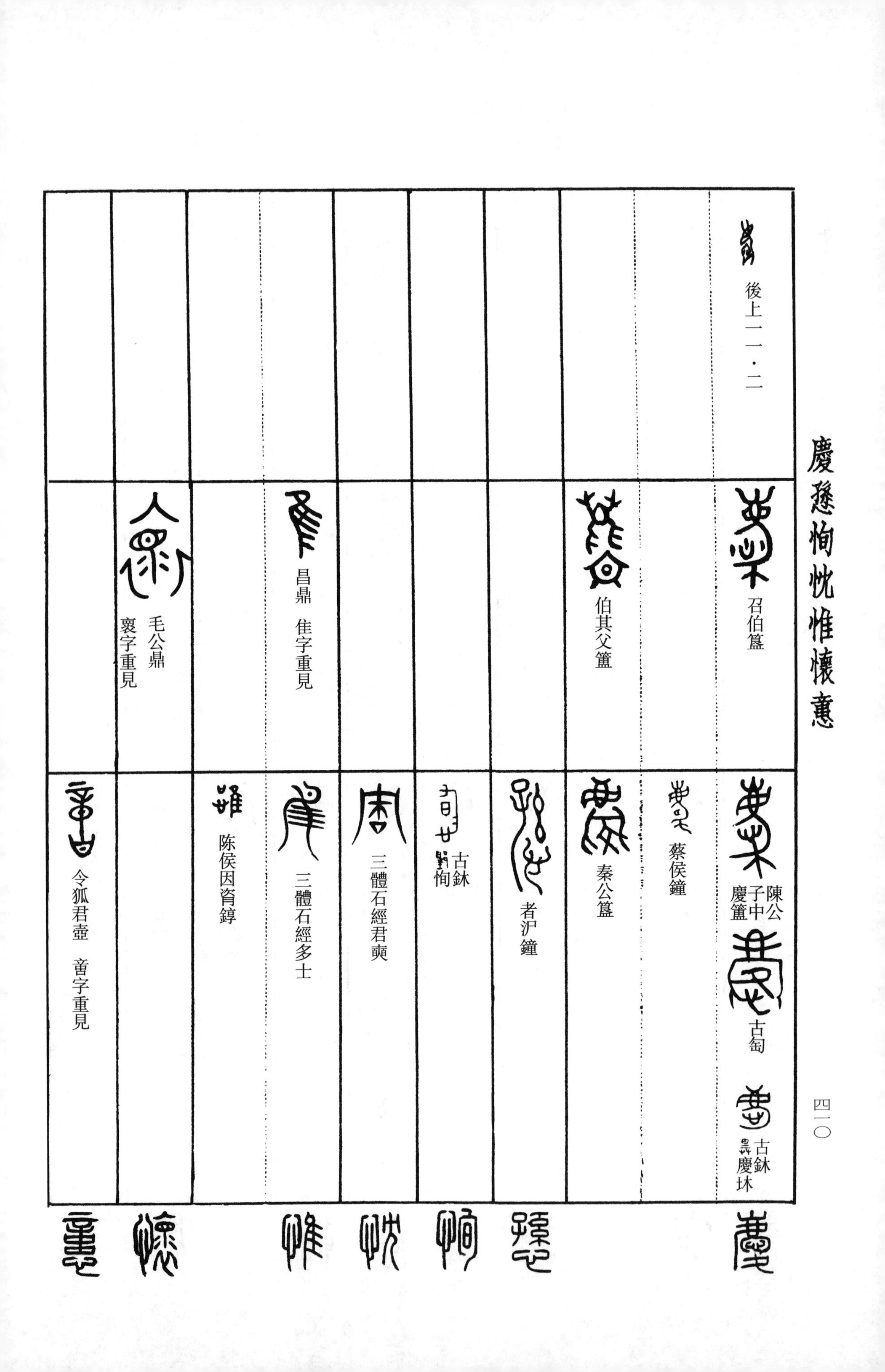

慶 後上一一・二 召伯簋 陳公子中慶簠 古匋 古鉢 慶坏 伯其父簠 蔡侯鐘 秦公簋

憖 者沪鐘

恂 古鉢 恂

忱 三體石經君奭

惟 昌鼎 隹字重見 三體石經多士 陳侯因資錞

懷 毛公鼎 褱字重見

惠 令狐君壺 啬字重見

窸
- 說文籀文
- 古鉨　□悋
- 窸簋

慢
- 慢作父乙爵

懼
- 中山王鼎
- 說文古文

恃
- 鄦羌鐘　寺字重見
- 信陽楚簡
- 古鉨　侯恃

悟
- 中山王鼎
- 說文古文

恋
- 中山王壺
- 好蚉壺

慰
說文古文
王孫鐘

懋
宅簋
免卣
召尊
衛簋
癲鐘

忈

慕
墻盤
㝬簋
陳侯因資錞

恤
侯馬盟書

忓
酓忎鼎

怒
王孫鐘
邾公華鐘
王子午鼎

[illegible] 侯馬盟書

愜 侯馬盟書

恁 王孫鐘 中山王鼎

念 季念鼎

愉 魯伯俞父盤 俞字重見 魯伯愈父匜

愚 中山王鼎

惷 毛公鼎 禹鼎

怠 中山王壺

懈 中山王鼎 解字重見

憜惰怒忘懖愆寒惑忌悁

憜 惰	怒	忘	忘	懖	愆 寒	愆	惑	忌	悁
說文古文	中山王鼎	蔡侯鐘 陳侯午錞	厲羌鐘 好盗壺	說文古文	蔡侯鐘	侯馬盟書 說文籀文	中山王鼎 古匋 古鉢周惑信鉢	歸父盤 郳公華鐘	說文籀文

怨：三體石經無逸；說文古文

怒：詛楚文；好蚉壺；三體石經無逸

悔：侯馬盟書；中山王鼎

怏：中山王墓宮堂圖

悶：古鉨 肖悶

悲：古鉨 悲

惻：楚帛書

愍：詛楚文

感：邵宮盉

恩	悳	患	憚	恐	怵	惕	愁
		牆盤					
侯馬盟書	中山王鼎	說文古文 說文古文	中山王鼎	中山王鼎 說文古文	中山王壺	蔡侯尊 禺邗王壺	侯馬盟書

甚
中山王鼎
古匋 

憐
石鼓

忍
中山王壺

律 見廣雅
古鉢 肖律

忓 見玉篇
古鉢 胡忓

慬 見廣韻
三體石經多士

忑 見字彙補
古鉢 忑堇

漢語古文字字形表卷十一

	水	河	江	沱
	鐵九九·四　甲二四九一　前二·四·三　乙八六九七	前一·四八·五　乙三三三三　粹一九　林二·二〇·一二　甲二四九一		
	沈子簋　敔尊　同簋	同簋		通簋　公姞鬲
	石鼓　魚鼎匕　信陽楚簡	古匋 河	江小仲鼎　鄂君舟節　古鉥 江逵疾	曹公子池戈

溫	溫	沮	沮	涂	沅	涇	渭	漾	漢
			拾一·一四	續二·一·五 續五·四·三					
靜簋		□卣 且字重見	牆盤			克鐘 巠字重見 克鐘			中甗
禺邗王壺	三體石經僖公			徐鼎 信陽楚簡	鄂君舟節		古匋 渨	曾姬無卹壺 說文古文	鄂君舟節 說文古文

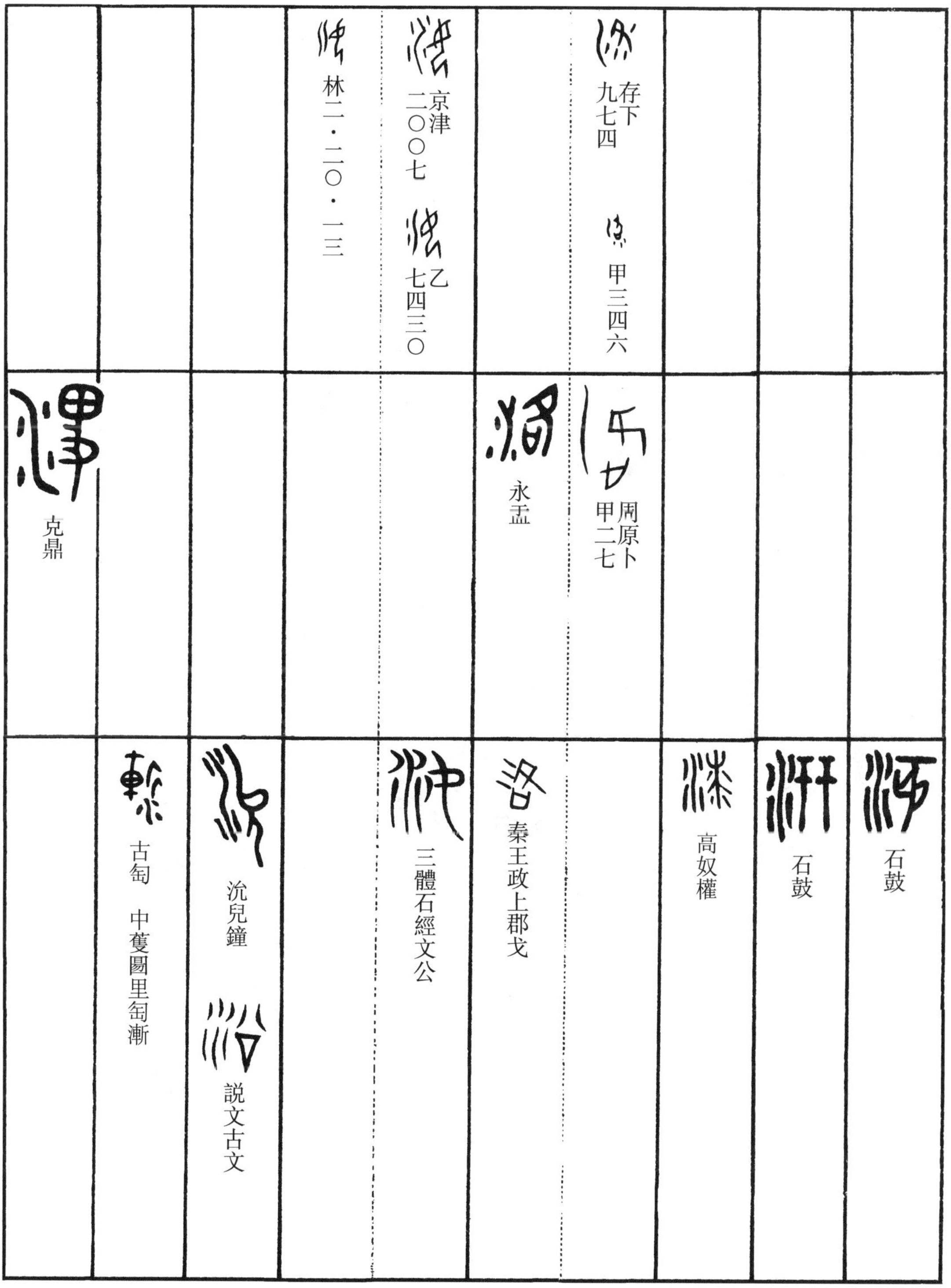

沔汧漆洛汝沈漸潩

沔
石鼓

汧
石鼓

漆
高奴權

洛
存下九七四　甲三四六
周原卜甲二七
永盂
秦王政上郡戈

汝
京津二〇〇七　乙七四三〇
林二·二〇·一三
三體石經文公

沈
沈兒鐘
說文古文

漸
古匋　中蒦圖里匋漸

潩
克鼎

湘	深	潭	淮	澧	淠	濮	濼	洹
			續三·三〇·六 前二·一六·三				前四·一三·七	前六·六〇·三 珠三九三
			駒父盨 叔卣 戜鼎		孟淠父鼎		虘鐘	
鄂君舟節	石鼓 中山王壺	作潭右戈	曾伯簠	鄂君舟節		三體石經僖公	簷叔仲子平鐘	

粹一〇六一
簠地四七
綴二·四七六
洹秦簋
楚帛書
齊侯壺

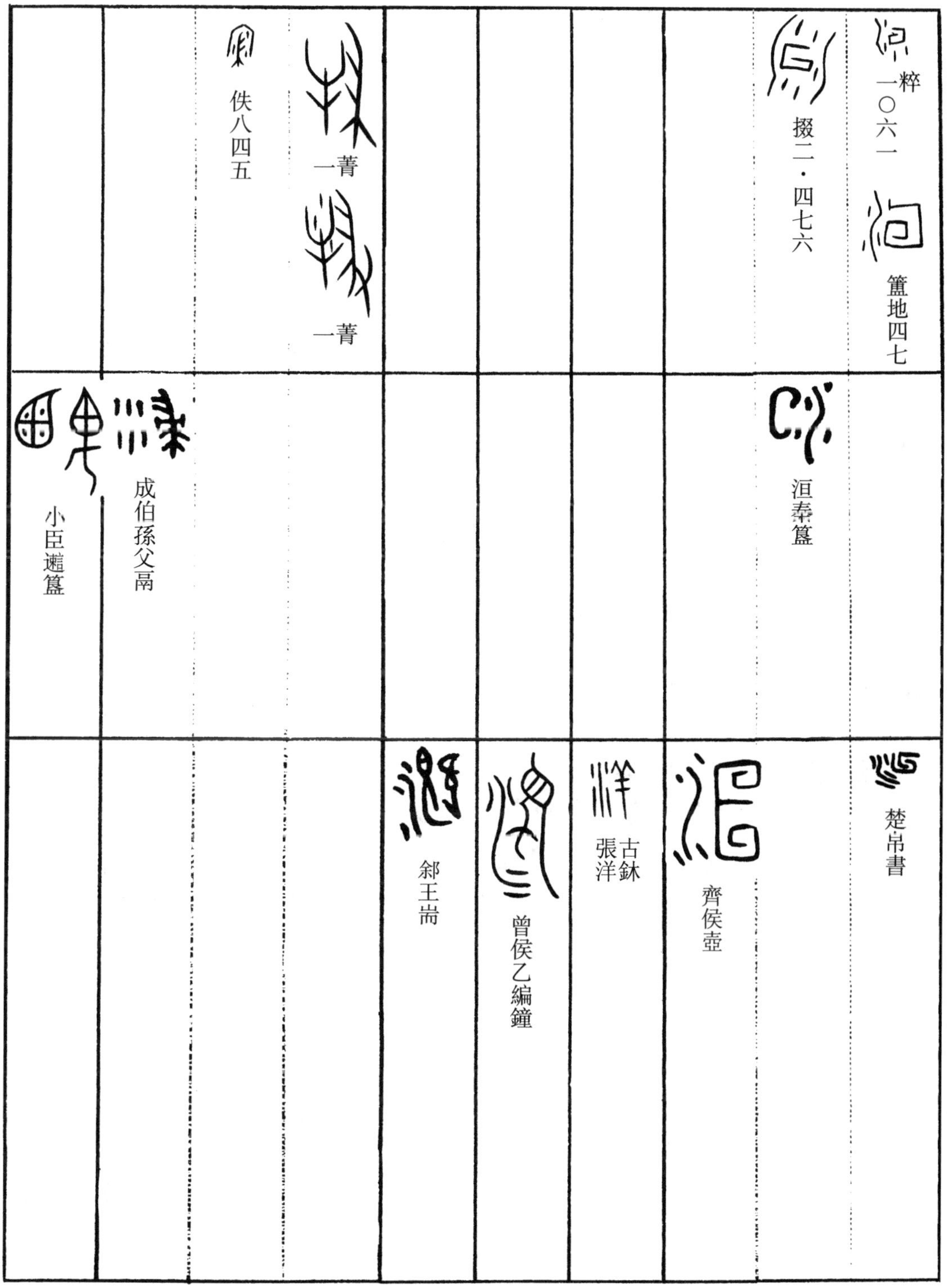

古鉩 張洋

曾侯乙編鐘

郤王耑

菁一
菁一
佚八四五

成伯孫父鬲
小臣遹簋

洋　濁　溉　濅　湡

濟沽汾湎海

缶鼎

石鼓

中山王壺

三體石經僖公

散盤

侯馬盟書

鄂君舟節

古鉥 史沽

古鉥 韓沽

古匋 沽

沙其鐘

陳公子甗

楚帛書

小臣遹簋

小臣遹簋

浲衍淖滔淲減滂汪

字	甲骨文	金文	戰國文字
浲	佚六七八		
衍	前四・一二・八 前八・一五・二	衍𣪕簋 姞衍簋	
淖		利簋 仲殷父簋 鄘伯馭簋	十年陳侯午錞 古匋 城圖蒦里淖豆 三體石經 僖公
滔			石鼓
淲		十三年瘋壺	喬君鉦
減		長由盉	
滂		仲考父壺	石鼓
汪		汪伯卣	古鉢 江戲

況沖浩潸波淪浮湋汋洓

況	沖	浩	潸	波	淪	浮	湋	汋	洓
佚九五六	明藏五二〇 後下三六・六		粹一四五六						
					伯駟父盤	公父宅匜	湋伯簋		寡子卣 叔字重見
	沖子鼎 古鉢 沖尚	古鉢 史浩		古匋 波 古鉢 宋波				中山王鼎	

淵		滑	澤	淫	淺	淖	涅	滋	涽
後上一五·二								後下四〇·一六	
	沈子簋								
說文古文	石鼓	古鉢 陰滑	三體石經君奭 古鉢 東昜 澤王卩錙	詛楚文 三體石經多士	越王劍 楚帛書	石鼓	涅金布		古鉢 侯涽

沙沁沚汜湀濘潢湖

休盤
無叀鼎
師𩛥簋
寰盤
訇簋
御沚簋

甲二四〇六
前六·二五·六
前四·一三·六
京津一五五六
後上一一·一
後下二四·一
甲六〇七
前二·五·七

散盤
沽字重見

鄂君舟節

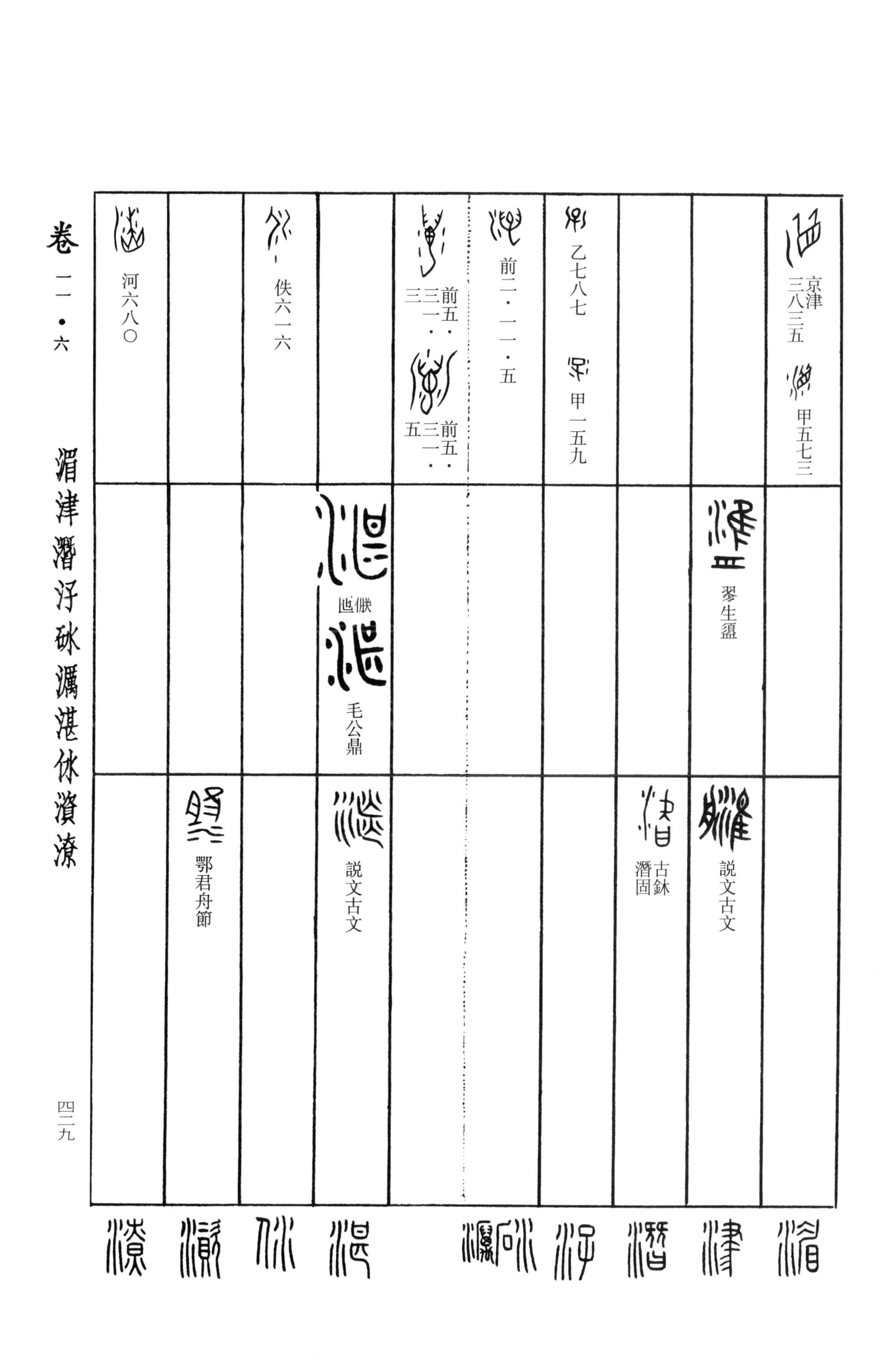

湄	津	潛	浮	砅	濿	湛	休	瀕	潦
京津三八三五　甲五七三			乙七八七　甲一五九	前二・一一・五	前五・三一・三　前五・三一・五		佚六一六		河六八〇
	翏生盨					㑞匜　毛公鼎			
	說文古文	古鉢潛固				說文古文		鄂君舟節	

濩涿瀧沈淊涵洽

濩	涿	瀧	沈	沈	沈	沈	淊	涵	洽
前一·三·五 佚九五二	戩二八·四 京津二八三九	簠地·四 前二·六·五	後下四·三 前一·二四·三	粹五八七 佚五二一	前六·二三·六 京津二〇八六	乙三〇三五		甲一四一四 京津四四六六	
			沈子簋 沈子簋				淊[illegible]口罍		
	說文奇字	楚帛書	詛楚文						古鉨茅洽

兼从又持两禾，从二禾乃形误。

字頭	甲骨文	金文	其他
濂		令鼎；寧鼎；司父鼎；九年衛鼎	古鉢 溓㮣
涸			古鉢 歁涸
潮			
潟			中山王壺；古鉢 孫潟
溼	前二·三·四；後上一三·六	史懋壺	石鼓
湫			詛楚文
瀞			國差𦉜；石鼓
洎	存下二八；乙二五九二		石鼓；三體石經 皋陶謨
湯		師湯父鼎；長湯匜	石鼓；信陽楚簡；古鉢 閔湯；古匋；三體石經 君奭

濂 涸 潮 潟 溼 湫 瀞 洎 湯

濜潘洒㴴洒淡沬浴

濜	潘	洒	㴴	洒	淡	沬	浴
				前二·一〇·三 後上一一·八	後下一二·五	寧滬二·五二	前一·五一·一
啟卣		毛公鼎					
	古鉢 陳潘		者沪鐘	說文古文		說文古文	楚帛書

淳濯泰湩湝涕減滅瀘濤

淳	濯	泰	湩	湝	涕	減	滅	瀘 新附	濤 新附
									前二一・二八・四
								鬲比盨	
古鉥 涫宋之鉥 古鉥 涫狐	右濯戈	說文古文	古鉥 湩都皇 古鉥 湩都左司馬	好盗壺	好盗壺	者減編鐘 者減編鐘	三體石經君奭	鄂君舟節	

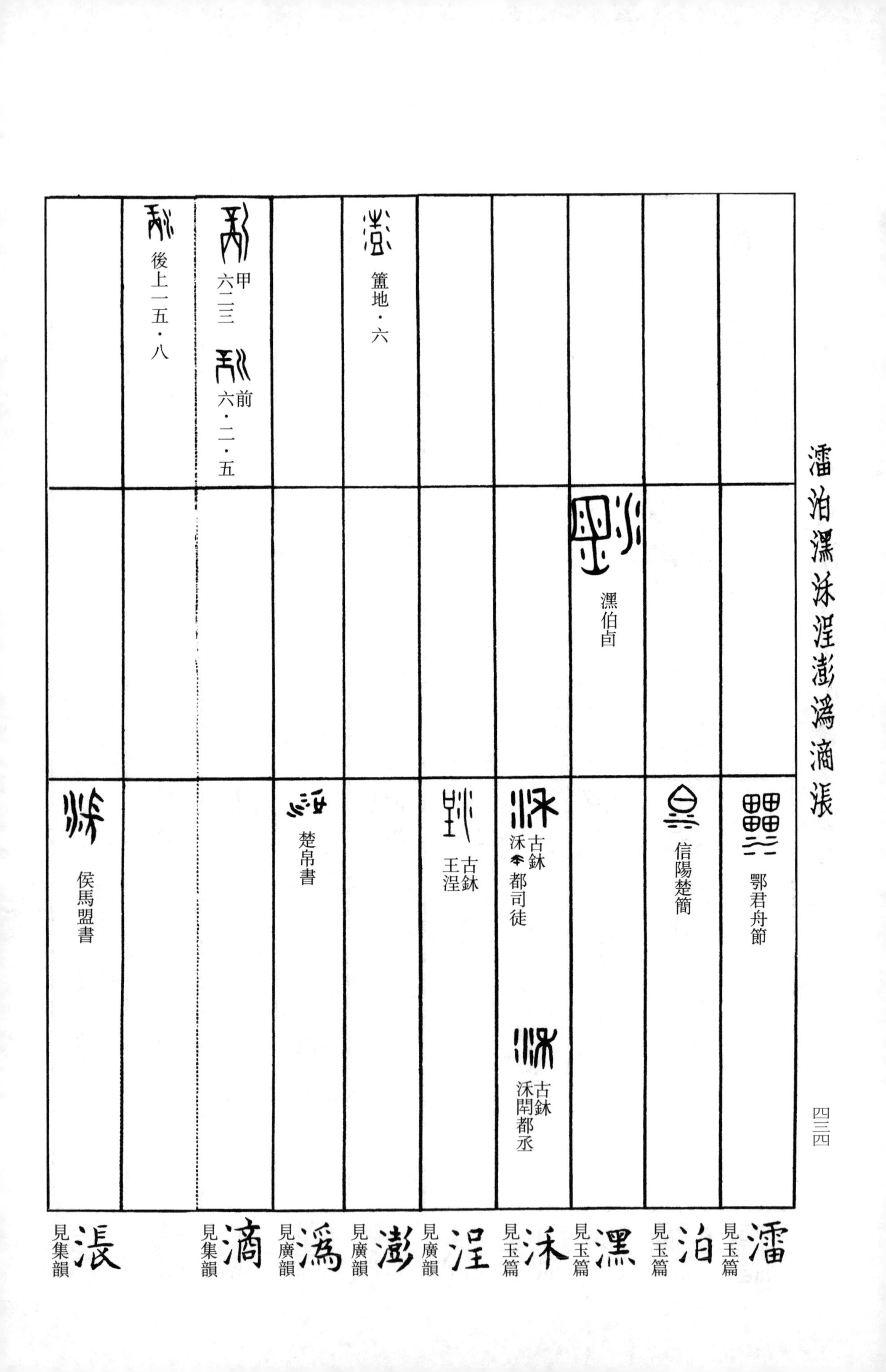

澑 見玉篇	泊 見玉篇	潶 見玉篇	沶 見玉篇	涅 見廣韻	澎 見廣韻	潙 見廣韻	滴 見集韻	漲 見集韻
					簠地·六		甲六二三 前六·二·五 後上一五·八	
		潶伯卣						
鄂君舟節	信陽楚簡		古鉥沶□都司徒 古鉥沶閈都丞	古鉥王涅		楚帛書		侯馬盟書

洀洵澫𣲯㴋流𣸸涉

乙七九
佚八三〇
京津四四〇九
庫二六七
車涉觚
鐵六二·一
粹一一七八
效卣
格伯簋
敔尊
散盤
石鼓
中山王墓宮堂圖
𡚸盗壺
石鼓
石鼓
古鉨洵城都丞
楚帛書

見集韻
見集韻
見康熙

瀕く畎粼川巠巟𡿧

瀕	く 畎	粼	川	川	巠	巠	巟	𡿧	𡿧
		後上一〇·八	甲一六四七	前四·一三·三 佚七二七				前四·一三·七 菁一一·六	後下三九·九 甲三八五二
井侯簋 㝬簋			矢簋 五祀衛鼎		盂鼎 毛公鼎	克鐘	巟伯簋		
	說文古文		楚帛書		說文古文		中山王壺		

邕

前六・六七・四

甲七二四

邕子甗

說文籀文

甾

鐵五三・一

京津一六五八

前二・二六・二

前四・五・六

佚一九七

前二・二四・五

侃

瘨鐘

兮仲鐘

侯馬盟書

士父鐘

庒陽矛

萬尊

旲生鐘

州

前四・一三・四

粹二六二

井侯簋

鬲比盨

信陽楚簡

楚帛書

古鉨成州

說文古文

泉

前四·一七·一

後下三·六

甲九〇三

楚帛書

三體石經僖公

厵原

散盤

克鼎

好蚉壺

永

甲二四一四

京津一四三

甲三三三三

永攸磬

吳方彝

牆盤

九年衛鼎

命簋

頌鼎

且甲罍

揚簋

中山王鼎

齊侯鑑

侯馬盟書

石鼓

𦅫鎛

三體石經君奭

字	甲骨文	金文	其他
（續前）	前四·一三·一	人保簋	
（續前）		盂簋、不䀀簋	杞伯鼎
羕		羕史尊	匹君壺、鄦子簠、陳逆簋
䘑			說文籀文
覛			說文籀文
谷	前四·一二·五、佚一一三	啟卣、格伯簋	信陽楚簡、古鉥史谷、三體石經堯典
容			中山王鼎
濬			說文古文
仌		卣文	古匋
冰			陳逆簋
冬	乙七一五六、前四·三二·七	瘐鐘、井人妄鐘	陳騂壺、三體石經僖公、說文古文

冶

前八·五·七

楚帛書

鄭韓故城銅戈

鄭韓故城銅矛

雨

鐵三二·三

前三·二〇·三

子雨己鼎

子雨卣

石鼓

楚帛書

前三·一六·二

乙九一〇四

燕一四三

說文古文

三體石經文公

靁

前四·一〇·一

後下一·一二

前七·二六·一

明藏三九五

父乙罍

雷甗

齊侯壺

說文古文

盠駒尊

說文籀文

說文古文

霣

說文古文

霝所从之㗊象大雨點，乃霝之本字。

卷一一·一二

電震⿱雨尋雹霝零霖⿱雨婁

電	震	⿱雨尋	雹	霝	霝	霝	零	霖	⿱雨婁
		乙一四四一 京津三一一五		戩一五·七 前四·二四·二	乙九七二 鼎文		河六七七	前四·九·八	續四·二〇·一二
畓生簋					沈子簋 牆盤	此鼎			
楚帛書 說文古文	楚帛書 三體石經文公 說文籀文		說文古文		邾公釛鐘	石鼓 楚帛書 古匋霝得	古鉥零雩		

霜霰霾雩⿱羽亏需霥

霜 三體石經僖公

霰 說文籀文

霾 甲二八四〇 前七·一一·三

雩 後下八·一六 乙九七一 盂鼎 毛公鼎 中山王鼎 古鉢零雩 古匋雩

⿱羽亏 前五·三九·六 牆盤 曾侯乙編鐘

需 京津二〇六九 後下一九·一四 乙七七五一 孟簋 白公父簠 父辛鼎

霥 石鼓 曾伯簠

見正字通

雲霒魚鰖鯀鰥鯉鱣

雲	霒	魚			鰖	鯀	鰥	鯉	鱣
乙一〇八 存下九五六		佚八一二 佚二六六	鳳魚鼎	乙二八二 前四·五五·七					
		犀伯鼎	穌冶妊鼎 畓生簋			鯀還鼎 牆盤	父辛卣 毛公鼎		
說文古文 說文古文	說文古文 說文古文	侯馬盟書 魚鼎匕 石鼓	古匋 豆黑魚生		說文籀文			石鼓	說文籀文

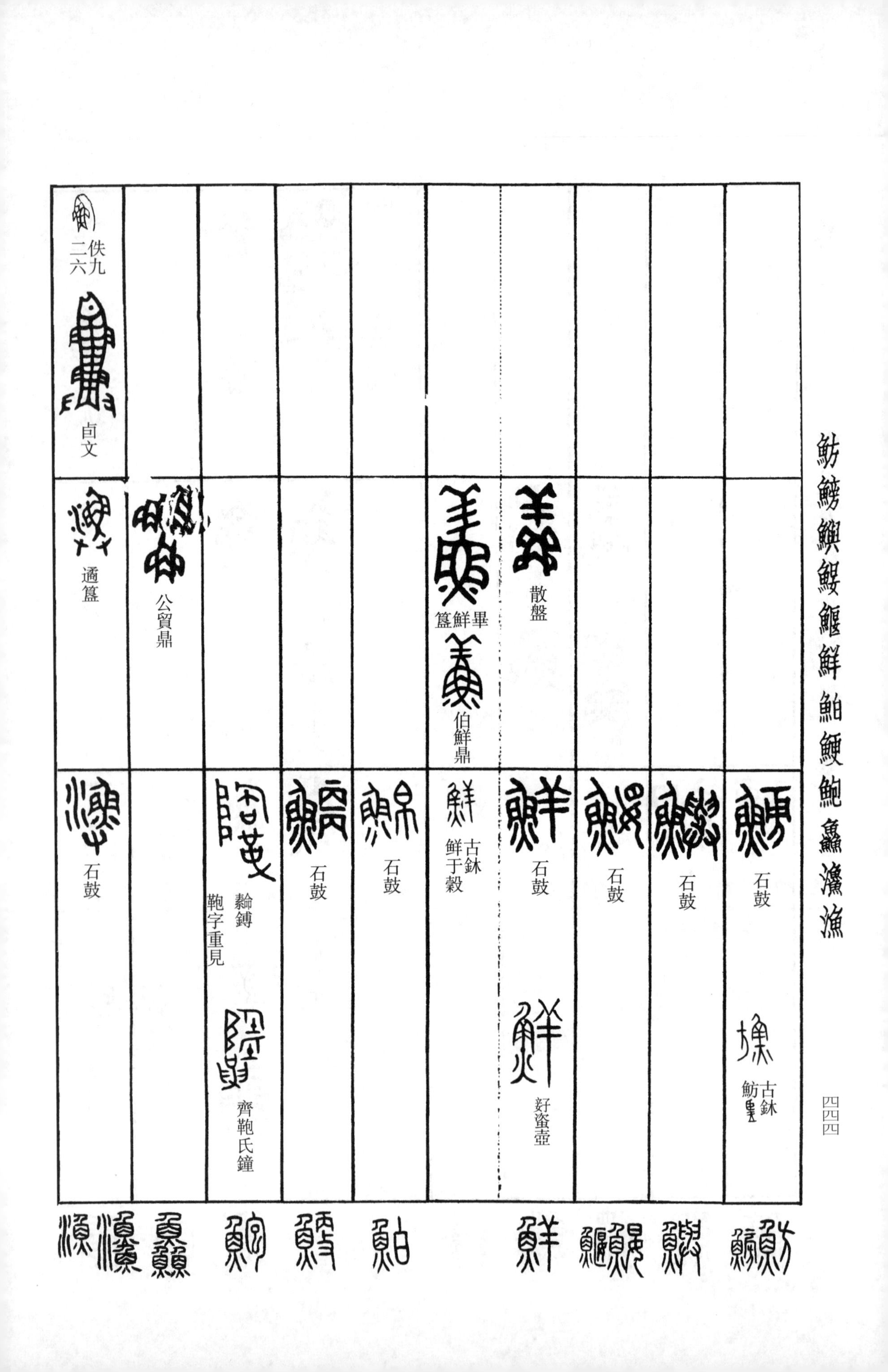

魴鰟鱮鰻鱷鮮鮊鯾鮑鱻瀗漁

魴	鰟	鱮	鰻	鮮		鮊	鯾	鮑	鱻	瀗	漁
											佚九二六 卣文
				散盤	畢鮮簋 伯鮮鼎					公貿鼎	遹簋
石鼓 古鉢 魴㙐	石鼓	石鼓	石鼓 好盗壺	古鉢 鮮于穀		石鼓	石鼓	鮽鎛 鞄字重見 齊鞄氏鐘			石鼓

[illegible]　見經典釋文

- 前七·二三·三
- 甲一〇八五
- 井鼎
- 漁白簋
- 楚帛書
- 前六·五〇·七
- 前六·五〇·三
- 父丁觶
- 兮甲盤
- [illegible]鎛
- 侯馬盟書
- 中山王鼎
- 沇兒鐘

[illegible]　見字彙補

- 楚帛書

龍

- 甲一六三三
- 後下六·一四
- 前四·五三·四
- 京津一二九三
- 龍母尊
- 昶仲無龍鬲
- 楚帛書
- 古鉩史龍
- 古鉩龍𠂤

龕　依段校改

- 牆盤
- 眉壽鐘

[illegible]

- 佚三八六

[illegible]

- 盂鼎　異字重見

非飛

拾一一一·八

班簋

毛公鼎

傳卣

孑伯簋

秦公鐘

中山王壺

隨縣戰國墓漆二十八宿匫

侯馬盟書

中山王鼎

楚帛書

三體石經多士

漢語古文字字形表卷十二

孔

孔鼎　虢季子白盤　伯公父簠

沇兒鐘　石鼓　王孫誥鐘　王孫鐘

乳

乙八八九六

不

戩一五·二　佚五四　甲一五六五

大豐簋　牆盤　虢季子白盤

侯馬盟書　石鼓　中山王壺　三體石經無逸　鄂君舟節　中山王鼎　簷侯簋　楚帛書

至到臺臸西

至

- 甲二三六三
- 者沪鐘
- 王子午鼎
- 拾一四·一六
- 師遽簋
- 毛公鼎
- 中山王鼎
- 乙七七九五
- 粹一〇〇四
- 盂鼎
- 㝬鐘
- 晉公𥂴
- 信陽楚簡
- 中山王墓宮堂圖
- 鄃鎛
- 說文古文
- 中山王鼎
- 三體石經僖公

到

- 𣎵伯簋
- 伯到尊

臺

- 廿九年漆奩刻銘

臸

- 師湯父鼎

西

- 前五·一三·二
- 菁一·一

前四·六·一 戩二六·四			前四·三六·五	乙三一八八				後下三六·三 甲五八九	
禹鼎	散盤		戍甬鼎 五祀衛鼎		免盤				
秦公簋刻款	國差罎 石鼓 三體石經僖公	侯馬盟書 說文古文 楚帛書	說文籀文		古鉨鍇聞□鹵	三體石經文公	古鉨鹽□		說文古文
					鹵	鹹	鹽	戶	

佚三四〇背

彔伯簋

號叔鐘

旁鼎

犀尊

耳尊

訴肇鼎

甲八四〇

頌鼎

昌鼎

前四·一五·六

前四·一六·一

門簋

師酉簋

古匋 華門陳□□左里□□□

後下三六·三

中山王墓宮堂圖

龢鎛

尼 犀 門

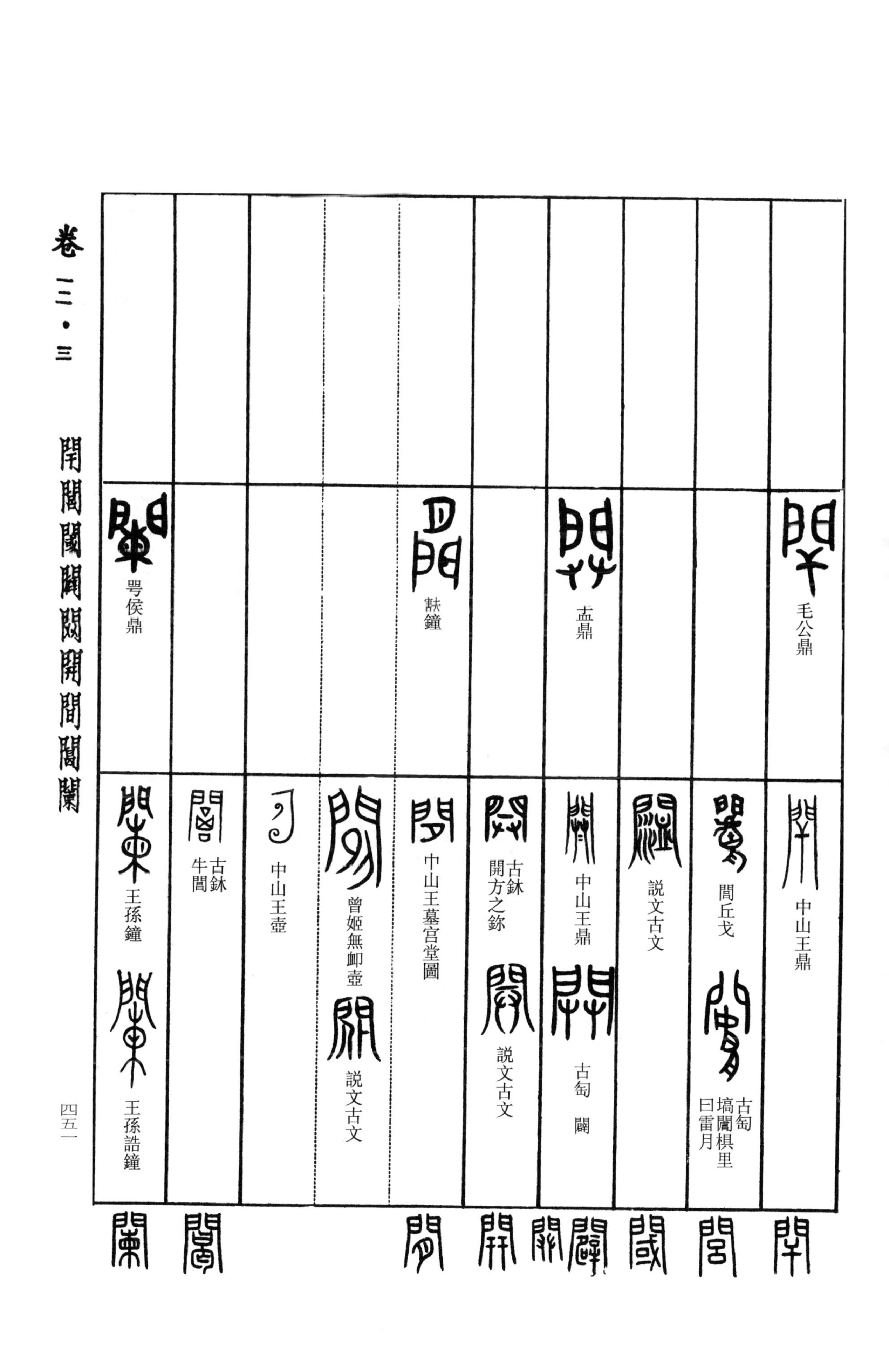

閈閭閾闢閃開間閶闌

毛公鼎

中山王鼎

閭丘戈

古匋 塙閭棋里 曰雷月

説文古文

盂鼎

中山王鼎

古匋 闢

古鉨 開方之鉩

説文古文

𤔲鐘

中山王墓宮堂圖

曾姬無卹壺

説文古文

中山王壺

古鉨 牛閶

𦅫侯鼎

王孫鐘

王孫誥鐘

戍嗣子鼎

利簋

宰椃角

闌卣

同簋

古鉨 □閑

閑

豆閉簋

子禾子釜

閉

陳猷釜

左關鉌

關中布

關

鄂君舟節

說文古文

閔

甲二〇〇二

闋 見玉篇

婦闋卣

鐵一三八·二

後上三〇·五

耳卣

耳

耴耿聯聖聽

後下一五·一〇

亞耳尊

耳卣

三體石經僖公

毛公鼎

禹鼎

古鉨耿得

侯馬盟書

古鉨旃聯

存一三七六

乙五一六一

林二·二五·一四

禹鼎

中山王壺

井人鐘

師望鼎

𨰲鎛

古鉨牛聖

曾姬無卹壺

江陵楚簡

匽伯匜

前六·五四·六

前六·五四·七

耴　耿　聯　聖　聽

職聲聞

後下三〇・一八

大保簋

辛巳簋

中山王鼎

三體石經多方

齊侯壺

侯馬盟書

曾姬無卹壺

郾王職劍

郾王職戟

後上七・一〇

粹一二二五

乙三三一五〇

餘九・一

利簋

盂鼎

前七・三一・二

毛公鼎

王孫誥鐘

中山王鼎

信陽楚簡

説文古文

三體石經君奭

職　聲　聞

聘
商鞅方升

三體石經僖公

聾
侁二三四

聾鼎

䮦
小盂鼎

虢季子白盤

聑
續三·一三·三

䏊
見廣韻

古鉢
長䏊

臣頤
鑄子簠

曩伯匜

說文籒文

𦣞
齊侯敦

郐王子鐘

夆叔匜

手掌𢷎拜

作鐘

昌壺

誎簋

不䫜簋

幾父壺

井侯簋

吳方彝

三年瘨壺

昌壺

師酉簋

師旋鼎

王孫誥鐘

說文古文

說文古文

古鉨 掌事

三體石經皋陶謨

說文古文

扶持摯摶

扶 持 摯 摶

京津四一四一

前六·二九·五

師𠭯鼎

𢦏鼎

㝨簋

友簋

叔卣

古鉨 駟扶

說文古文

邾公牼鐘 寺字重見

郘𪒠鐘

曾侯乙鐘

曾侯乙簠

不𡢁簋

𢦏簋

虢季子白盤

諫簋

石鼓

握掄擇承撫擾揚

	握	掄	擇	承	撫	擾 〔柔〕	揚
甲骨文				後下三〇·一二			前四·三·四
金文				小臣逋簋 卣丞追 丞字重見		克鼎 番生簋	貉子卣 昜字重見
戰國文字	說文古文	古鉩 李掄	沇兒鐘 王孫誥鐘 侯馬盟書 中山王壺	好盜壺	說文古文		

令鼎

矢令彝

趞鼎

守宫鳥尊

君夫簋

揚鼎

作册大鼎

毛公鼎

即簋

孟簋

牆盤

十三年瘐壺

師兑簋

保侃母壺

師酉簋

陳侯因資錞

撲	撻	播		失	舉			
兮甲盤 / 㝬鐘	牆盤 達字重見	師旋簋 / 散盤	臣辰卣	揚簋 / 諫簋			𨟭尊	耳尊
	說文古文	說文古文		詛楚文	中山王壺	邾公釛鐘 / 說文古文		

揕

三體石經僖公

𧢼鼎

拍 見玉篇

拍敦盞

捓 見集韻

古鉥史捓

女

粹一二〇

鐵一六四·一

子卣

矢尊

後上六·七

者女觚

盂鼎

昌鼎

齊侯匜

侯馬盟書

齊侯盤

三體石經無逸

者沪鐘

南彊鉦

中山王鼎

鄂君舟節

䰻生盨

姓

兮甲盤

生字重見

	姜 甲骨文	姜 金文	姜 戰國/秦	姬 甲骨文	姬 金文	姬 戰國/秦
1	前六·二八·三	興鼎	詛楚文	粹三八六	師酉簋	魯伯大父簋
2	佚四四五	散車父壺	𦅫鎛	京津五一七七	不[其妥]簋	曾姬無卹壺
3	甲一八二	己侯簋	𠭯子簠	前一·三五·六	白百父鎣	陈侯作嘉姬簋
4	乙五四〇五	才盤	齊侯壺		鄭伯筍父鬲	伯姬簋
5		伯狺父鬲	楚帛書		作姬簋	吳王光鑑
6					仲伯盨	
7					司寇良父壺	

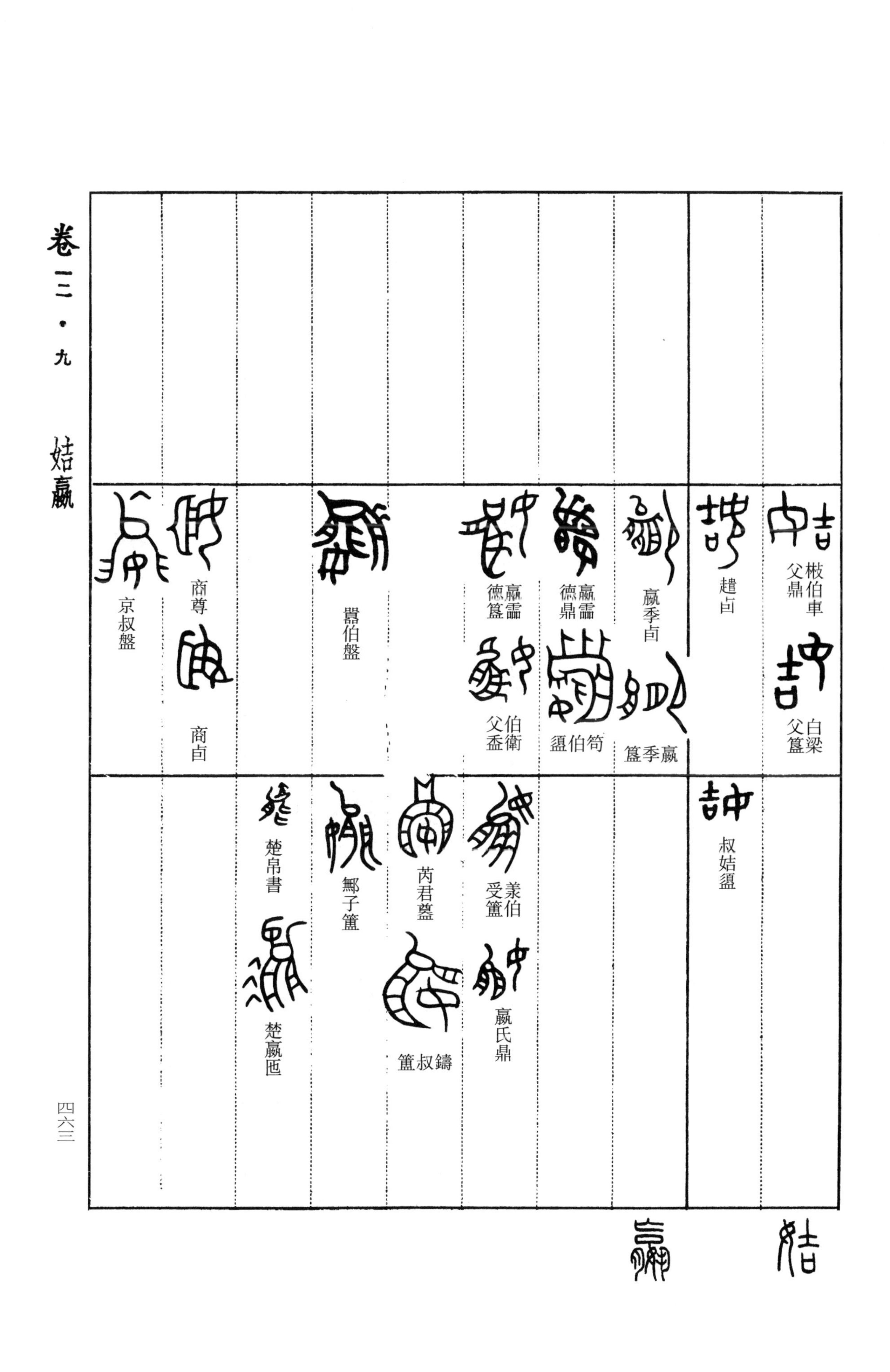

姑

栿伯車父鼎

白梁父簋

趞卣

叔姑盨

嬴

嬴季卣

嬴季簋

嬴霝德鼎

筍伯盨

嬴霝德簋

伯衛父盉

羕伯受簠

嬴氏鼎

芮君盨

鑄叔簠

䣄伯盤

無子簠

楚帛書

楚嬴匜

商尊

商卣

京叔盤

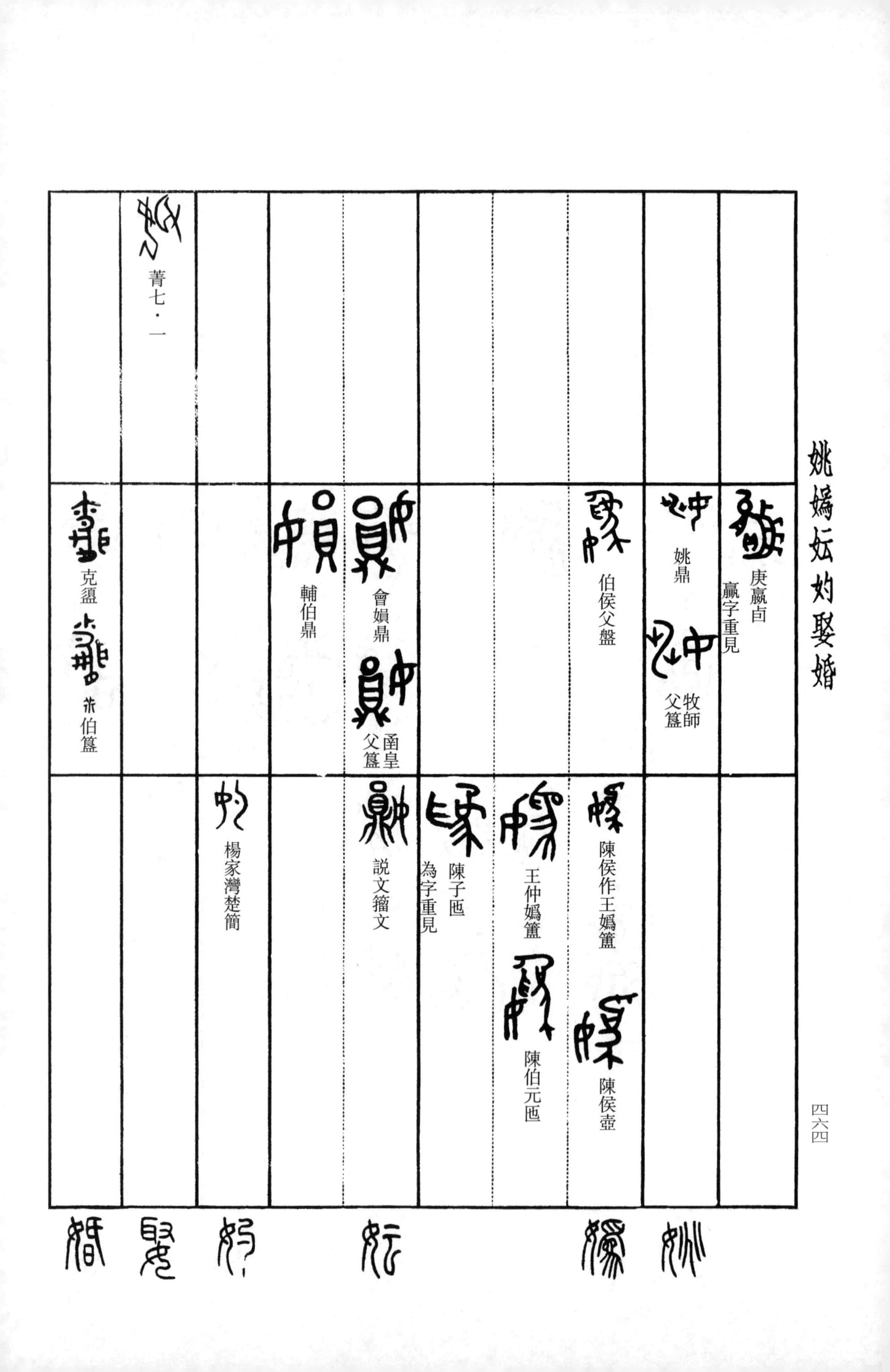

姚嬀妘妁娶婚

庚嬴卣

嬴字重見

姚鼎

牧師父簋

姚

伯侯父盤

陳侯作王嬀簠

陳侯壺

嬀

王仲嬀簠

陳伯元匜

陳子匜

為字重見

會娟鼎

函皇父簋

說文籀文

妘

輔伯鼎

楊家灣楚簡

妁

菁七・一

娶

克盨

乖伯簋

婚

殳季良父壺
㡿叔多父盤

侯馬盟書
詛楚文
說文籀文

詛楚文
說文籀文

農卣

說文古文

婦好方罍
帚字重見
婦好鼎
婦好斗
甲六六八
婦好方彝
婦好鉞
婦闢卣
京津二〇二七
乙八七二三

比作伯婦簋
令簋
縣妃簋
義伯簋

晉公盦
邛君壺
詛楚文

妃妊嫋嬰母姁

婦鳥形觚

前四·二四·一

乙四五三

乙五二六九

乙一三二九

嫋鉦

續六·一〇四

司母辛鼎

前八·四·七

乙二八三

觶戊母

卣己母子小

仲𠭯父盤

吹鼎

王作豐妊盉

若𣪊作文嫛鼎

諫簋

頌鼎

北子鼎

𡨦𡳿父鼎

簷侯簋

陳侯午錞

薛侯匜

𩊚鎛

石鼓

鄂君舟節

中山王鼎

楚帛書

古匋

婦闟甗

嬴季卣

叔向簋

虢叔鐘

召仲作生㚷鬲

甲三三五五 匕字重見

京都一八五二

中姊媍姬 季宫父簠

盂鼎 叔趞父卣

京都一八八四 前二·四〇·七

姑馮句鑃 楚帛書

詛楚文 王孫誥鐘

王孫鐘

郳公華鐘

陳侯午錞 説文籀文

簷侯簋

黝鎛

羕伯受簠 𨷨桐盂

姪媾姼[女氏][女矦]婢奴

奴	婢	[女矦]	姼 [女氏]	媾	姪
	寧滬一·二三一	後下三三·九 乙一二八三	乙八八九六 乙八八七七	戊辰彝	前四·二五·五 甲二〇九 前四·二六·五 前四·二六·六
臥奴甗		[女矦]仲簋		屓多父盤 冓字重見 殳季良父壺	叔德簋 匜人甫穌 嬇妊壺
高奴權 說文古文					王子姪鼎 齊縈姬盤 齊嬇姬簋

甲二六八五
京都一〇二九A
乙八八九六
京津一一六一
鐵二六四·一

叔妣簋
沙其簋
縣妃簋
班簋
衛姒鬲
叔簋
頌鼎

說文籀文
陳伯元匜
筍伯盨

媚好嫿姘委

	媚	媚	媚	媚	好	好	好	嫿	姘	委
	者姛尊	菁三·一	子媚爵	後下三一·七	婦好瓿	前七·三〇·四 乙二二五八六反	甲三〇一 粹一二二九		菁二·一 乙一〇五	乙四七七〇 京津二七五一
	姛簋 鬳姛鼎					虘鐘	朩伯簋			
						齊鞄氏鐘	石鼓 杕氏壺	說文籒文		

姘	媅	如	婡	嬪	嬰	妝	孌
鐵七五・一 續四・二六・四		前五・三〇・三 鐵一三・一	京津二〇一四 拾九・三	前七・二七・四 鐵二六・一・一 乙九〇七二		鄴初下・三八・六	
	周棘生簋						中伯壺 䜌字重見
		石鼓 秦匋文 三體石經僖公			嬰次盧 戰國秦咸陽陶文	無子妝簠 古鉥　妝	

妄嫖婎 婁婁孃媿愧

中伯作孌姬𤔲

毛公鼎

旂嫖簋

叔多父盤 厚

乙四二四

明二一四二

佚七〇七

㝬叔鼎

君盉

古鉨 公孫孃

說文古文

隨縣戰國墓漆二十八宿匫

三體石經僖公

古鉨 李婎

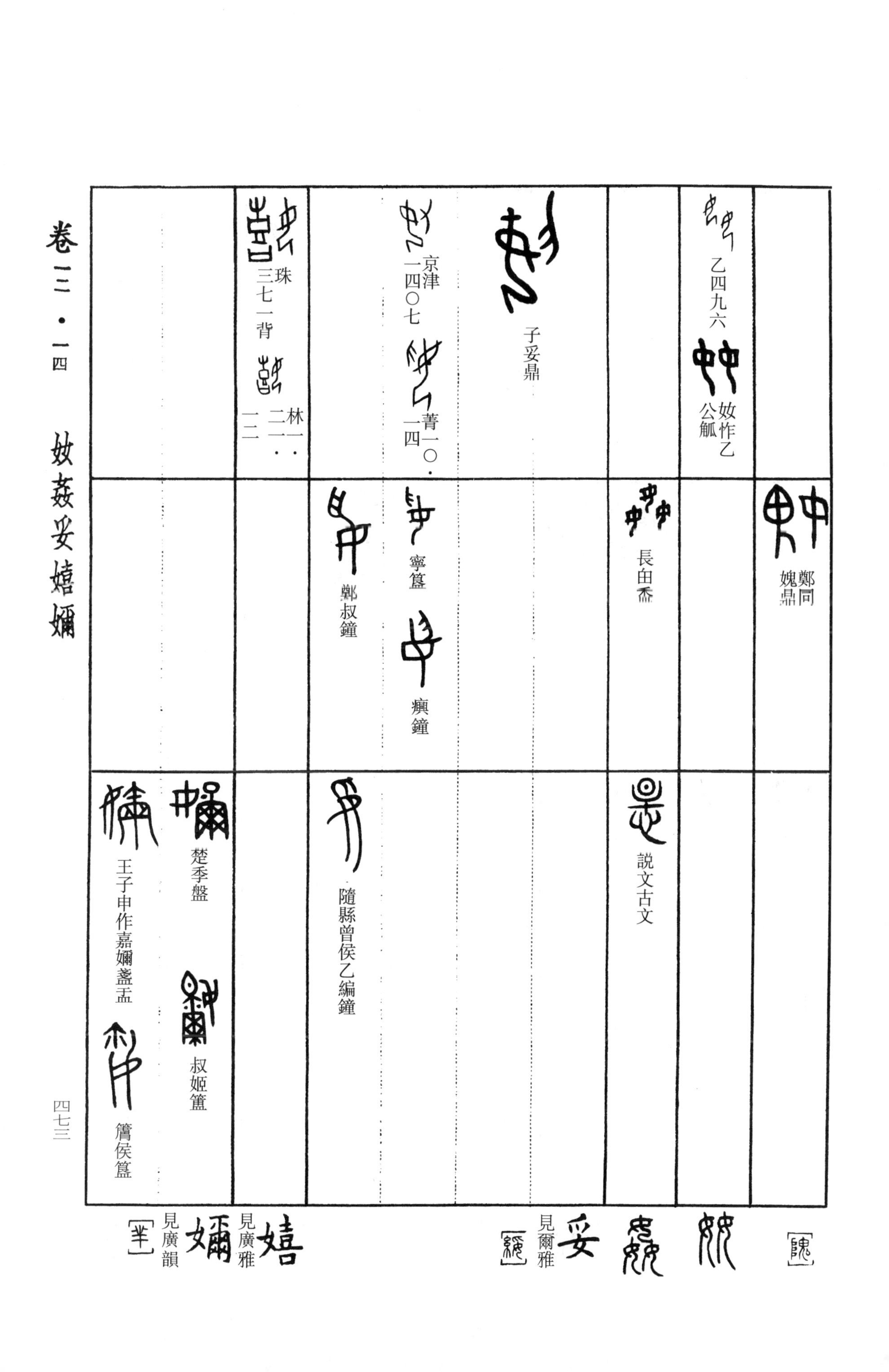

鄭同媿鼎

[隗]

乙四九六

妓作乙公觚

妓

長由盉

說文古文

姦

子妥鼎

京津一四〇七

菁一〇·一四

寧簋

瘐鐘

鄭叔鐘

隨縣曾侯乙編鐘

妥 見爾雅 [綏]

珠三七一背

林一·二一·一二

嬉 見廣雅

楚季盤

叔姬簠

王子申作嘉嬭盞盂

簷侯簋

嬭 見廣雅 見廣韻 [芈]

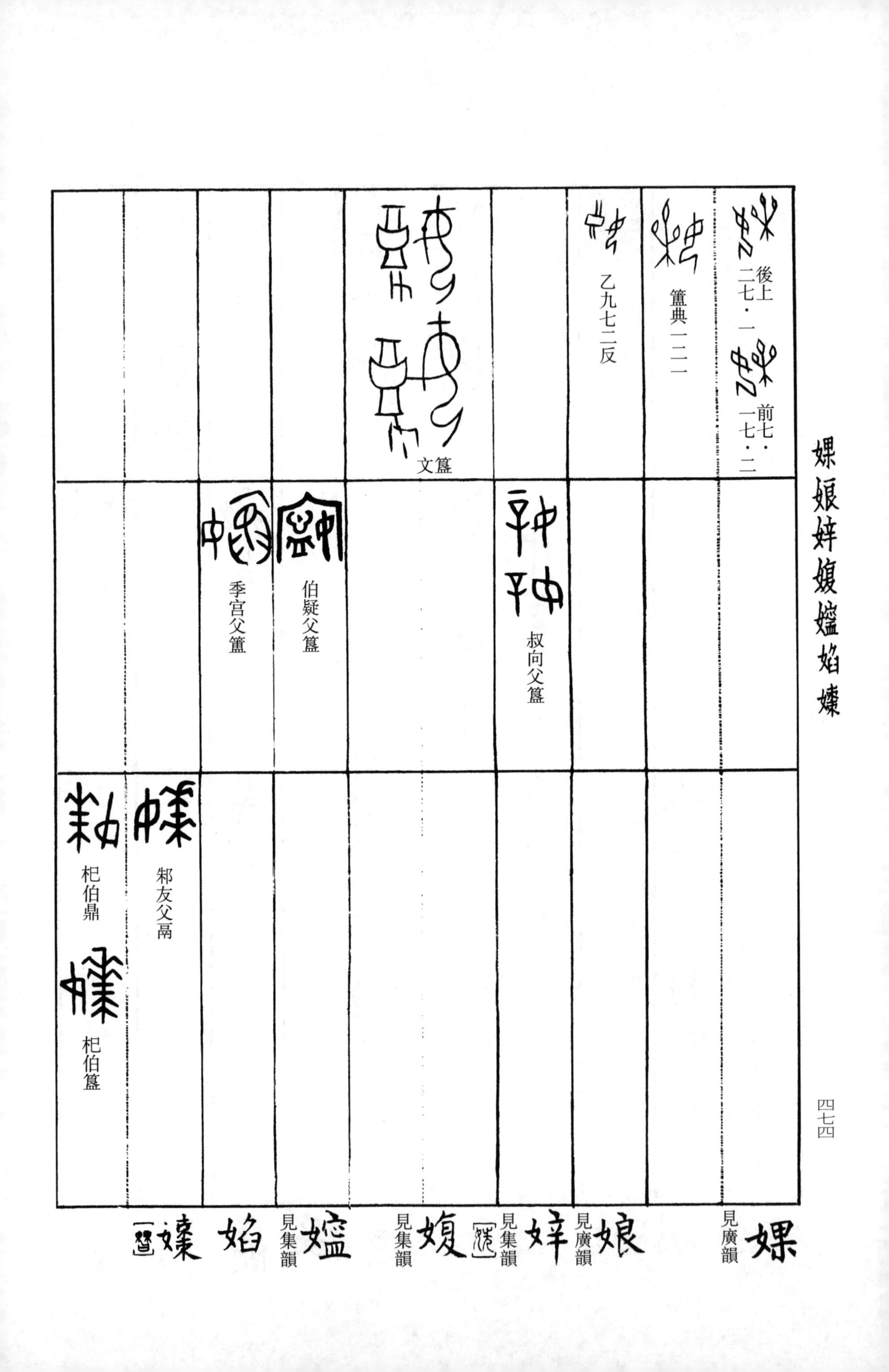

婐 見廣韻

後上二七·一

前七·一七·二

娘 見廣韻

簠典一二一

乙九七二反

婥 見集韻

叔向父簋

嫂 見集韻

文簋

媪 見集韻

伯疑父簋

季宮父簠

始

嫌

鄦友父鬲

杞伯鼎

杞伯簋

嫛

鄀嫛盤

嫿〔祀〕

杜伯鬲

毋

前一・九・七

師旂簋 母字重見

毛公鼎

中山王鼎

新郪虎符

詛楚文

中央勇矛

民

盂鼎

牆盤

㝬簋

⿰素命鎛

中山王壺

魚鼎匕

楚帛書

王孫鐘

𡥈蚉壺

乂

前一・四四・七

說文古文

三體石經無逸

刈

三體石經君奭

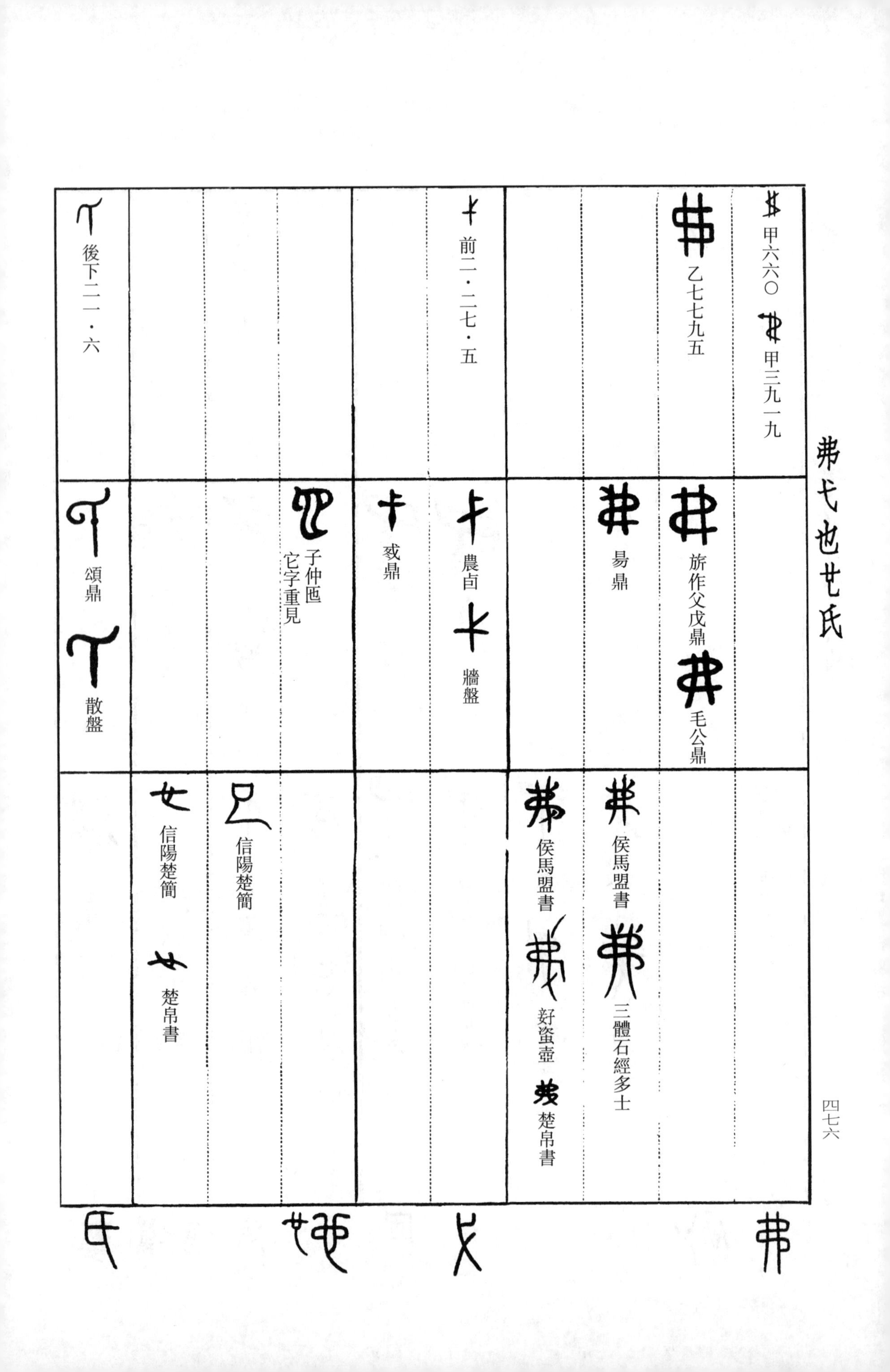

弗

甲六六〇　甲三九一九　乙七七九五

旂作父戊鼎　毛公鼎　昜鼎

侯馬盟書　三體石經多士　侯馬盟書　好蚉壺　楚帛書

弋

前二·二七·五

農卣　牆盤　戜鼎

也

子仲匜　它字重見

信陽楚簡　信陽楚簡　楚帛書

氏

後下二一·六

頌鼎　散盤

氒

甲二九〇八
菁三·一
京津二五一二

令鼎
彔卣
盂鼎
牆盤
駒父盨
蔡姞簋

王子午鼎
中山王鼎
杕氏壺
侯馬盟書
鑄叔簠
王孫誥鐘
中山王鼎
邾公釛鐘
攻吳王鑑

氏

虢金氏孫盤
石鼓

戈

北戰盤
戈卣

戠

珠四五八

甲二四七

鐵二八·三

前六·三八·三

存一〇七五

乙六五二四

甲三五一八

宅簋

不嬰簋

䵼簋

師旋簋

牆盤

長由盉

師𩛥鼎

瘐鐘

甚鼎

周王孫戈

宋公欒戈

楚帛書

平陽戈

成陽戈

齊陳曼簠

鑄子鼎

禾簋

戲

戠此从宋人釋，除戈戠連文外，別無他証。

前八·一一·三

衛鼎

滕虎簋 庫字重見

盂鼎

不嬰簋

戜簋

⿱刑田篙鐘

戰国秦匋文

師奎父鼎

休盤

無叀鼎

商鞅戟

滕侯吴戟

呂不韋戟

散盤

楚帛書

後下一三·五

戍嗣子鼎

令簋

彔卣

三體石經僖公

戠

戟

賊

戍

戰	戲	或域國
		前二·六·五；鐵二七·三；後下三八·六
	戲卣；戲甗；豆閉簋；鬲伯戲；師虎簋	保卣；何尊；矢簋；昌鼎；盂鼎；毛公鼎
好盗壺；酓忎鼎；三體石經文公	古鉨史戲	石鼓；𦅫鎛；侯馬盟書；楚帛書

粹一二二九

師寰簋

詛楚文

中山王鼎

楚帛書

鐵二六二·三

粹三九

叔趯父卣

牆盤

魚鼎匕

粹一一二〇

塱鼎

𢦏叔鼎

後上三二·一

甲六二二

中山王鼎

甲八六八

前五·三七·四

邲卣二

肄簋

字	甲骨文	金文	戰國文字
戠	甲三九四〇	牆盤	王孫鐘
	前一·一七·三	㝬鐘	三體石經君奭
		芇伯簋	周王孫戈
			中山王壺
			信陽楚簡
		利簋	
		盂鼎	
	前四·四·四	免簋二	
	京津四三〇二	趩簋	
		豆閉簋	
		格伯簋	
戔			信陽楚簡
戉	戉父癸甗	虢季子白盤	者沪鐘
	後上三二·六		
	乙四六九二		
戚		戚姬簋	

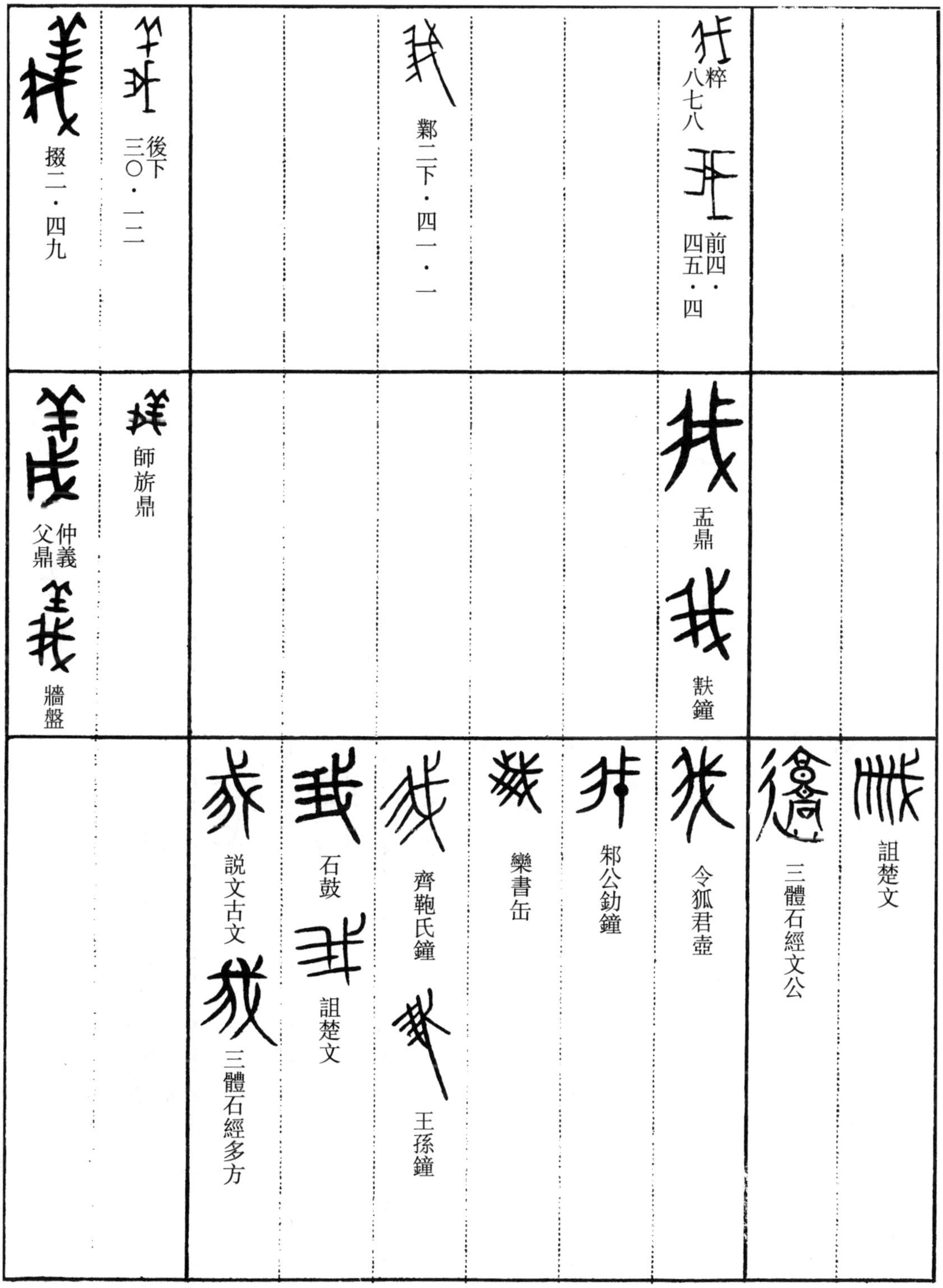

我

粹八七八

前四・四五・四

鄴二下・四一・一

盂鼎

⿰害夫鐘

詛楚文

三體石經文公

令狐君壺

邾公釛鐘

欒書缶

齊鞄氏鐘

王孫鐘

石鼓

詛楚文

說文古文

三體石經多方

義 羛

後下三〇・一二

掇二・四九

師旂鼎

仲義父鼎

牆盤

字	甲骨文	金文	戰國文字・說文
（義）		仲義父鐳　鄭義伯𦉜	秦公鐘　蔡侯盤　王孫鐘
琴			說文古文
瑟			說文古文
直	乙四六七八　佚五七	恒簋	侯馬盟書　說文古文
亾	前二・一五・五　甲二六九九	大豐簋　師望鼎　毛公鼎　㝬鐘　大保簋　杞伯簋	侯馬盟書　中山王鼎　楚帛書　三體石經君奭
乍	鐵二二〇・三	大豐簋　伯𠭯簋	邾公華鐘

辛凷簋

京津一一七五

乙五七〇

後下一八・一〇

粹一一一二

前七・三五・二

伯矩簋

頌簋

遽伯簋

衵伯匜

量侯簋

休盤

無叀鼎

盂鼎

殷穀盤

曾侯乙鐘

曾侯乙簠

中山王鼎

欒書缶

畬肯鼎

三體石經僖公

秦公鐘

甲骨文	金文	戰國文字
		侯馬盟書 楚帛書
		說文奇字
前五·二七·一 粹一二六○	師奎父鼎 善夫克鼎	蔡姞簋
	殳季良父壺	
甲一○五四 甲五八四		侯馬盟書 古鉢區夫相鉢
乙六四○四		子禾子釜
咢文	盂鼎	
	匽侯旨鼎 寓鼎	
	堇鼎 匽侯盂	
	匽公匜 克鼎	沇兒鐘 杕氏壺

鄴初下四〇·一一

甲二六六七

存一七七〇

福一四

匽伯匜

㪤簋

衛簋

兮甲盤

無㠱簋

單伯鐘

乃孫作且己鼎

匚宄鼎

子璋鐘

中山王鼎

說文籒文

古鉥 婢脢匠舀信鉥

匹

匚

匠

匡筐匜匪匫匬柩

匡 筐	匜	匪	匫	匬	柩
				京津一五三二 菁九·八	
尹氏匡 昌鼎 禹鼎 𨙵遟簠 默叔匡	子仲匜 它字重見 叔上匜 史頌匜				
陳公子中慶簠	畬哀白匜 陳子匜 蔡侯匜	中山王壺	隨縣戰國墓漆二十八宿匫 隨縣戰國墓漆二十八宿匫		說文籀文

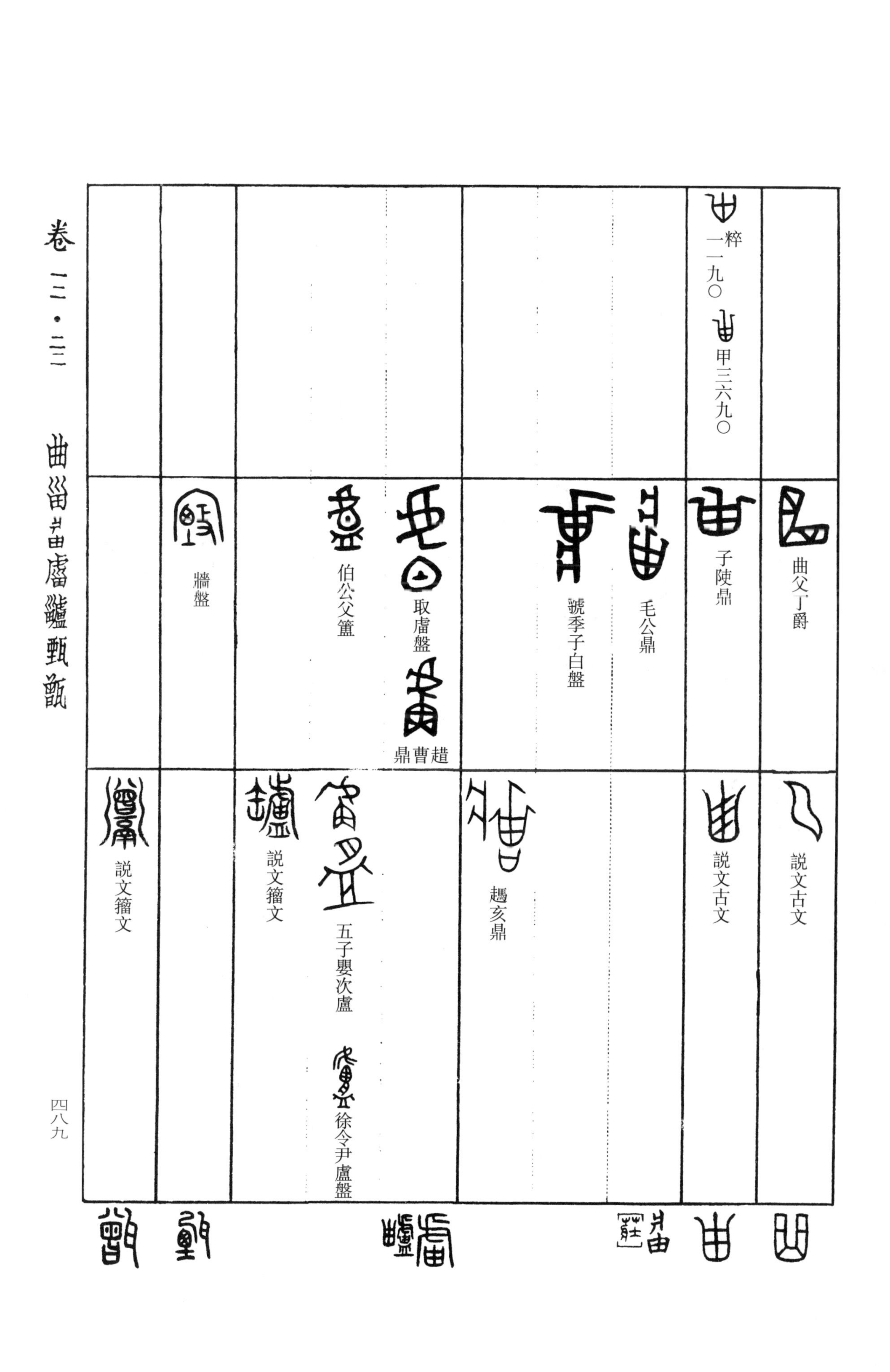

曲

曲父丁爵

説文古文

甴

粹一一九〇

甲三六九〇

子陵鼎

説文古文

甾（莊）

毛公鼎

虢季子白盤

趞亥鼎

盧

取盧盤

趞曹鼎

伯公父簠

五子嬰次盧

徐令尹盧盤

説文籀文

甄

牆盤

甑

説文籀文

甗瓷弓弭猊招張

後下三八·五

見甗

子邦父甗

獻字重見

古匋

古匋　右里敀鍌

卣庚父弓

前五·七·二

後下三三·一七

菁一·一九一

静卣

趞曹鼎

石鼓

彔戜簋

不其簋

弭叔盨

師宋簋

師湯父鼎

新弨戈

詛楚文

古鉢　公孫張

古鉢　喬張

彊弘彃弩彈弢發彇弜

彊
頌簋

弘
前五・一五・二
鐵一五九・二
頌鼎
毛公鼎
秦公簋

彃
長由盉
蔡姞簋
黺鎛

弩
農卣
古鉥 左發弩

彈
前五・八・四
鐵一六二・二

弢
甲二六九五

發
工敔大子劍
中山王鼎

彇
古鉥 彇
見玉篇

弜
甲一二〇六
甲六四四

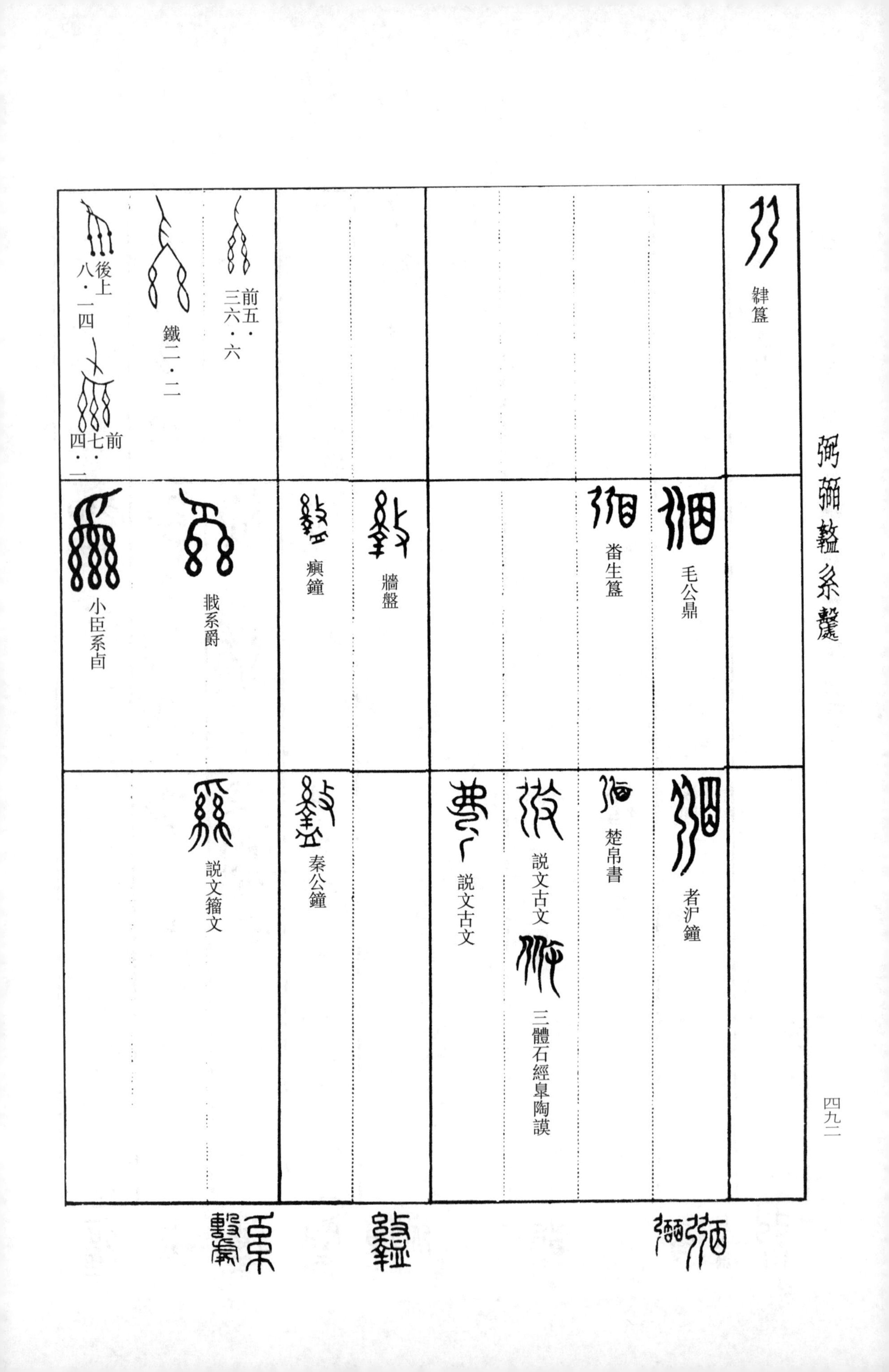

弼	𢐗	盭	系
肆簋			前五·三六·六 鐵二·二 後上八·一四 前七·四·一
	毛公鼎 番生簋	牆盤 癲鐘	戠系爵 小臣系卣
	者沪鐘 楚帛書 說文古文 三體石經皋陶謨 說文古文	秦公鐘	說文籀文

孫

後下一四·七

京津四七六八

班簋

師嫠簋

段簋

虢簋

王孫誥鐘

詛楚文

古匋

侯馬盟書

中山王鼎

郗討鼎

縣

彔伯簋

師寰簋

㮚史鼎

楚帛書

三體石經多士

漢語古文字字形表卷十三

系	𦃇	繹	緒	純
粹八一六 甲三五七六 乙六七三三 京津四四八七 乙一二四				前四·六·六 甲四七六
系父壬爵 了父癸鼎 子系爵				頌簋 屯字重見 牆盤
說文古文	說文古文	侯馬盟書	古匋	秦公鐘

經織紝絫紀紿

經

頌鼎

師𩛥鼎

虢季子白盤

毛公鼎 巠字重見

陳猷釜

中山王壺

江陵楚簡

三體石經君奭

齊陳曼簠

織（戠）

免簋二 戠字重見

齊叔夷鎛

鄂君舟節

紝（㐰）

古匋 蒦圆里人紝

古匋 城圆紝

古鉥 紝□

紀

紀侯貉子簋 己字重見

楚帛書

紿

古鉥 𨚓紿

字	甲骨文	金文	戰國文字等
納		克鼎	三體石經皋陶謨
紡			信陽楚簡
絕	前五・一一・四		中山王壺；說文古文
繼			拍敦蓋
續	後下二一・一五		鄂君舟節；說文古文
纘		牆盤	
紹	前一・二四・三；前五・三六・七		古鉨長紹；陳侯因資錞；酓忎鼎；說文古文；三體石經無逸
緼經		沈子簋	

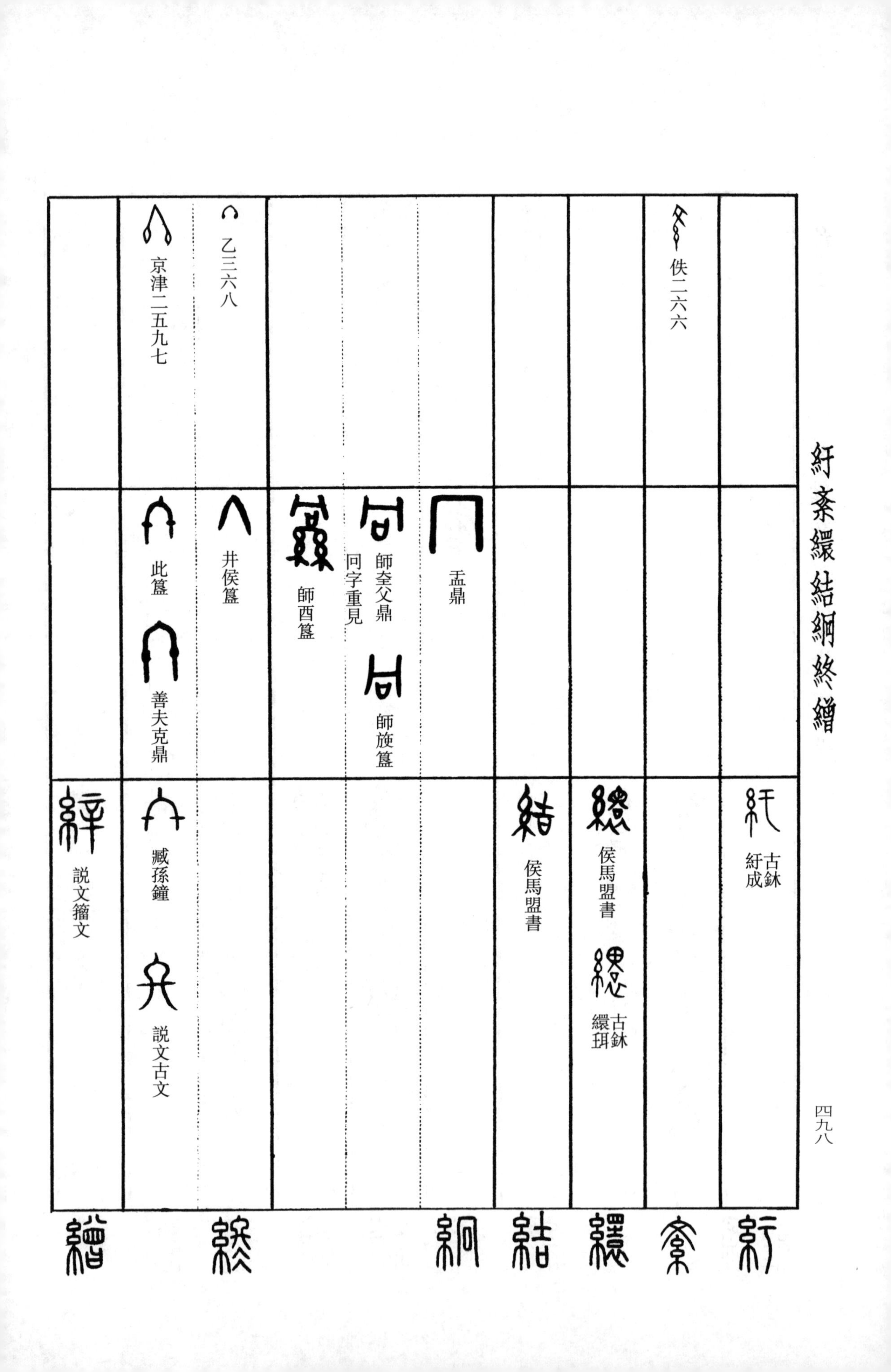

字			
紆			古鉨 紆成
絭	佚二六六		
繯			侯馬盟書 古鉨 繯珥
結			侯馬盟書
絅		盂鼎 師奎父鼎 同字重見 師旋簋 師酉簋	
終	乙三六八 京津二五九七	井侯簋 此簋 善夫克鼎	臧孫鐘 說文古文
繒			說文籀文

練　古鉢 練倖

縞　仰天湖楚簡

纏　古鉢 纏喜

絹　信陽楚簡

綠　江陵楚簡

絑　此鼎 朱字重見　畓生簋　古鉢 絑[illegible]

纁　毛公鼎 熏字重見

綰　蔡姞簋　牆盤　瘐鐘　古鉢 樂綰　古鉢 高綰

紫	紅	繰	紴	緌	組		紒	繑	緟
隨縣戰國墓木箱刻文 江陵楚簡	江陵楚簡	仰天湖楚簡	信陽楚簡		江陵楚簡	仰天湖楚簡	江陵楚簡 說文籀文	古鈢 □繑	石鼓
				牆盤	師寰簋	虢季氏子組壺			伊簋 牆盤

綱	綫	組	徽	縈	絭	緘	縢	編
說文古文	說文古文	江陵楚簡	三體石經無逸	齊縈姬盤；古鉥 縈	秦咸陽陶文		庚壺	
師克盨；毛公鼎				縈伯簋		毛公鼎		
								粹四九六

維紋緐縛纏 絆縞絹縈

宰椃角
隹字重見

虢季子白盤

班簋

叔向簋

師虎簋

番生簋

毛公鼎

古鉨
維木尾鉨

仰天湖楚簡

鄂君車節

陳一五四

古鉨
纏杉信鉨

詛楚文

說文籀文

說文古文

侯馬盟書

絡	績		緦	緰	紺	繆	綢	綏	彝
								前五・一九・一	佚七一四
								瘋鐘 妥字重見 蔡姑簋	負尊
江陵楚簡	秦公簋 責字重見 古鉢 王績	三體石經僖公	說文古文	侯馬盟書	古匋 蒦陽南里人紺	詛楚文 古匋 去蒦圜里匋尚繆	洛陽戰國陶簋刻文 古鉢 綢	江陵楚簡	

前五·一·三 甲三九三二			者女甗					粹七二〇 粹八九九	
姸簋 伯矩簋	史頌簋 痶爵	姬鼎	登尊						
	秦公簋 說文古文 三體石經君奭	中山王壺 說文古文		曾姬無卹壺 蔡侯盤	古鉢 絑練	江陵楚簡	侯馬盟書		江陵楚簡

練 新附　緈 見玉篇　綐 見玉篇　緝 見玉篇　緌 見玉篇

緓綛⿰糸堇⿰糸呈⿰糸余綶絆素⿰素卓綽

緓	見玉篇		江陵楚簡
綛	見廣韻		古鉩 王綛辛
⿰糸堇	見集韻		仰天湖楚簡
⿰糸呈	見集韻		楚帛書；仰天湖楚簡
⿰糸余	見集韻		古鉩 坒中⿰糸余
綶	見篇海		江陵楚簡
絆	見六書統		楚帛書
素		師克盨	
⿰素卓 綽		𤼈鐘；蔡姞簋	

給

甲九一四

粹一一六一

粹一三〇三

㝬簋

秦公鐘

⿰素命鎛

給 〔𠇬〕見玉篇

絲

燕五一

後下八·七

昌鼎

守宮盤

江陵楚簡

絲

轡

京津一五六八

公貿鼎

石鼓

江陵楚簡

長陵盉

古鉨 轡

古鉨 轡肊

轡

率

粹二三

前一·一一·五

盂鼎

毛公鼎

戜簋

中山王鼎

率

虫

乙八七一八

鐵四六·二

前二·二四·八

戩二·一〇

昌鼎

魚鼎匕

虫

蛸	雖	蚖	蠆	蜀	蚔	蚩
			爵文 父己鉦	乙九九 明二三三〇 乙一〇一〇		前七・一〇・一 後上三二・五
				周原卜中六八 班簋		
曾仲大父蛸簋	秦公簋	古鉥 張蚖	侯馬盟書	石鼓 涪陵小田溪銅戈	說文古文 說文籀文	中山王墓宮堂圖

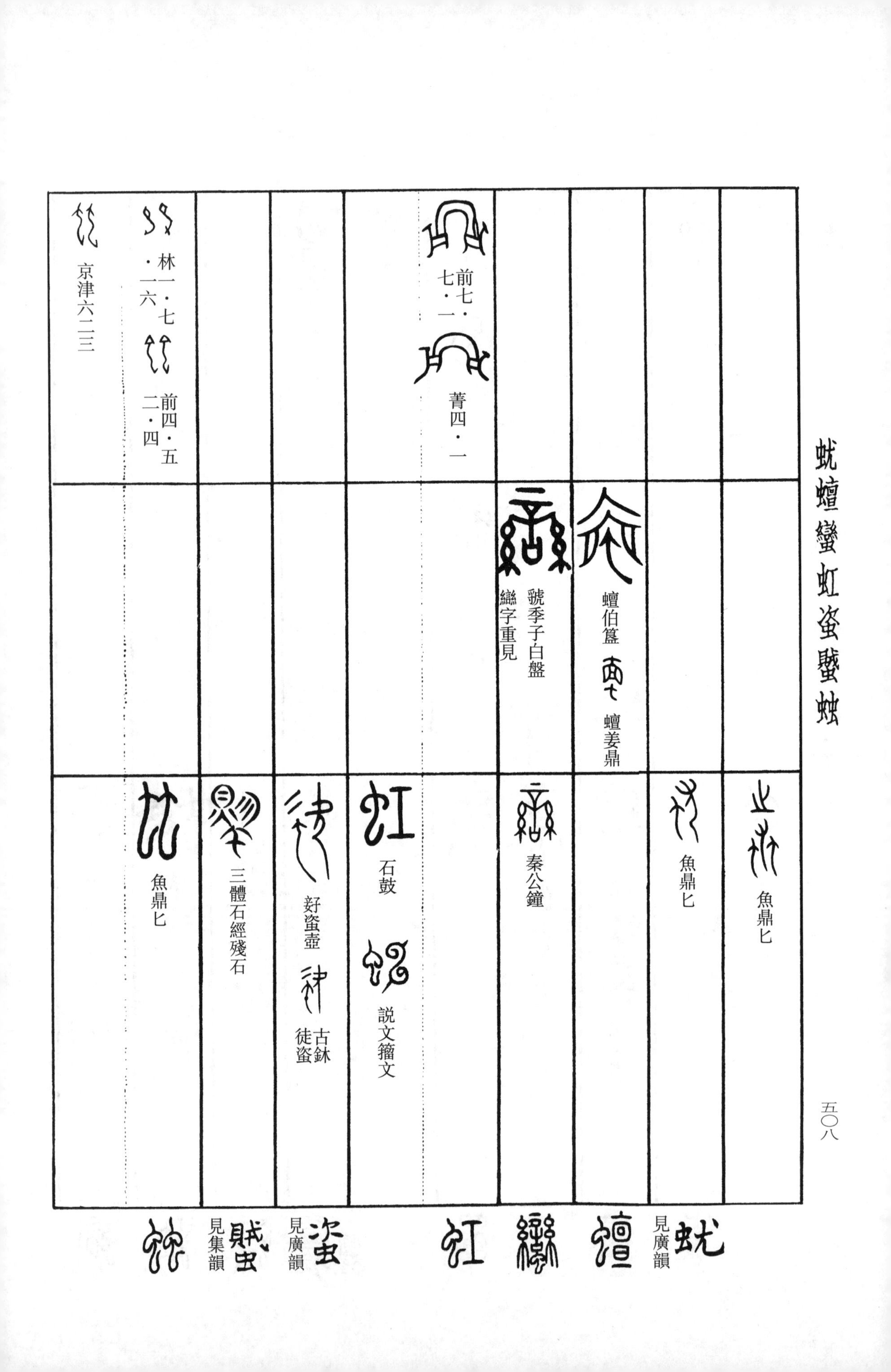

虬 見廣韻

魚鼎匕

蟺

蟺伯簋

蟺姜鼎

蠻

秦公鐘

虢季子白盤 䜌字重見

虹

前七・七・一

菁四・一

石鼓

說文籀文

盜 見廣韻

好盜壺

古鉥 徒盜

蠱 見集韻

三體石經殘石

蛾

魚鼎匕

林一・七・一六

前四・五二・四

京津六二三

蠶蝨蚤蠭蟁蟁蚊蠡蠢蟲蠹蟊蠱

蠶	蝨 蚤	蠭	蟁 蟁 蚊	蠡	蠢	蟲	蠹 蟊	蠱
鐵一八五・三；前六・六六・三；後上二八・六								京都四五四A；佚七二三
			亞蚊鼎					
	江陵楚簡	說文古文		說文古文	說文古文	三體石經皋陶謨	說文古文	侯馬盟書

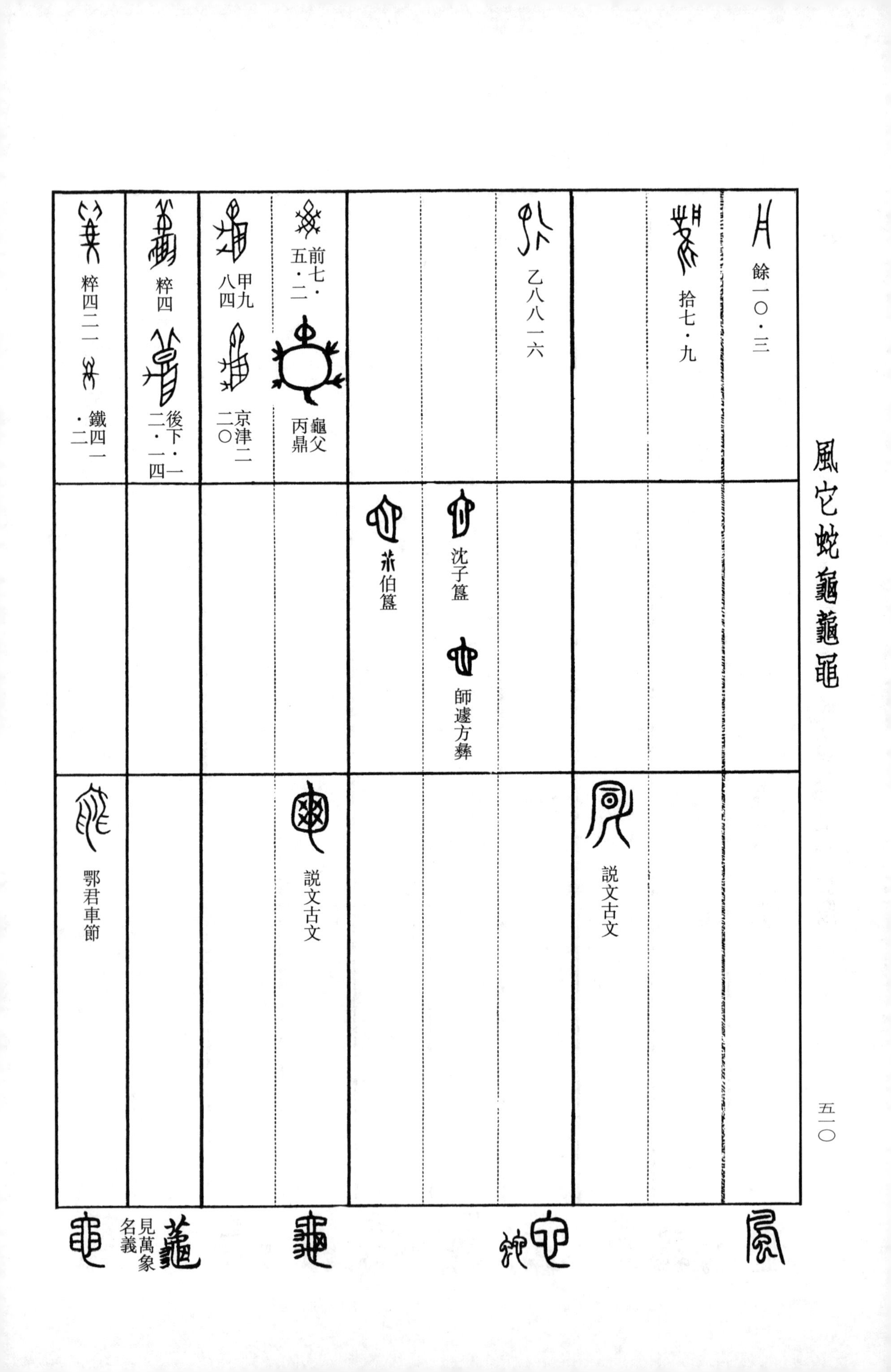

	風	它 蛇	龜	䵷（見萬象名義）	黽
甲骨文	餘一〇・三 拾七・九	乙八八一六	前七・五・二 龜父丙鼎 甲九八四 京津二二〇	粹四 後下・一二・一四	粹四二二 鐵四一・二
金文		沈子簋 師遽方彝 朿伯簋			
篆文	說文古文		說文古文		鄂君車節

黽

前六·二四·三

說文籒文

後下三三·一二

邵鐘

杞伯簋

邾伯鬲

邾公牼鐘

牆盤

僩匜 蓋

古鉨 鼅女

江陵楚簡

粹四一六

菁三·一

盂鼎

侯馬盟書

楚帛書

三體石經僖公

繁安君鉼

中山王壺

說文古文

天八〇

簠雜一三〇

班簋

牆盤

毛公鼎

曾大保盆

石鼓

侯馬盟書

王子午鼎

字頭	甲骨文	金文	戰國文字
恒	後上九·一〇；前七·一一·二	恒簋蓋；昌鼎	楚帛書；說文古文
亘	前四·一三·一；鐵二五〇·一		
竺			侯馬盟書
凡	前七·二八·四；後下三五·二	大豐簋；戜簋	古鉨臧凡
土	佚九二九；前五·一〇·二；前七·三六·一；粹九〇七	散盤；盂鼎；召卣；趞盂；五祀衛鼎；㝬鐘	古匋城圖土；楚帛書；三體石經僖公
地			侯馬盟書；好盗壺；古匋左宮□墜

壎：說文籀文　說文古文

堣：小臣謎簋　史頌簋

坡：中山王墓宮堂圖

坪：曾侯乙編鐘　鄭韓故城銅戈

均：蔡侯鐘　古鉩史均

塍〔塍〕：郳伯作塍鬲　陳伯元匜

基：子璋鐘　三體石經君奭

垣：中山王墓宮堂圖　襄垣布

堵：說文籀文　三體石經僖公　秦公鐘　邾公牼鐘　邵鐘　說文籀文

齊叔夷鎛

堪：三體石經多方

堂：中山王墓宮堂圖　說文古文　說文籀文

在：曾侯乙編鐘　三體石經君奭　杕氏壺

利簋　才字重見　盂鼎　盂鼎　敔尊

甲二一一四　才字重見

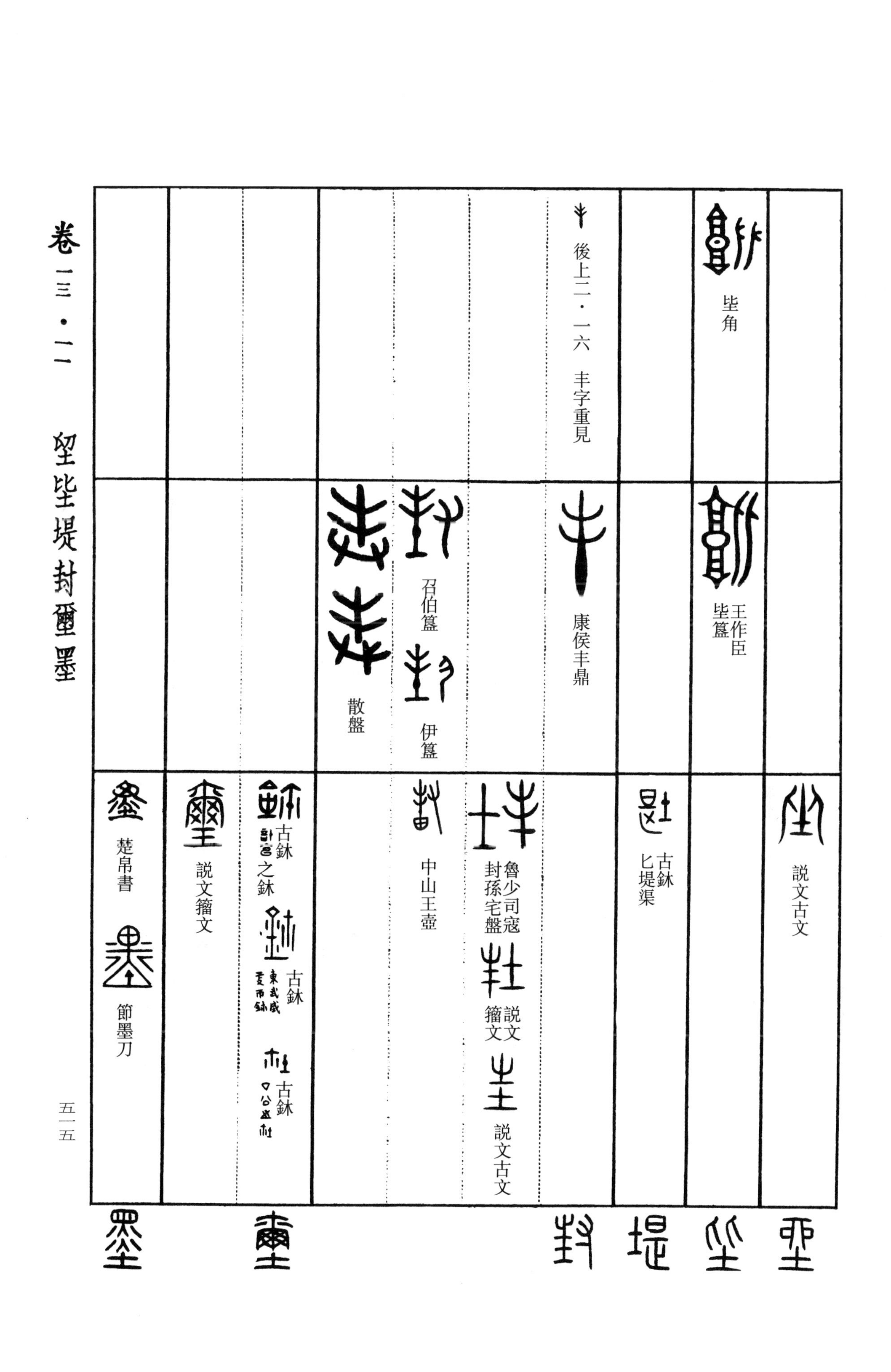

墨	𪤵				封	堤	坒	望
					後上二·一六 丰字重見		坒角	
			散盤	召伯簋 伊簋	康侯丰鼎		王作臣坒簋	
楚帛書 節墨刀	說文籀文	古鉩 之鉩 古鉩 古鉩		中山王壺	魯少司寇封孫宅盤 說文籀文 說文古文	古鉩 匕堤渠		說文古文

型	古鉢 墨
	古匋 節墨之亢之垔
	中山王鼎
	楚帛書
	信陽楚簡
	𦉢篙鐘
	邾大宰簠
城	郤諧尹鉦
	厲羌鐘
	鄂君車節
	中山王鼎
	楚帛書
	信陽楚簡
	古匋 城圜蕈里湾豆
	說文籀文
	班簋
	元年師兌簋
	后趙簋
	詛楚文
墉	說文古文
	三體石經君奭
增	輔師𠭰簋 曾字重見

坩圣壘垔毀壞坏堋

坩
古鉥 北坩

圣
古匋 圣監

壘
十三年戟

垔
垔戈
垔戈
說文古文

毀
鄂君車節
說文古文

壞
相邦冉戟
說文古文
說文籀文

坏
競卣
咢侯鼎
秦公簋

堋
南疆鉦

場　古鉨 上場行邑大夫鉨　見集韻?

場	古鉨 上場行邑大夫鉨
圭	師遽方彝；五年琱生簋；詛楚文；古匋 蒦里哇▢貽 𦬀郡遷；說文古文（珪）
墜（新附）	㝬簋
坊（新附）	古匋 墜夢
坸（見玉篇）	古鉨 坸閭何
塡（見集韻）	古匋 乍韶塡 令；古匋 塡卩九成 豹乍
堹（見集韻）	古鉨 公孫堹
塝（見集韻）	楚帛書
泾（見字彙）	石鼓

堯

後下三二・一六

說文古文

堇

佚七六四

乙七一二四

後下二四・二

京津二三〇〇

堇鼎

頌鼎

堇伯鼎

召伯簋二

善夫山鼎

㝬鐘

齊陳曼簠

齊侯壺

說文古文

說文古文

艱

前五・四〇・七

粹一二八三

甲二一二三

里 釐

珠三七一背

鐵一八二·三

粹一二九五

不嫛簋

毛公鼎

說文籀文

矢方彝

史頌簋

中山王鼎

古匋 城圖簟里湾豆

石鼓

牆盤

叔向簋

善夫克鼎

壺昌

秦公鎛

芮伯壺

陳肪簋

里 釐

野田疇㽞畮畝甸

㽞誤當㽞，說文以為田疇之疇。古畝寬一步長百步為一畝，稱為長畝，不應有田疇之述。此當為鑄之本字，己象金汁所从入之道，兩口象所鑄之器。

野	田	㽞	畮 畝	甸
後下三·一 前四·三三·五	粹一二二二 後上二一·五 粹一三三三 拾五·一四	前七·三八·二 甲二六四七		
克鼎	傳卣 旟鼎 揚簋 五祀衛鼎		賢簋 兮甲盤	盂鼎 田字重見
𠍙志鼎 古鉩 𠈓埜 說文古文 古鉩 蔡野	石鼓 三體石經無逸		好蚉壺	

略當畯畱畜蓄畕畺疆

略：作鐘（佃字重見）；克鐘；三體石經君奭；詛楚文

當：鄂君車節；梁幣（尚字重見）；梁幣

畯：後下四·七；前四·二八·五；盂鼎；秦公簋；秦公鐘

畱：留鐘；空首布

畜 蓄：寧滬一·五二·一；欒書缶；秦公簋；秦公鐘；楚帛書

畕：庫四九二；淉伯友鼎

畺 疆：後下四·七；盂鼎；不𡢁簋

前七・三二・三
甲三三五五
粹一九八
甲一六四七

頌簋
兮甲盤
五祀衛鼎
善夫克鼎
毛伯簋
召尊
此鼎
作鐘
師俞簋
叔家父匡

曾伯簠
秦公鎛
邾公華鐘
秦公簋
南疆鉦
黃孫鐳
石鼓
禹邗王壺
陳侯因資錞
江陵楚簡
古鉨黃繆
說文古文
楚帛書

黃

䵂

男力勳功務勥勁勸動

男	力		勳	功	務	勥	勁	勸	動
京津二一二二 前八・七・一	乙八八九三 乙八六九八	力册父丁觚							
矢方彝 疐侯簋									毛公鼎 童字重見
齊侯敦 三體石經僖公	厲羌鐘 中山王鼎	詛楚文	中山王壺 說文古文	王孫誥鐘 中山王鼎 三體石經無逸	中山王壺	說文古文	古鉨長勁	三體石經多方	楚帛書 江陵楚簡 說文古文

字	甲骨文	金文	戰國文字
勞			中山王鼎；說文古文
勞			𬙊鎛
勤		堇字重見	中山王鼎
勤		𫳘鐘	三體石經多士
加		加爵；虢季子白盤	詛楚文
勇		甬字重見	
勇		𤅊盤	庚壺；中山王鼎
戚勇			中央勇矛；說文古文
勳 見集韻			侯馬盟書
勑 見集韻		勑𪒠鼎	
劦	後上·一九·六		

協叶

粹九二七

粹九七三

王叶方罍

人二一六五

續二·二八·五

佚八八七

肄簋

甲三三三八

甲三三三八

遹甗

穃卣

彔茲卣

秦公鐘

齊叔夷鎛

說文古文

漢語古文字字形表卷十四

金

效父簋

麥鼎

豐尊

禽簋

啟卣

矢方彝

師𩛥鼎

頌簋

師寰簋

石鼓

說文古文

欒書缶

鄂君舟節

中山王壺

三體石經金縢

錫

甲三三六四

毛公鼎 易字重見

曾伯簠

三體石經文公

銅	鐵	鉞	鍇	鋻		鑄			
						金五一一			
				彔伯簋	毛公鼎 攸字重見	康鼎	作册大鼎	守簋		虢叔盨
𠫑志鼎	説文古文	古鉢 鍇	曾伯陭壺 石鼓			國差 𦉜 鄂君 舟節 𠫑志鼎	鑄公簠	侯馬 盟書 鄲孝子鼎	余義鐘 中山王壺

銒鍾鑑鐈鑊鎬鑪

銒		鍾	鑑		鐈	鑊	鎬	鑪	
						前六·四五·八 乙二八一八		粹一〇九 甲八八六	
王人甗	縈伯鬲	己侯鐘			白公父簠		德方鼎	九年衛鼎 伯公父簠	
王子安鑄寢戈		邾公牼鐘 介鐘磬	攻吳王鑑 監字重見	智君子鑑 吳王光鑑	曾伯陭壺 楚王酓忎鼎 喬字重見	哀成叔鼎	太子鎬	王子嬰次鑪	曾伯簠 邾公華鐘 郘鐘 余義鐘

鈕

說文古文

鑿

侯馬盟書

侯馬盟書

鈦

弭伯簋

鄦王喜劍

宂

璌

矢令尊

何尊

隨縣戰國墓二十八宿匱

鋸

郾王職戈

鋭

說文籀文

鋝

商尊 孚字重見

毛公鼎

鈞

㽙鼎 勻字重見

幾父壺

守簋

古鉨 司馬鈞

子禾子釜

說文古文

鈴

成周鈴

楚工領鐘

畓生簋

毛公鼎

鉦

南彊鉦

鐸

□外卒鐸

中山王鼎

鐘

虘鐘

師嫠簋

秦公鎛

克鼎

士父鐘

王孫誥鐘

曾侯乙編鐘

魯遼鐘

應侯鐘

兮仲鐘

邾公牼鐘

厵羌鐘

簷叔之仲子平鐘

鏞

【鐘】

鏄鎗鍯鉈錞鏐鑾鋪鐳鉅

鏄：𪒠鎛；鑯鎛戈

鎗：倉字重見　䵻鐘

鍯：悤字重見　䵻鐘

鉈：𩓲肯鉈鼎；江陵楚簡

錞：十年陳侯午錞；陳侯午錞；陳侯因䐁錞

鏐：邵鐘；邾公牼鐘；吉日壬午劍

鑾：頌鼎；尹小叔鼎；石鼓

鋪：厚氏圃；吉日壬午劍

鐳：三體石經君奭

鉅：古鉢隗鉅

銘 新附
- 屭羌鐘
- 中山王鼎

鉼 見爾雅
- 樂司徒鉼

〔瓶〕
- 喪史寘鉼
- 繁安君鉼
- 蔡侯鉼

鉘 見玉篇
- 鄦侯脮戈

鑯 見玉篇
- 鑯鎛戈

鋁 見玉篇
- 余購兒編鐘
- 古匋 呂命

鍺 見廣韻
- 秦公鐘
- 齊叔夷鎛

鍭 見集韻
- 郾王詈戈

鑼 見集韻
- 姑馮句鑃
- 其兂句鑃

鑵 見集韻
- 中鑵蓋

鎰 見集韻	勺	処			且	[祖]			組
					前一·三六·六 甲二三五一	後下三八·六 甲二四九			鐵一六·三 前七·二〇·三
		臣諫簋 牆盤	㝬鐘	井人鐘	盂鼎 牆盤	豆閉簋 昌鼎	師虎簋		
平安君鼎	江陵楚簡	石鼓 魚鼎匕	好盗壺	楚帛書 古鉨 史處	秦公鐘 詛楚文	沵其鐘	都公簠	欒書缶 邾公孫班鎛	

斤斧斯斫斲釿所

後上二四·四	前八·七·一 坊间四·二〇四	簠文六七		前五·二一·三 前八·六·一			
傳卣 㦰鼎 三年瘨壺	天君鼎						
江陵楚簡	仕斤戈	居簋 公孫窹壺	子璋鐘		平安君鼎	侯馬盟書 平安君鼎 安邑幣	庚壺 不昜戈 中山王壺 石鼓 侯馬盟書 三體石經僖公

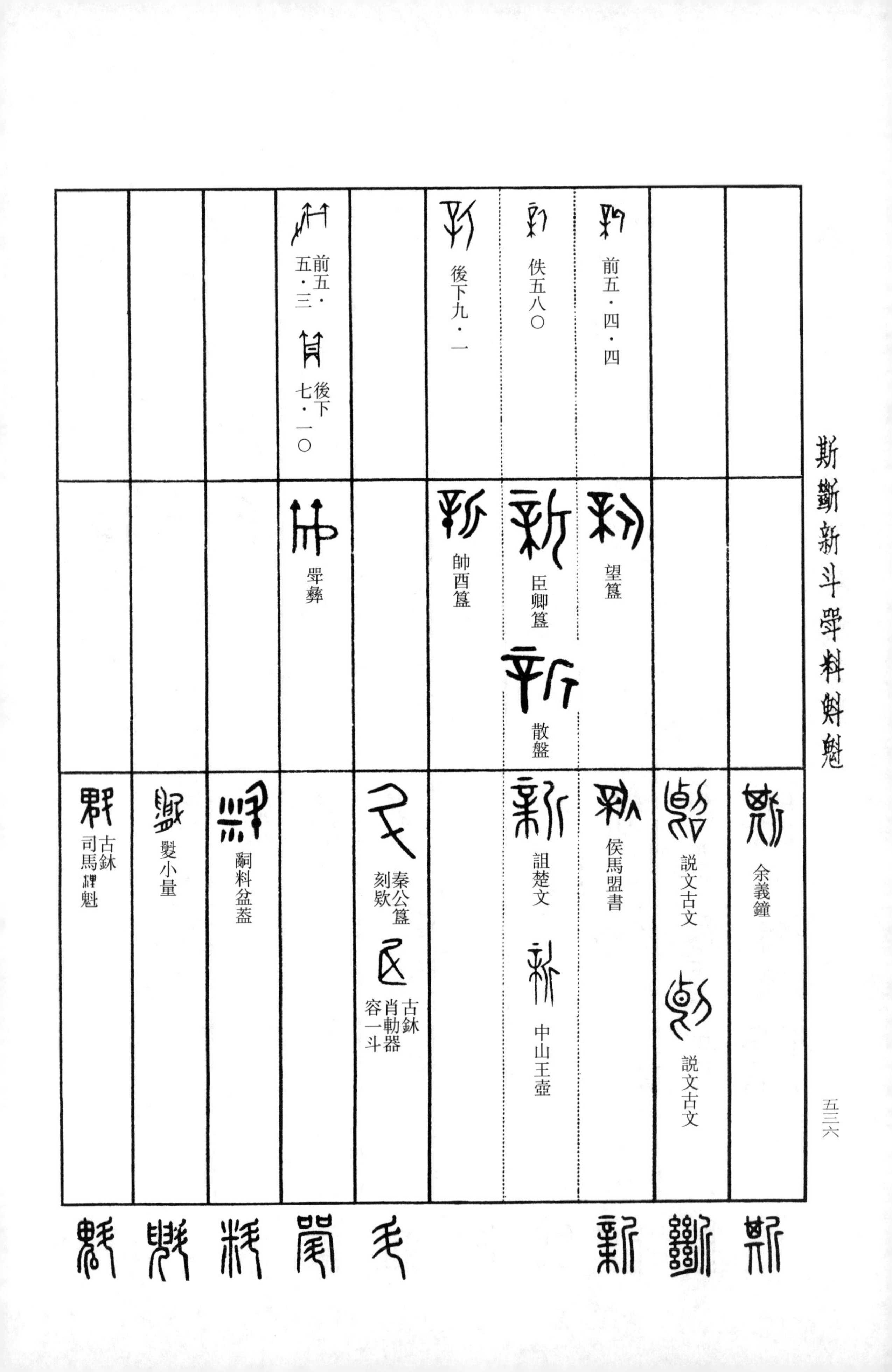

斯	斷	新			斤	斝	料	斞	魁
		前五·四·四	佚五八〇	後下九·一		前五·五·三 後下七·一〇			
		望簋	臣卿簋 散盤	帥酉簋		斝彝			
余義鐘	説文古文 説文古文	侯馬盟書	詛楚文 中山王壺		秦公簋刻欵 古鉢肖動器容一斗		蒯料盆蓋	斞小量	古鉢司馬𩲃魁

卷一四·六

料升矛矜車

料	升	矛	矜	車
	甲五五〇；前二·一六·二			買車觚；叔車觚；車且丁爵；前七·五·三；鐵一一四·一；拾一二·一六；鐵一六〇·三；乙三三一四；甲一〇〇三
	友簋	㦰簋		孟鼎；九年衛鼎；師克盨蓋；克鐘；應公簋；枚車父簋
子禾子釜；大梁鼎；平安君鼎	秦公簋	說文古文	詛楚文	說文籀文；鄂君車節；好蚉壺圈足銘；石鼓

軒輿輅較輒軫轙軝軝害輨

軒	輿	輅	較	輒	軫	轙	軝	害	輨
	佚九四五 前五・六六・六								
			彔伯簋 吳方彝		番生簋	彔伯簋 婚字重見 毛公鼎	叔趯父卣	揚鼎	
江陵楚簡 古鉥左軒僑 古鉥上官軒	詛楚文	古鉥輅角		古鉥王輒		說文籀文			古鉥輨営

輣
說文籀文

暈
古匋 暈

軏
彔伯簋 卮字重見

軥
江陵楚簡

載
石鼓
師訊鼎
夜君鼎
鄂君舟節
楚帛書

軍
中山王壺
郾侯載戟
庚壺
郾右軍矛
中山王鼎
古鈢 軍計之鈢

範
古匋 範
古匋 範

轉輪軌輂輔輗轇動較㠯

㠯	較〔䡔（駁）〕	動見集韻	轇見廣韻	輗見玉篇	輔	輂	軌	輪	轉
						輂作妣癸卣			
利簋 㝬鼎					師嫠簋 輔伯鼎				轉盤
	左較車飾	古鉩 肖動器 容一斗	古鉩 黃轇	古匋 輗	侯馬 盟書 中山王壺		篆文	詛楚文	

陵	𠂤	師	官	
	甲一三二七 甲三九三六 菁三·一	乙亥鼎 宰峀簋 前四·一一·四 前二·五·五 前二·一五·六 後上一一·五	京津四八四五 後下四·六	前四·三一·五 鐵一〇〇·四
陵方罍 散盤		兮甲盤 小子射鼎	訇簋 師奎父鼎 揚簋 師旋簋	克鐘 召尊 禹鼎
	說文古文		平安君鼎 古鉢 計官之鉢 大梁鼎	古鉢 北宮皮𠂤 東周左師壺

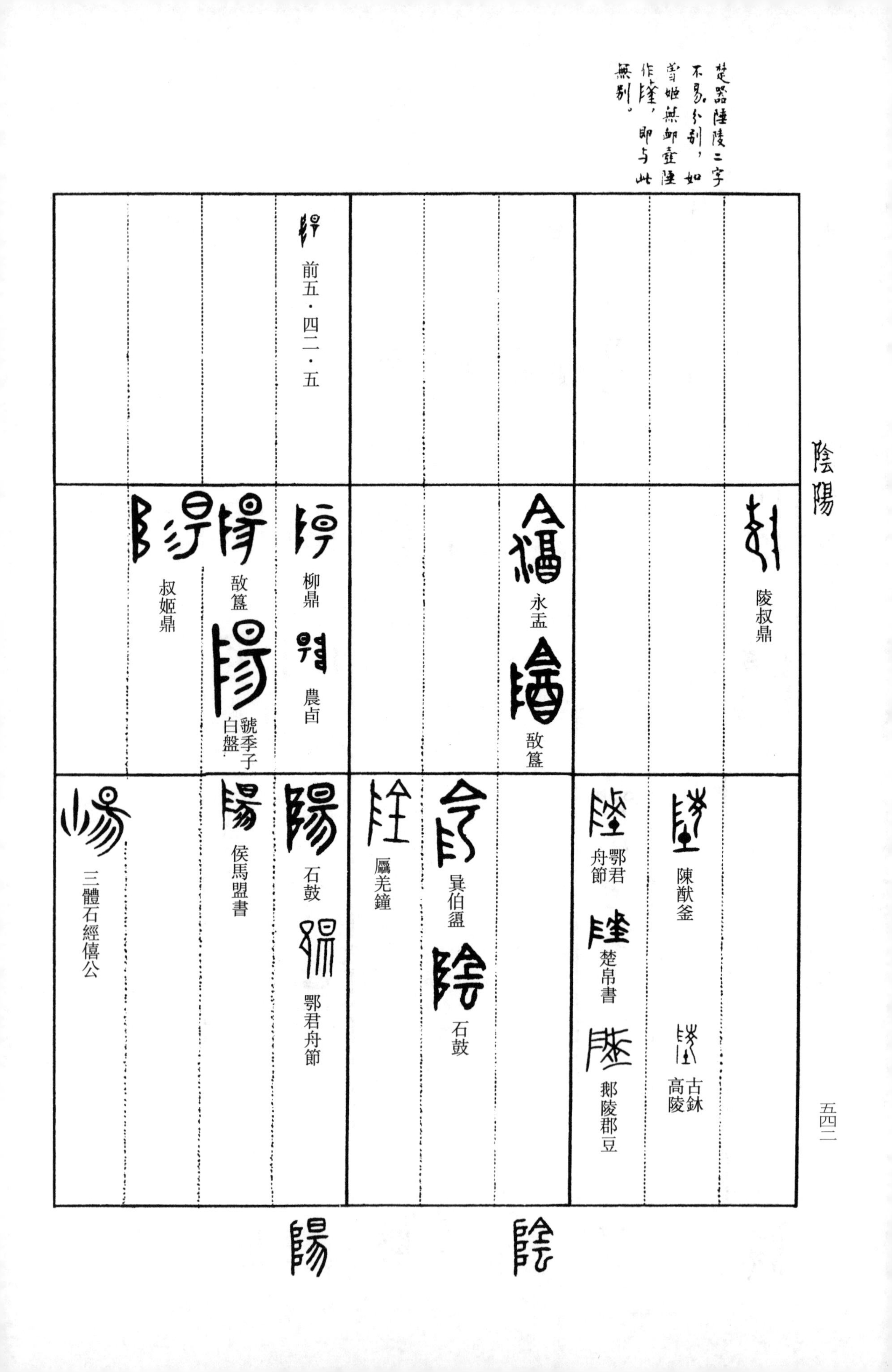

楚器陸陵二字不易分别，如曾姬無卹壺陸作陸，即与此無别。

陰陽

陵叔鼎

陳猷釜

古鉢高陵

鄂君舟節

楚帛書

鄚陵郡豆

永盂

敔簋

曩伯盨

石鼓

屭羌鐘

前五·四二·五

柳鼎

農卣

石鼓

鄂君舟節

敔簋

虢季子白盤

侯馬盟書

叔姬鼎

三體石經僖公

陰

陽

陸
續三・三〇・七
父乙卣
義伯簋
說文籀文
邾公釛鐘

阿
阿武戈
平阿左戈

阪
石鼓

隅
古鉢　隅陵之部

限
昌鼎
鬲从盨

陮
後下二二・一五
鄴三下四〇・一〇

隗
古鉢　隗圖
古鉢　隗相

隊
齊叔夷鎛

隥陟隊降隕阤

隥	陟		隊		降		隕	阤
	寧滬一・五九二 後下一一・一二 菁三・一		粹一五八〇 菁三・一		粹九〇一 乙七七九三	甲二一三八三 佚七一三		
	沈子簋 散盤	㾓鐘 䵼簋	卯簋 䵼簋	毛公鼎 豢字重見	大保簋 㾓鐘	散盤 䵼簋		
侯馬盟書		蔡侯盤 說文古文 三體石經君奭 中山王壺		秦公鐘	不降矛	中山王鼎	中山王鼎	中山王壺

侯馬盟書

隨縣戰國墓漆二十八宿匫

說文古文

古鉥 衛埅

古鉥 王陘

中山王壺

古鉥 毛隱

古鉥 隱

乙三三一七

後下一二·三

小臣遹簋

大保簋

小臣遹簋

盂簋

明公尊

陭陳陶除陴陀[阝成]

陭	陳				陶	除	陴	陀	[阝成]
					前二·八·四				
					不䍜簋 陶子盤				
曾伯陭壺	陳公子甗 陳侯作王嬀簠 陳公子中慶簠	齊陳曼簠 禽忎盤 𩰫侯之孫鼎	陳侯午錞 三體石經僖公 古鉩陳去疾信鉩	陳侯鬲 說文古文	𩏂鎛 齊鞄氏鐘	石鼓	說文籀文	江陵楚簡	古鉩史陞
陭	陳				陶[鞄]	除	陴	陀 见集韻	[阝成] 见集韻

四	隡	䦘	䦘	陕	阩	阢	隮	隧	阩
					見集韻	見類篇	見廣韻	見廣韻	見廣韻
邲其卣；甲五〇四；前四・二九・五									
矢方彝；牆盤				小臣遹簋；陕簋				小臣遹簋	
三體石經僖公；說文籀文；秦公鐘；中山王鼎	戰國秦虎符	楚帛書；說文籀文		古鉨張勝	侯馬盟書	鄂君舟節	石鼓	中山王壺；三體石經君奭	古鉨周壁

乙一七六八
前四・二五・七
宁未盉
頌鼎
五祀衛鼎
乙六四〇〇
傳尊
前七・二三・九・二
延盨
誎簋
石鼓
鐵二四七・二
後上二七・八
臣辰盉
戜簋
侯馬盟書
鄂君舟節
中山王鼎
楚帛書
三體石經皋陶謨
說文古文
林一・一八・一〇
毛𢍰簋
鄲孝子鼎
楚帛書
石鼓
平安君鼎
楚帛書
說文古文
郘鐘
大梁鼎

七

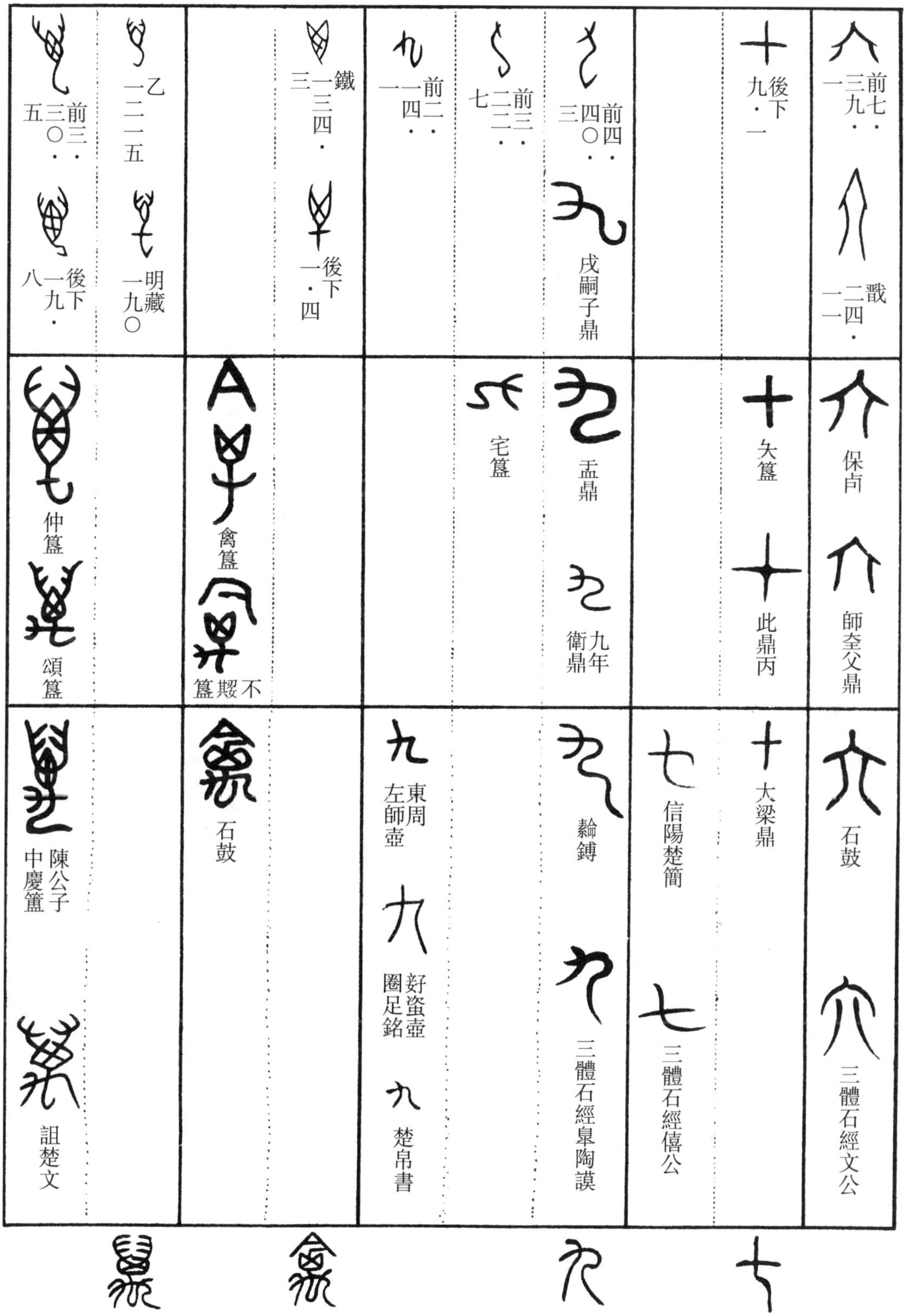

前七·三九·一　戩二四·一一　後下九·一

保卣　師奎父鼎　矢簋　此鼎丙

石鼓　三體石經文公　大梁鼎　信陽楚簡　三體石經僖公

九

前四·四〇·三　戌嗣子鼎　前三·二二·七　前二·一四·一

盂鼎　九年衛鼎　宅簋

鈴鎛　三體石經皋陶謨　東周左師壺　好蚉壺圈足銘　楚帛書

禽

鐵一三四·三　後下一·四

禽簋　不娶簋

石鼓

萬

前三·三〇·五　後下一九·八　乙一二二五　明藏一九〇

仲簋　頌簋

陳公子中慶簠　詛楚文

禹离噐

乙六二六九

北子卣

庚嬴卣

函皇父簋

散伯簋

叔向簋

禹鼎

盂鼎二

散盤

王母鬲

三體石經無逸

齊侯鑑

王孫誥鐘

邾公牼鐘

邾公釛鐘

欒書缶

古鉢千萬

秦公簋

三體石經臯陶謨

說文古文

楚帛書

古鉢禹

楚帛書

說文古文

令狐君壺

[首]

嘼 甲

鐵三六·三 甲一八一

甲二三九九

寧滬二·一一一

拾六·三

宰甫簋

狩字重見

員鼎

史獸鼎

石鼓

三體石經僖公

王子午鼎

孟鼎

後上三·一六

佚二〇〇

利簋

無叀鼎

侯馬盟書

鐵九·四

前七·三一·一

戜鼎

兮甲盤

詛楚文

戰國秦虎符

三體石經無逸

說文古文

乙	乾	亂	尢	丙
甲三 佚二五五 菁五·一			鐵五〇·一 甲二五二二 甲二四二七	甲二三五六 前三·八·三 兄日戈 戍嗣子鼎
矢方彝 散盤			猷伯簋	何尊 静卣
侯馬盟書 酓肯簠 三體石經君奭	說文籀文	詛楚文 楚帛書 三體石經無逸	中山王墓刻石文	石鼓 侯馬盟書 簷侯簋 三體石經僖公

丁

- 甲二三三二九
- 且丁尊
- 後下六·二
- 乙七七九五
- 父丙觶
- 師旂鼎
- 瘨鐘
- 虢季子白盤
- 江陵楚簡
- 國差鑰
- 古鉢丁盾
- 三體石經君奭
- 王孫壽甗

戊

- 司母戊鼎
- 甲九〇三
- 乙八六五八
- 前三·四·三
- 前三·四·一
- 同卣
- 不嬰簋
- 酓肯簠
- 三體石經君奭

成

- 續六·一三·七
- 前五·一〇·六
- 臣辰卣
- 牆盤
- 詛楚文

己㠱庚辛

沇兒鐘

中山王壺

楚帛書

三體石經君奭

說文古文

己

鐵三九·四

佚二一〇

前一·六·一

作册大鼎

大鼎

紀侯簋

欒書缶

三體石經僖公

說文古文

㠱

前三·一八·四

無㠱簋

師寰簋

㠱伯子妊父盨

庚

前三·七·五

寧滬一·一七四

甲二三七四

後上五·一

史獸鼎

寰盤

[illegible]父庚鼎

曾伯簠

𨚕諮尹鉦

鄂君舟節

辛

司母辛鼎

後上一八·三

甲二一八二

利簋

彔簋

古匋丘齊辛里之[illegible]

蔡侯尊

酓肯簠

佚四五五

粹四八七

克鼎

毛公鼎

毛公鼎 司字重見

䵼匜

詛楚文

中山王鼎

三體石經無逸

詛楚文

好蚉壺

說文古文

郘嫛盤

邾公牼鐘

說文籀文

𩉵鎛

石鼓

說文籀文

中山王壺

三體石經多士

皋

辜

辥

辤

辭

壬 癸 子

壬

前三·一九·三
前七·一四四·一

宅簋
競簋

兩攸从鼎
師旋簋

吉日壬午劍
古匋 北里壬

癸

甲二三三七
鐵一五六·四

存二七四二
戍嗣子鼎

矢方彝
五祀衛鼎

鄀公鼎
侯馬盟書

三體石經僖公

石鼓
說文籀文

子

前四·一三·一
戩一七·二

前三·四·一
甲二九〇七

後下四二·五

後下四二·七

折觥
召伯簋

利簋
傳卣

沈子簋
牆盤

說文籀文

說文古文

石鼓
中山王鼎
三體石經君奭

戍甬鼎
小子射鼎
蔡公子果戈
王子午鼎

佚五八六
詛楚文

父己觶
沙其簋
余義鐘

召卣
㝅鼎
殷㝅盤
楚帛書

㝅父甗
繁安君壺

前五·四〇·五
前七·四一·二
季念鼎

甲二二六三
嬴季尊
昌鼎
楚帛書
古匋

欒書缶

父己孟觚
延盨
孟簋
齊侯壺
侯馬盟書
古鉥孟皇

郜伯鼎
蔡侯尊

孷 疑 孨 孱 㝅 育 毓

						甲八四二 / 後上二〇·一一 / 甲二五〇二 / 前二·二五·三 / 毓且丁卣
	㝬鐘	伯疑父簋		廟孱鼎	𪱗𪍔妊簋	邵仲爵 / 牆盤 / 班簋
説文古文	説文籀文	齊史疑觶	古匋 蒦圜匋里人孨		説文籀文	

丑

後上九·一〇
前五·三四·一
鐵二二五·三
存二七一八

作册大鼎
戜鼎
師克盨
同簋
競卣

郘公簋
欒書缶
江陵楚簡
三體石經僖公
侯馬盟書
拍敦蓋

羞

前四·三四·四
甲一三九四
鄴三下·四六·一
甲二〇〇六
續三·一三·一

羞父乙爵
伯匕鼎
不嬰簋
師旋簋
羞鼎

魯伯鬲

寅

後上三一·一〇
林一·一五·三
前三·五·三
前三·七·二

臣辰卣
戊寅鼎
御鬲

畬肯簠
鄲孝子鼎
陳猷釜

卯

存二七三五

小子省卣

前六·二三·五

鐵一八三·四

靜簋

師旋簋

師奎父鼎

趙卣

此簋乙

陳侯因資錞

侯馬盟書

楚帛書

說文古文

侯馬盟書

古鉨陲卯

三體石經僖公

說文古文

辰

後上三·四

菁五·一

後上一八·七

甲二三八〇

乙父臣辰簋

矢方彝

盂鼎

九年衛鼎

散盤

旂鼎

伯中父簋

楚帛書

三體石經皋陶謨

說文古文

江陵楚簡

巳

前四·一七·五

後上一八·三

粹一一二三

前四·四·三

大作大仲簋

叔上匜

盂鼎

毛公鼎

吳王光鑑

蔡侯盤

㠯 㠯並象人用㠯㠯形，篆文㠯即从此字出。㠯乃㠯省形。壽縣楚器㠯亦从㠯即甲文之㠯。

後上二五·七

甲四一四

粹八一

甲一三五一

前五·四六·一

小臣逋簋

頌簋

□似鼎

趞盂

伯康簋

𩏂侯鼎

班簋

沇兒鐘

石鼓

侯馬盟書

中山王壺

楚帛書

三體石經多方

王孫鐘 台字重見

鑄客鼎

鄂君舟節

𩉘鎛

南疆鉦

郘王義楚耑

陳侯因資錞

三體石經僖公

午未申

午			未			申		
佚三八　鐵二五八・一	後下三八・八　戍嗣子鼎		佚一七	後上一〇・五　存二七三四	甲二二六二	鐵一六三・四	存二七三三　佚三二一	
	效卣　召卣二	豦簋　師旋簋		利簋　守簋		矢方彝　堇鼎	即簋	弔兒鼎
		王子午鼎　吉日壬午劍	曾伯簠　侯馬盟書　三體石經僖公		陳侯因資錞　中山王鼎　三體石經多方	楚帛書	戈叔鼎　石鼓	王子申盞盂	楚子簠

臾酉酒

	臾			酉				酒		
甲骨文				粹二八 粹六一	乙六七一八 前一・四一・六			甲二一二二		
金文			師臾鐘	臣辰盉 師酉簋	害鼎				三年𤼈壺	盂鼎
其他	說文籀文	說文古文		郤王義楚耑 楚帛書		宦桐盂	說文古文			沇兒鐘 國差⿰金詹 三體石經無逸

醴

- 長由盉 豊字重見
- 師遽方彝
- 三年癲壺
- 曾伯陭壺

酷

- 古匋

配

- 存二二四四
- 乙六七一八
- 㝬簋
- 毛公鼎
- 蔡侯盤
- 三體石經君奭
- 拍敦蓋

酌

- 伯公父勺

醫

- 古鉢 醫從

酸

- 說文籀文

酢

- 王子姪鼎
- 郘王義楚耑

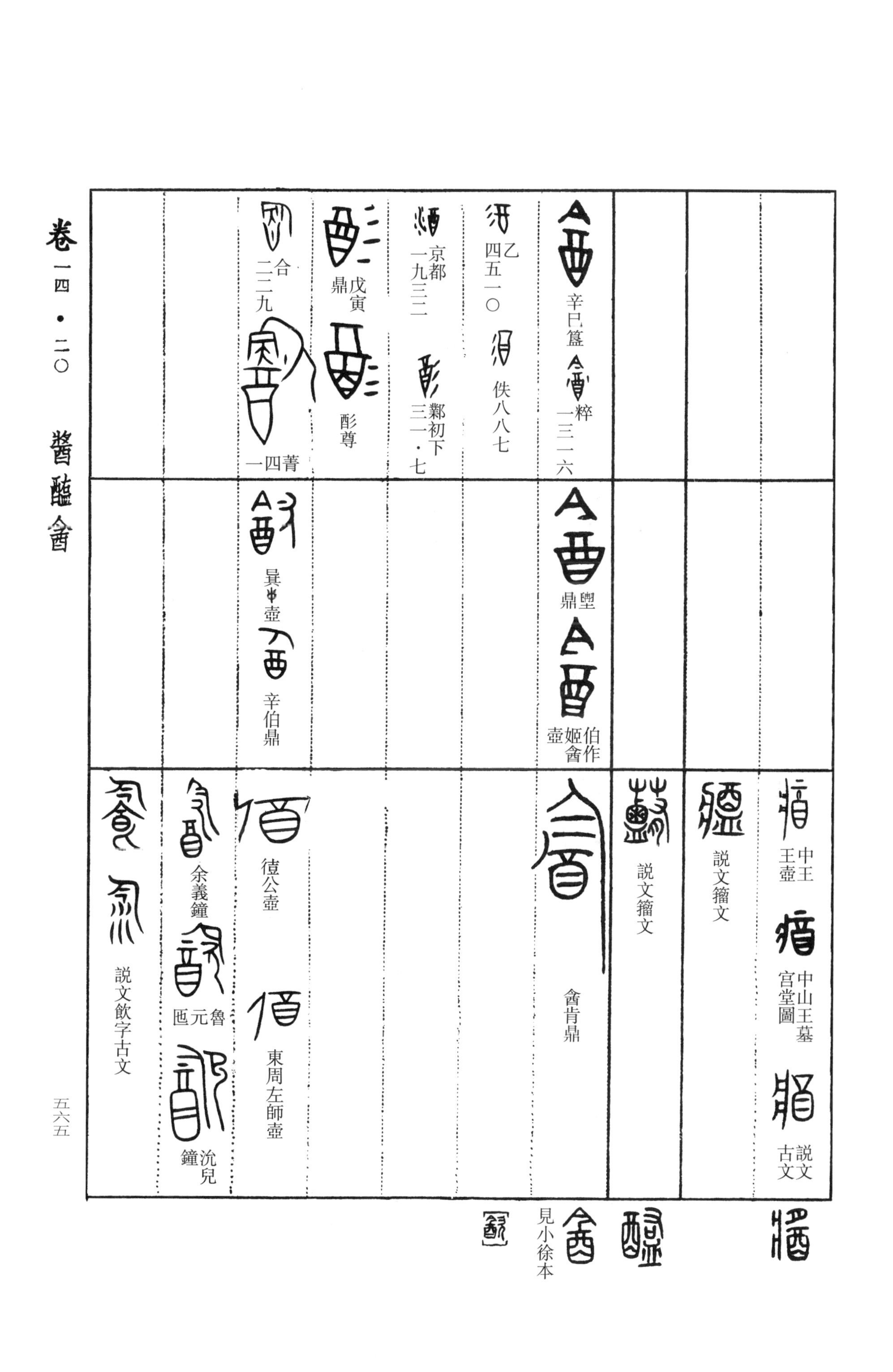

		合二二三九 一四菁	戊寅鼎 酌尊	京都一九三二 鄴初下三一·七	乙四五一〇 佚八八七	辛巳簋 粹一三一六			
		昊𡷊壺 辛伯鼎				塱鼎 伯作姬酓壺			
說文飲字古文	余義鐘 魯元匜 沇兒鐘	徝公壺 東周左師壺				酓肯鼎	說文籀文	說文籀文	中王壺 中山王墓宮堂圖 說文古文

[𩱦] 見小徐本

醻酳酟奠尊戍

				京津九七八　前五·四·七		戩二六·三　甲八四九			京津三〇七一　摭續一七四
		盂鼎　師猷鼎	父戊爵　作父辛鼎	召仲鬲　三年癲壺	小臣逋簋　頌壺	不𣪘簋	彧者鼎　鄭羌伯鬲		
中山王壺　郾侯簋	三體石經無逸			令狐君壺	蔡侯缶	都公鼎		商鞅方升	

醻 見廣雅　酳 見玉篇　酟 見集韻　奠尊　戍

京津四一五八

珠一一五

京津四〇三四

前七·四〇·一

鐵二五八·三

康鼎

頌鼎

無叀鼎

休盤

史𦔻簋

昌壺

虢季子白盤

𠭯鐘

楚帛書

說文古文

邾公華鐘

鄂君舟節

國差𦉜

侯馬盟書

趩亥鼎

引用參考書目

說文解字　平津館本

說文解字詁林　丁福保

甲骨文字集釋　李孝定

金文詁林　周法高等

甲骨文編　中國科學院考古研究所

續甲骨文編　金祥恒

金文編　容庚

古璽文字徵　羅福頤

石刻篆文編　商承祚

古匋文孴録　顧廷龍

古籀彙編　徐文鏡

說文古籀三補　强運開

鐵雲藏龜	劉鶚	鐵
殷虛書契前編	羅振玉	前
殷虛書契後編	羅振玉	後
殷虛書契續編	羅振玉	續
殷虛書契菁華	羅振玉	菁
殷虛文字甲編 乙編		甲 乙
戩壽堂所藏殷虛文字	王國維	戩
鐵雲藏龜拾遺	葉玉森	拾
鐵雲藏龜零拾	李旦丘	零
殷契摭佚	李旦丘	摭
卜辭通纂	郭沫若	通
殷契粹編	郭沫若	粹
殷契佚存	商承祚	佚
殷契遺珠	金祖同	珠
鄴中片羽	黃濬	鄴
甲骨六錄	胡厚宣	六錄

戰後寧滬新獲甲骨集　胡厚宣　寧滬
戰後南北所見甲骨集　胡厚宣　南北
戰後京津新獲甲骨集　胡厚宣　京津
甲骨續存　胡厚宣　存
殷契卜辭　容庚　瞿潤緡　燕
天壤閣甲骨文存　唐蘭　天
簠室殷契徵文　王襄　簠
甲骨文零拾　陳邦懷　陳
龜甲獸骨文字　林泰輔　林
庫方二氏所藏甲骨卜辭　方法斂　庫
殷虚卜辭　明義士　明
金璋所藏甲骨卜辭　方法斂　金
京都大學人文科學研究所藏甲骨文字　貝塚茂樹　京都
甲骨文合集二、三、四卷　中國社會科學院歷史研究所
殷虚卜辭綜述　陳夢家
甲骨文字釋林　于省吾

殷虚卜辭綜類　島邦男
甲骨文斷代研究例　董作賓

嘯堂集古録　王俅
窓齋集古録　吴大澂
三代吉金文存　羅振玉
小校經閣金文拓本　劉體智
周金文存　鄒安
殷文存　羅振玉
續殷文存　王辰
兩周金文辭大系圖録考釋　郭沫若
商周金文録遺　于省吾
美帝國主義刧掠的我國殷周銅器集録　中國科學院考古研究所

貞松堂吉金圖　羅振玉
善齋吉金録　劉體智

善齋彝器圖録　容庚

頌齋吉金圖録　容庚

十二家吉金圖録　商承祚

雙劍誃古器物圖録　于省吾

河南吉金圖志賸稿　孫海波

鬲氏編鐘圖釋　徐中舒

尊古齋所見吉金圖録　黄濬

巖窟吉金圖録　梁上椿

壽縣蔡侯墓出土遺物　安徽博物館

上海博物館藏青銅器附册　上海博物館

青銅器圖釋　陝西博物館

陝西省出土殷周青銅器　陝西省博物館

上村嶺虢國墓地　中國科學院考古研究所

洛陽中州路　中國科學院考古研究所

濬縣辛村　郭寶鈞

黄縣𡱖器　王獻唐

長安張家坡西周銅器羣　陝西省博物館
扶風齊家村西周銅器羣　陝西省博物館
湖南省出土文物選集　湖南省博物館
殷周青銅器通論　容庚　張維持

石鼓文研究　郭沫若
石鼓文疏記　馬敍倫
古石刻零拾　容庚
魏三字石經集録　孫海波

侯馬盟書　山西省文物管理委員會
長沙仰天湖楚簡研究　史樹青
戰國楚簡匯編　中山大學古文字研究室稿本

稽古齋印譜　吴觀均
訒庵集古印存　汪啟淑

銅鼓書堂集古印譜　查禮
吉金齋古銅印譜　何昆玉
二百蘭亭齋古印存　吳雲
十鐘山房印舉　陳介祺
十六金符齋印存　吳大澂
印郵　高薇垣
齊魯古印攗　高慶齡
續齊魯古印攗　郭申堂
共墨齋藏古鉨印譜　周銑詒　周鑾詒
瞻麓齋古印徵　龔心釗
擷華齋印譜　劉瑞源
頤素齋印景　何伯源
匋齋藏印　端方
遯盦秦漢印選　吳隱
伏廬藏印　陳漢第
尊古齋古鉨集林　黄濬

古印甄　易忠籙
濱虹草堂印鉨釋文　黄賓虹
金薤留珍　故宫博物院
上海博物館藏印選
封泥攷略　陳介祺　吴式芬
楓園集古印譜　太田孝太郎
舊版書道全集印譜卷　下中彌三郎
鐵雲藏匋　劉鶚
季木藏匋　周進
古泉匯　李佐賢
古錢大辭典　丁福保
東亞錢志　奥平昌宏

文物參考資料、文物　解放初至最近
考古通訊、考古　解放初至最近
考古學報　解放初至最近

文物精華第二集

中國文物第二期

補遺

鐵雲藏龜之餘　餘

甲骨文録　孫海波　河

殷契拾掇　郭若愚　掇

殷契摭佚續編　李亞農　摭續

福氏所藏甲骨文字　商承祚　福

甲骨卜辭七集Ｐ　方法斂　七Ｐ

《漢語古文字字形表》訂補

張亞初

由徐中舒先生主編，漢語古文字字形表編寫組編纂的《漢語古文字字形表》（簡稱《字表》），收列了甲骨文、金文和戰國文字的字頭約三千個，選用了古文字體約一萬多個。全部古文字按時代先後次序排列為三欄，第一欄為商代文字，第二欄為西周文字，第三欄為春秋戰國文字。同時，又照應到不同時代形體演變的上下對應關系。這就為我們了解和掌握古文字形體發展源流演變情況，提供了一部很好的工具書。無疑，該書對學習和研究古文字的人都是很有裨益的。對編纂者的辛勤勞動我們要表示深切的謝意。

此書的成績和優點，是有目共睹的，無庸贅言。這裏，我們抱着關心愛護的態度，提出一些對該書的訂補意見。其中，除了引用學術界一般的成説外，對某些字作了新的考訂，提出來和同志們一起商討。有些我們認為遺漏和應訂正的地方，可能編者另有取捨的考慮，我們還是一併提出來討論研究。這些拾遺補缺的意見，不一定正確，供讀者使用此書和編者再版時參考。

本文由於受篇幅所限，對所作的訂補不可能過於詳盡，只能粗綫條式地簡要地提出來。對有些較復雜的問題，例如司母戊鼎之司不能讀為后，這些，我們擬另作專文探討。

文中不當之處，尚祈徐老和同志們不吝指正。

下面，我們把訂補意見，按該書先後順序分條敘列如下：

一、第二頁丕字條，第一欄應補甲骨文。不丕古同字，在甲骨文中方國名之不（丙一等），即文獻上所説的「商有姺邳」之「邳」。不伯𦉜之「不」，就是丕，邳（參《邳伯𦉜考》《考古學報》一九六三年二期五九頁）。甲骨文中的方國名不，即丕、邳之初文。西周金文不顯即丕顯。第一欄應補。

二、第七頁祇字條，第一欄應補甲骨文之[illegible]、[illegible]（綜類二〇九頁，綴一五四），「叀[illegible]

桒」（綴一五四）就是卜問是否向神祇桒求，詳《甲骨文金文零釋》釋祇條（《古文字研究》第七期）。

三、第八頁祀字條，第一欄所引甲三九一五之字摹寫有誤，人形有兩條腿，作□，應正。

四、第九頁祡字條，第一、二兩欄應收七、祡。匕、祡為祡字初文，此類字甚多，應補錄。

五、第十二頁三字條，第一欄應補□字（《金文編》三七四頁），此字是曑（三）字初文。盠方彝「參有司」之「參」（三）就作此形。不加三撇與加三撇是早晚字。割裂了這兩種形體，對於大寫的三字的源流就不清楚了。應補錄。

六、第一二頁皇字條，第一欄應補甲骨文和金文。甲骨文中有「凡□」一詞（續二、三一、一等），有的同志根據上下文意釋為「方皇」（徬徨）（《釋呂方方皇于土》《文史哲》一九五五年第九期）。按凡即盤字，旁字作□（《金文編》六頁），從方從凡（盤），凡亦聲。盤旁雙聲。故卜辭可以假凡（盤）為旁（方為義符，方旁也音近字通）。□字釋皇是正確的，皇即凰的本字，本像凰之冠。我們在陝西省武功縣藏器中見到一件銅尊，其上的鳳鳥之冠正作此形。所以皇有光美之意。皇字到商末才加聲符王變為形聲字。卜辭「貞，我□□」（綜類五〇八），此皇字是族氏地名。在金文中有這個族氏名的銅器共見四器（《金文編》八六六頁收鼎、鬲、簋、卣四器，考古所藏拓有一鉞）。在商代，婦女的名字一般是族氏地名加女旁組成的。我們在商末的銘文中見到有媓字（《美帝》A五一二、□一七七），一方面，進一步證明皇是族氏地名，另一方面，弄清了皇字是由□加聲符王的演變情況，為從□到皇的發展演變找到了中間環節和可靠例證。皇字演變可圖示如下：

□ 武丁卜辭 → □ 商末金文 → □ 西周 □ 春秋 □ 金文

由此可見，□字在甲骨文中釋為皇字文通字順，是合適的。從字形上看，此字演變的脈絡也十分清楚。所以此字形應考慮補錄。

七、第十三頁瑾字條，第一欄缺。堇、瑾、覲古同字。堇字商代甲骨文作□（甲三九一三），金文作□（小子□卣，三代一三、四二、三），應補。

八、第十五頁玗字條，所引□□卣（積古一、三四——三五；〈古二、二、五）是商器，所以應移入第一欄。釋壁則非是。

九、第一七頁中字條，第二欄所引中鉦（三代一八、五、二）是商器，應移入第一欄。中仲有别。

一〇、第二〇頁辥字條，第一欄缺。按甲骨文「隮氏馬自[古文字]」（綜類三六〇頁），就是隮從辥送來馬。辥是商代古國邑名。其形體與兩周金文之辥相同。第一欄應補。

一一、第二一頁董字條，所引鄆字應為董字。商代銘文作[古文字]，西周作[古文字]（《金文編》八一二頁，四六二頁），前者像人負橐之形，會意，是重字初文。西周銘文重字因筆劃重合簡化已失重字造字本意。國邑名之重，後加邑作鄆。重、鄆即董。第一第二兩欄應補。

一二、第二五頁折字條，僅收錄從斤從[古文字]的字形，對折字另一種從斤從[古文字]或從斤從[古文字]的形體概未收錄。後者商代甲骨文作[古文字]、[古文字]（《綜類》三六三頁）。西周金文作[古文字]、[古文字]（《金文編》三一頁折字及四七頁哲字偏旁）。不久前出土的作册折方彝作[古文字]（《陝西扶風莊白一號西周青銅器窖藏發掘簡報》《文物》一九七八年三期一——一六頁）。這種文字結構的多元現像，在古文字中是不乏其例的。折字形體演變可圖示如下：

[古文字]　[古文字]
‖
析
↓
[古文字]　[古文字]
‖
折

我們認為，像這樣的有不同類型的幾種結構的形體，都應該予以收錄，否則，其源流就不清。

一三、第三二頁豕字條，第一欄缺。按，從此字的字源講，應該是甲骨文中的[古文字]和商代銅器肄簋中的[古文字]字（綜類二一九頁美帝A一九六R一五三）。其本義是豕的一種。有人把它與彘字相混是不對的。唐蘭先生對於[古文字]與豕的源淵關係曾經有所論述。[古文字]字應釋豕，假為豕（參《古文字學導論》一七九頁、二五二頁。按，唐氏也把此字與彘字相混，這一點是不妥當的）。第一欄應補甲骨文之[古文字]和肄簋之[古文字]字。

一四、第三六頁虎字，所引拾一三、一〇之字從虎從人，作老虎食人之狀，應即虐字初文。《綜類》二二五頁收錄了這個字的七條材料。在西周的同簋的銘文中也有這個字，《金文編》入於附錄（九五八頁）。裘錫圭同志也認為這是虐字（《甲骨文字考釋》《古文字研究》第四輯一六一頁），這是很正確的。顯然它不是牝字。前四、二一、五之字從豕從刀，應隶定為豩字，即後世的剢字，音川，訓剝皮（見《康熙字典》刀部）。從刀從豕，刀向豕身，有的銘文還作用手持刀形，正是剝皮之意。此字在甲骨文中都是作為族氏人名出現的，在金文中也有數見，絕非牝字。乙一九四三之字原文是「其邘劇不？」顯然也不是牝字，而是劇字。後下五、一〇之字列為牝字亦誤。一個字頭下混用了好幾個字，可能是移錄《甲骨文編》而沒有校對原文的緣故。

一五、第三六頁牟字，第一欄缺。在甲骨文中有[illegible]字（綜類二一二頁），其字與古璽之牟字字形相同（《漢印文字徵》二、三高牟印，《繆篆分韻》二、二三中牟令印），應即牟字。在甲骨文中牟是犧牲的一種，稱黃牟，𢆶（黑色）牟，當是牛的一種名稱。第一欄應補。

一六、第三七頁犛字條，所引甲骨文並非犛字，應刪。

一七、第四三頁台字條，第一第二兩欄缺。按㠯即台字初文，西周以前基本上都是作㠯，西周末年以後才從口作台。《金文編》在台字條下收毛公鼎的㠯字，是完全正確的。第一欄應據《綜類》五〇二—五〇四頁㠯字條增補甲骨文，並據亞「醜」器「者姛㠯大子隮彝」之㠯增補商代銘文。甲骨文中某人㠯什麼東西，此㠯即貽，就是給什麼東西。「者姛㠯大子隮彝」，就是諸姛給太子作隮彝。㠯、台之作貽，猶氏之作賚（居簋），來之作賚。甲骨文中的㠯、氏、來什麼東西，都是給的意思。第一欄應補上述之㠯。第二欄應據毛公鼎等器增補。這樣，才能把台字的來龍去脈弄清楚。

一八、第四四頁吉字條，吉字有兩種結構，一種從戈頭從口，一種從斧鉞頭從口，此字第一欄無典型的從斧鉞形之字例，應據《綜類》一二六頁增補。

一九、第四五頁唐字條，所引晉公盦之唐字摹寫失真，右面從邑也不明顯，應據較清晰的拓本重摹。

二〇、第四五頁[illegible]字條，第一欄應補甲骨文之[illegible]（綜類一七一頁）。

二一、第四六頁否字條，在甲骨文中否均作不，例如：「丁未卜，扶，㞢咸戊牛不？（綴六），「庚戌卜，㠯貞，方其正，今日執不？」（存卜五二五），上述之不均即否字。于省吾先生曾指出：

「甲骨文無否字，以不為否，否乃不的後起字」（釋林三九四頁）此說至確。所以，第一欄應據《綜類》三六一頁「句末不」條選擇補錄。

二二、第四九頁走字條，第一欄缺。按在甲骨文中走馬之走作夭（甲二八一〇），可見夭是走字初文。此字象一人甩開膀子奔走狀。到西周，此字才增加表示行動的意符止或彳。第一欄應補。

二三、第五一頁趠字條，第一欄空缺。按甲骨文中趠作𢓊（粹一一六〇）。于省吾先生云：「𢓊當即金文趠鼎之𢓊字，從彳從走一也。《說文》：『趠，遠也』。《甲骨文編》謂《說文》『逴字與趠音義並同』，是也。以與、已典籍多通用。『其曰𢓊人㠯』，即其曰遠人已，意謂其去人遠已」（釋林九二頁），對𢓊之即趠論證很透徹，第一欄應補。

二四、第五三頁亭字條，第二欄缺。西周的𢦏鼎，𢦏簋有亭字（《陝西扶風出土西周伯𢦏諸器》《文物》一九七六年六期五一——六〇頁），上從高（其形與三代一二、一八、四的𣪘句壺銘文之亭字形同，亭字下部的口都作一），下即定。高是它的聲符，亭、高（亨）韻部相同，都是陽部字。又，戰國陶文或作亭（《愙齋尺牘》第一冊，吳氏釋溢，非），從高從止，與從高從足的字是同字異構，亦應補錄。

二五、第五五頁歲字條，第一欄所引左側二字從月從戉，與歲字字形不合，宜刪。

二六、第五六頁是字條，第一欄缺。按，在甲骨文中是有是字的，其形作早ㄓ（綜類八七頁），從子從止。是為族氏名。西周銘文是字作早ㄓ（《金文編》七三頁），也是從子從止，所不同的僅在於子的頭部增加了一點。這與皇字早期上部不從點，晚期加點，是同樣的情況，二者並無本質差別。其實，晚期的是字上部也有不加點的，戕孫編鐘作早ㄓ（《考古》一九六五年四期一六八頁），就是明證。所以，早ㄓ就是是字，這是毫無問題的。據《史記·殷本紀》所載，是氏是商人的子姓族氏。甲骨文有媞（鄴一、三〇、三；甲一七九三），媞即女化之是，解放前後，在陝西境內都曾出土過是氏之器，例如一九七三年長安馬王村就出土過是婁簋（《陝西長安新旺村、馬王村出土的西周銅器》《考古》一九七四年一期一——五頁），此外，傳世的見於著錄的是氏器還有五六件器。甲骨文的早ㄓ字即是字，從文字形體講，它與西周春秋時期的銘文是一脈相承的。從它之作為族氏名在甲骨文中出現，與文獻及銘文也都是吻合的，所以，第一欄應補收此字。

二七、第五七頁達字條，第一欄缺。按達字在甲骨文中是一個常見字（綜類四六八頁），它與西周早期盂鼎等器的銘文形體相同，作[glyph]，不從表示行動的意符彳止。第一欄應據此以補。

二八、第五七頁巡字，第一欄缺。甲骨文中有巛字（綜類三二五頁），一作人名，一作動詞。彳、止在古文字中都表示行動之意，往往通用無別，所以巛就是巡字。這與上面所說的徫之即韙是相類似的情況。作為動詞用，巛就應作巡視講。第一欄補此字。

二九、第六一頁遘字條，所引前一、四〇、五之字並非冓字，即使是冓字也不典型，應删。第一五一頁之誤與此同。

三〇、第六二頁逢字條，第二第三欄缺。按西周和春秋器有夆莒父卣（《近年來上海市從廢銅中搶救出來的重要文物》《文物》一九五九年一〇期三二頁）；夆伯命甗（三代五、六、七）；夆叔匜（三代一七、四〇、二），夆即穆王時的逢公固之逢，夆為逢字初文，二、三兩欄應補。

三一、第六四頁遲字條，第一欄所引甲三七九六為徲字，與遲並非一字，應補。徲即遲，或與遲通。

三二、第六八頁道字條，第一欄應補衍字，《汗簡》以衍為道，以道、導來解釋甲骨文，文通字順。衍應是道字初文。

三三、第六八頁邊字條，第一欄缺。按甲骨文中邊作[glyph]（綜類一一七頁），「叀往鼻」就是貞卜是否到邊地去。邊字初文從自從丙，丙亦聲，後加方作方向的意符，加彳或辵（《金文編》八五頁）作為行走遙遠的意符，遂成邊字，《說文》分邊、鼻為二字，其實這兩個字本來就是一個字。鼻字陳邦懷先生曾疑為邊字初文（《殷代社會史料徵存》下三一頁），這是正確的。但他沒有進一步講清該字的造字本義及其演變情況。卜辭「叀往邊」的邊字，可能指邊疆，也可能指方國邊。金文中有邊子頊其人（《錄遺八〇），邊字作[glyph]，從臱從邑，臱即鼻之後起字，下面增加了方字作義符。臱字不從彳止，猶存古形。邊字大盂鼎作[glyph]，又增加了彳作義符。邊字從鼻——→臱——→[glyph]、邊，其遞邅發展的脈絡是十分清楚的。由邊子頊鼎的銘文可知，邊是國邑氏名。《左傳》等文獻記載，都有邊伯其人，可相互參證。甲骨文「往邊」也可能是到邊國邑這個地方去。第一欄應補鼻字。

三四、第六九頁迂字，引後下一四、一四的[illegible]字為例，這是不妥當的。子止乃是字初文，並非迂字。說詳第二六條。

三五、第六九頁𨕖字條，一、二兩欄缺。《金文編》七七頁的迨字應即𨕖字的異構。商代至西周的甲骨文金文全以迨為𨕖。戍甬鼎之迨應補入第一欄，保卣之迨應補入第二欄。第一欄還應補甲骨文之迨，參《綜類》三二五頁。迨字或作佮。有的是地名，有的就是作動詞𨕖合之𨕖用。妾子蚉壺「其𨕖如林」，《詩大明》就作「其會如林」。佮、迨、𨕖、會古同字。

三六、第七二頁徫字，所引菁九、四之字並非徫字，徫字從[illegible]得聲，此字從彳從夊從木，應刪去。又，夆、逢、逢音同字通，參三○條。

三七、第七二頁退字條，第一、二兩欄缺。其實在商代的甲骨文和西周的金文中都是有退字的。天亡簋之[illegible]字，從彳從夊從皀（簋字）。《說文》退字古文作[illegible]，皀省變成⊖，[illegible]之作⊖，猶天亡簋銘文𣪕字作⊖，皀就形譌為⊖（中山王方壺退字皀也訛作⊖）。下面多了一個表示行動的義符[illegible]，字形基本上與[illegible]字相合。[illegible]字顯然就是退字的初文。退字從彳表示行動，從夊表示向後退，從皀則是它的聲符。退字是從彳從夊從皀（簋）聲的形聲兼會意字。它在甲骨文中字形更簡單，作[illegible]（綜類八七頁），從[illegible]從夊、[illegible]（皀）亦聲。「其[illegible]伐」即「其退伐（犧牲）」，「[illegible]伐不用」即「退伐不用」，「弜[illegible]，𣅀其延」，即「弗退，𣅀其延（繼續）」。此字基本結構與天亡簋的退字相同，從詞例講，釋為退字也是十分合適的。所以，這無疑是退字最早的字形。天亡簋之退吳大澂已釋退（《愙齋集古錄賸稿》下二二），柯昌濟從之。𦣞盨「進退」之退正作此形，可證這確為退字。第一第二兩欄均應補入。

同時，退字也有兩種結構，一種是上述從彳從夊從皀之字，另一種是從內從止或從彳從內，《綜類》七○頁[illegible]字釋退，是正確的，亦應據以補入。

三八、第七六頁衛字條，第一欄缺。按，這個字在甲骨文中也是有的，其字作[illegible]（《綜類》三二四頁），毛公鼎「率懷不廷方」，率字作[illegible]（三代四、四六），字形與甲骨文相同，所以第一欄應據以補錄。

三九、第七八頁踐字條，第一欄缺。按文獻上「踐奄」之踐，在甲骨文中作[glyph]（《綜類》三四〇頁），「貞勿乎戔𢀛方」，就是貞卜是否要去踐伐𢀛方。戔、踐、剗、殘古同字，第一欄應補。

四〇、第七八頁踞字條，第二欄缺。按，商與西周金文都有此字，參《金文編》七七二頁長字條下末行字，應補。

四一、第七八頁疋字條，第二欄缺。按古疋足同字，《説文》疋訓足，以為是足字古文，又以為是胥字。按楚字從疋，但在甲骨文金文中都是從足。許氏疋足同字的説法是有根據的。疋字後來有五個音，其中之一為縱玉切，讀與足同（《黄侃論學雜著》一八六頁《説文聲母字重音抄》）。在西周册命銘文中我們常見王或某上級命令某人「左足」或「足」某某幹什麼之辭，陳夢家先生認為上述之足字都應讀為疋、胥，訓為助。左即佐，佐胥為重文迭意。此説極是（見《西周銅器斷代》手稿）。

四二、第八〇頁嗣字條，第一欄缺。按，在商代金文中有嗣字。在安陽後岡圓坑墓中，曾出土一件鼎，作器者有人稱之為戍嗣子（《安陽圓坑墓中鼎銘考釋》《考古學報》一九六〇年一期一——三頁）。嗣子二字緊湊地寫在一起，作[glyph]。我們認為這不是二字，而是一個字，應隸定為[glyph]。《説文》古文嗣從司從子，字形稍訛。戰國時的令狐君壺的嗣字就很清楚是上從司下從子。近幾年來出土的竹簡文字嗣字也作此形。我們往往以為嗣字的初文作孠，其實孠字已經是後起的簡化字了。其初文即[glyph]，從子從册從司。子為子嗣的義符，册為立子嗣要册告先祖的意符，司則是此字的聲符。這就是[glyph]字的造字本意。到東周，它才簡化成從子從司司亦聲的孠。盂鼎和中山王壺從册從司之字，則是另一種簡體字。現在的嗣字就是從這一種形體演變來的。嗣字演變情況可圖示如下：

[glyph]——[glyph]——司册——嗣

孠

第一欄應補[glyph]字。

又，第二欄師𩰫鼎之銘從甚從册，應為[glyph]字，與嗣字字形不同，不宜混為一字，應刪。

四三、第八一頁舌字條，第二欄缺。在商周族氏銘文中有舌字，見《金文編》八八五頁。《董作賓先生全集》第三册有《王孫舌考》一文（七九三頁），對舌器及舌字考訂甚詳，可參閱。舌器傳世者近三十件，絶大部分是商器，但《錄遺》四七四、四七五兩件器肯定是西周器。這是兩件爵，上面的紋飾是典型的西周器紋飾。這表明，舌族氏的活動一直延續到西周，第二欄應補《錄遺》二器的銘文。

四四、第八三頁古字條，第一欄缺。在甲骨文和商代族氏銘文中都有古字，作中口、申口，從中（毌）從口，中亦聲（毌古雙聲）。此字唐蘭、于省吾等先生都有過論證。甲骨文見《綜類》三二九、四二〇頁。族氏銘文見《金文編》八三三頁。應據以補入。

四五、第八六頁言字條，第一欄所引拾八 一之字作[illegible]，是示字，原辭是「三示𡊾，雨」，可見它與言字從字形到用法判然有別，並非一字，應删。

四六、第八七頁謂字條，第三欄應補胃字，吉日壬午劍即以胃為謂，不從言。參《金文編》一〇九頁。

四七、第八七頁諾字條，第一欄應補若字，甲骨文習見。

四八、第八八頁雠字，第一、二兩欄應補雔字（《金文編》二〇八頁），雔即雠字初文。

四九、第八九頁識字條，第一欄缺。按矧尊「余有唯小子亡戠」，以「戠」為識。戠字甲骨文作可、哥（綜類三三四——三三五頁），應補。

五〇、第八九頁訊字條，第一欄應補[illegible]字（綜類一四二頁），從雙手反綁之女，從口，這是訊字初文，目前已有定論。本書第一欄所引的訊字是商末卜辭，早期卜辭訊字不從8，晚期才從8，與羌之作羗同例。只有把早期卜辭的訊字列出，才能看出這個字的遞邅之迹。

五一、第九三頁誕字條，第一欄應補甲骨文[illegible]字（《綜類》三一五頁）。

五二、第九六頁善字條，第一欄所收的四個字，全都不是善字，第二欄盂卣和甚鼎的兩個字，也與善字無關，都應删去。

五三、第九七頁音字條，第一、二兩欄缺，應補。在古文字中言音同字，所以言音通用無別。《金文編》一一八頁音字條下，容氏就收了兩種字體，這是完全正確的。商代和西周基本上都是以言為音，以後才分化成兩個字。由此可見，在音字條下只收帶點的字形，是不符合古文字的實際情況的。言字應據《綜類》一二四頁和《金文編》一〇八頁補錄。

五四、第九七頁竟字條，應補金文之[illegible]、[illegible]（金文編八〇二、八〇八頁），人形正側無別，故此二字都是竟字，應補入。

五五、第九八頁妾字條，第一欄僅收錄了妾字的一種形體，對妾字的另種形體[illegible]（綜類一三六頁）未收錄。後者從妾從卩（𡚸），卩亦聲，是形聲字。第一期卜辭「辛丑卜于河妾」（後上六、三），第四期卜辭「丁巳卜其燎于河牢沉𡚸」（後上二三、四），𡚸或釋嬖，[illegible]（艮）。按[illegible]為𡚸的本字（《說文徐箋》）。𡚸、妾均為精紐入聲字，故妾得以音近的卩作聲符。文字標音化之例習見。第一期有妾無𡚸，三四期有𡚸無妾，而妾、𡚸又都用於河，可證妾、𡚸是同一個字的不同寫法。

五六、第九九頁對字條下所收召伯虎簋一字，從丰從丮作𢀜，是奉字，而不是對字，從形體上講與對字大相徑庭，絕非一字，應刪。趞簋之銘也非奉字，應入僕字條下。

五七、第一〇〇頁奉字條，一、二兩欄缺。按甲骨文中有[illegible]字，其辭例是「今秋其[illegible]，其乎𢀜乙示」（前二、五、三），𢀜字也就是召伯虎簋上的𢀜字，象一人雙手持樹枝之類的東西在封樹之形，可能就是封字的初文。散氏盤講到封疆時一封之封作[illegible]（金文編一一二二頁），也是雙手持丰在封樹之形這二者的區別在於一是正面一是側面，表示的意思是相同的。後來才分化為封、奉二字。所以，第一欄應補收甲骨文之[illegible]，第二欄應補召伯虎簋之[illegible]和散氏盤之[illegible]。

五八、第一〇〇頁丞字條，所引第一欄右側之字為何字目前尚不能定，應刪。第二欄所收之字乃是叟字，與丞字不同，也應刪去。

五九、第一〇一頁弄字條，第一欄所引王作弄卣是殷墟出土器，（《一九七五年安陽殷墟的新發現》《考古》一九七六年四期二六四——二七二頁）。細看銘文拓本，弄字應為弄之誤，弄疑為挂字，應刪。

六〇、第一〇二頁樊字條，第二欄應補小臣氏棥尹鼎的棥字，從林爻聲，為樊之初文，詳《牆盤銘文十二解》（古文字研究第五輯第四頁）。

六一、第一○五頁鞫字條，所引之銘是餔字，應删。

六二、第一○七頁鬻字條，第一欄缺。按，在甲骨文中有從辰從鬲的[illegible]字（綜類一六四頁），是方國名，此字應是鬻字初文，第一欄應補。

六三、第一一○頁叉字條，甲骨文「貞，㞢疾厷（肱）氏小[illegible]（叉），知于□□」（乙七四八八），這是講病從肱部發展到了小叉，即小手指。此叉由文例可證叉即爪，叉爪古同字。這個典型字例應補於第一欄。

六四、第一一○頁燮字條，第一欄缺。甲骨文有燮作[illegible]（綜類一七七頁），應補。

六五、第一一二頁叏字，第二欄所引喪叏賈鉼之銘應為史之省，史頌之史就有作此形的（金文編一五五頁）。本書所收的叏字，容庚先生在《金文編》一四八頁也收入叏字條，但容氏附加了說明「史字亦如此作」，意思是疑似之間，未作肯定。按，容老的按語不是多餘的話，因為史字省變成此形的例子是不少的。另外，釋成喪史賈也符合銘文的慣例。阮元在《積古》一書中就釋此字為史字。吳式芬云「漢印內有宣曲喪史印，又呂光儀所藏漢磚有寧喪史三字。」（攈古二、三、三九）。這說明古代確有喪史這種職官。此字從字形到職官名都得到了證明，應釋史字為宜，而不是叏字。所以，此條應删去。

六六、第一一六頁肅字條，第二欄所收牆盤之字，與肅字在字形上相去很遠，就文例講，它與哲字相連，應該釋淵字為宜，應删。西周的孟肅父簋有肅字作[illegible]（三代七、一九、五），可補第二欄之缺。

六七、第一一七頁殳字條，第一欄所收二字並不是殳字，應删。在甲骨文中有殳作[illegible]（佚九一五續三、三一、五），可補。

六八、第一一九頁髟字條，第一欄應補甲骨文之[illegible]（綜類二三六頁）。

六九、第一二一頁敏字條，第一欄所收菁二、一之字應為妻字，非敏字，應删。

七○、第一二一頁敃字條，第一欄缺。按在甲骨文中有敃作[illegible]（綜類一○一頁），從民從又，與金文敃字字形相同。郭沫若認為民即氓、盲，是用針把眼刺瞎的會意字，可備一說。民字字形為目下一堅，臤字增一又。如果民確為刺眼的會意字，那麼臤字正作此形。甲骨文中的這個字是臤字，是毫無疑問的。第一欄應補。

七一、第一二一頁敄字條，第二欄所引之般甗是商器，銘文內容是講商末征東夷之事（三代五・一一・一），此銘文應上移至第一欄。

七二、第一二一頁整字條，第三欄應補晋公𥂴之整字，此字結構較特異，有一定代表性。

七三、第一二一頁故字條，第一欄應補中口字，古為故之初文。

七四、第一二四頁斁字條，第一欄缺。甲骨文之睪作□（綜類一〇八頁），字形與毛公鼎亡睪之睪字相同，應據以補錄。

七五、第一二四頁㪣字條，三體石經及《汗簡》並以為是撫字古文。《說文》「㪣，撫也」。㪣即撫字，應加說明。

七六、第一二四頁敦字條，第一、二兩欄缺。按辜為敦字初文，辜字在甲骨文中常見「辜伐」連用，此辜當即敦、敦。辜字在商周金文中也很多，應補。

七七、第一二五頁攻字條，第二欄缺。按，在西周金文中有攻字，見壴鼎等。

七八、第一二九頁庸字條，第一欄應補□字（綜類二六六頁），這是□字的初文。又，從庚從用的庸字在甲骨文中也已經出現，詳《釋林》三一六頁釋庸條。西周從庚從用的形體還見於逆鐘（《咸陽地區出土西周銅器》考古與文物，一九八一年一期八頁圖二3），均應補錄。

×七九、第一三三頁賜字條，第一欄未收字，空缺。第二欄所收字形過晚。賜字的初文作□、□、□（綜類三八六頁，金文編五三二——五三四頁），應補。

八〇、第一三六頁者字條，第一欄所收之字全為燎字，均應刪去。

八一、第一四一頁隻字條，第一欄所收矢伯隻卣是西周器，應下移至第二欄。

八二、第一四二頁雁字條，第一欄應補甲骨文的□字，這是雁字的初文，圓點指向鳥的胸部，為指事字，即膺的本字。林沄同志曾有此說，甚是。

八三、第一四五頁羔字條，第一欄所收的索角是西周器，應下移至第二欄。

八四、第一五五頁敢字條，末行所引小臣缶卣之銘文究屬何字，尚不能定，其形體與敢字不同，宜删。此器是商器，如要採用，也應上移至第一欄内。殷墟侯家莊一〇〇三號大墓曾出土小臣系石簋（《侯家莊M一〇〇三》圖版二七·一〇）。這與卣銘的小臣系是同一個人。所以此卣是商器是確屬無疑的。

八五、第一五七頁脣字，第一欄缺。甲骨文有□字（綜類一一七頁），從自從月（肉）。辭例是「貞，婦好□佳㞢疾」（前六、八、五），□字是指婦好人體的某一部分，從自（鼻）從月（肉），月在鼻下，應是脣部的會意字。脣字後世是從月辰聲。在甲骨文中却是從自從月的會意字。此字到東周還有作從自從月的□（《古鉩文字徵》附錄第五頁）。所以第一第三欄應補此字形。

八六、第一五八頁臍字條，第一欄應補甲骨文，詳八二條。

八七、第一五八頁腹字條，第一欄缺，應據甲骨文補入。甲骨文的腹字作□、□（綜類八七頁），從人（或身）從复聲，與牆盤的腹字字形相同。

八八、第一五九頁胡字條，第一第二兩欄缺。按西周銘文中都是以㝬為胡，胡國之胡，厲王胡之胡，都作㝬可證。可見㝬是胡字初文。此字應補於第二欄。又，商代銘文中有㝬字，舊釋為害夫二字。按此字應為一字，未見單獨分别出現，這兩部分總是合寫在一起。害即憲字初文。《説文》以為憲從害聲。《睡虎地秦墓竹簡·内史雜》一九三「憲盜」，《法律答問》作「害盜」，可證憲害音近字通。所以㝬可以寫作㝬，上下結構變為左右結構就成了㝬字。㝬即《穆天子傳》犬戎胡之胡，是鬼方的一個方國名。㝬應補於第一欄。㝬之即㝬，孫詒讓（《古籀餘論》一、一呂夫角考釋）、唐蘭先生曾有此説（《周王㝬鐘考》國立北平故宫博物院年刊，一九三六年一三頁），現進一步補充説明如上。

八九、第一六〇頁胥字條，第二欄缺。按西周册命銘文之「左足」即左疋，足疋古字通，疋即胥，詳四一條。第二欄應補。

九〇、第一六七頁竹字條應補甲骨文之□字。此字舊釋冉，誤。甲骨文「癸卯卜，甲攺，不攺，□夕雨」（小南七四四），終夕雨之終作□，也就是竹假借為終字。竹冬（終）聲部相同，韻部相近，故可通假。這是□為竹字的確證。過去，唐蘭先生曾根據字形分析釋之為竹字，但並没有足以令人信服的證據。這一條卜辭一出現，竹字的釋讀問題就迎刃而解了。

九一、第一六九頁簋字條，第二欄應補[字形]字，毁字省作皀的材料有好幾條，天亡毁就是其例，應補。

九二、第一七一頁箙字條，第一欄所引箙𠬝父乙盉是西周器，應下移至第二欄。

九三、第一七一頁其字條，僅錄其字一種形體。按其為箕字初文。其字假為其他和訓為該字的其之後，就以𠀠為箕。文獻上箕子之箕，即亞𠀠𠙹器之𠀠。在亞𠀠器中𠀠字早期作其，晚期作𠀠，但個別晚期器𠀠還作其。可證其𠀠音同字通，𠀠是從其字分化出來的。在漢墓的陶文中，「精萬箕」還作「精萬𠀠」（陳直《洛陽漢墓群陶器文字通釋》《考古》一九六一年一一期六二八頁），可證𠀠即其即箕。第一第二兩欄應把𠀠字收入。

九四、第一七三頁左字條，應在一、二兩欄補入𠂇字，此字甲骨文金文習見，是左字初文。

九五、第一七四頁工字條，第一欄缺。甲骨文工作[字形]（綜類四一七頁），晚期作工，應補。

九六、第一七五頁寒字條，第一欄缺。按寒字甲骨文作[字形]字（綜類二七七頁），[字形]即[字形]字初文，詳《釋林》三九三頁釋[字形]條。

九七、第一七六頁㞢字條，第二欄應補㞢鼎（三代四、四五、二——四六、一），和㞢尊之㞢（陝器三、七七）。

九八、第一七九頁⿰歹可字條，第一欄缺。甲骨文中有此字作[字形]（綜類一四頁），應據以補入。摹誤

九九、第一八〇頁雩（粤）字條，第一欄缺。甲骨文中有此字作[字形]、[字形]（綜類一七〇——一七一頁），商代銘文作[字形]（《一九五〇年春殷墟發掘報告》中國考古學報，一九五一年第五册一——六一頁，SPM8 爵銘），應補。

一〇〇、第一八〇頁旨字條，第一欄京都七三A之字是召字，非旨字，應删。

一〇一、第一八二頁嘉字條，所引善夫克鼎之嘉字，似無把握，應删。嘉字在甲骨文中是不少的，其形作[字形]（綜類四〇一頁，島邦原釋樹，誤），從壴從力，形體與王孫誥鐘和哀成叔鼎之嘉字相同。侯馬盟書中不少嘉字就是從壴從力而不從口的。所以，甲骨文中的這個字是嘉字是確切無疑的。應補入

第一欄。《金文編》附録末字可補入二欄。

一〇二、第一八四頁豐字條，第二欄之豐器之豐，並不是豐字，而是豐王二字合文。在傳世的拓本中，有的拓本豐王二字上下分書。而《史記·秦本紀》中又明確載有豐王。所以釋豐王應該是合適的。此字如果要收用，應移於豐字條下，把王字去掉。

一〇三、第一八四頁豐字條，第一欄所引外七之[illegible]字，是婦女名，應刪。[illegible]字是否是豐字，尚不能定。唐蘭先生就認為莾是豐與鎬之外的另一個地名（《古文字研究》第二輯）。宜刪。

一〇四、第一八五頁虐字條，一、二兩欄均缺。商代甲骨文和西周金文中都有虐字，從虎從人，作老虎食人為虐於民之形，應補。詳一四條。

一〇五、第一九二頁青字條，第一欄缺。按在商代文字中有青字作[illegible]（《侯家莊[illegible]一〇〇一號大墓》表三七、二：七六三，插圖六七）。此字與毛公鼎靜字所從的青字偏旁相同（《金文編》二七八頁），無疑應是青字，應補。

一〇六、第一九三頁皀字條，第二欄缺。按天亡簋皀字作[illegible]，癸姬簋作[illegible]（金文編二三九頁），山西永凝東堡作帛尚簋作[illegible]（《山西洪趙縣永凝東堡出土的銅器》文參一九五七年八期四二—四四頁）。應據以補錄。

一〇七、第一九五頁鬱字條，第一欄缺。按甲骨文有此字作[illegible]（綜類一九〇頁），應補。

一〇八、第一九七頁養字條，第一欄所收二字均為牧字，非養，應刪。[illegible]銘之又牧即右牧，右牧在金文中多見。甲骨文中有右牧、中牧、左牧之辭，《古本竹書紀年》「周王季命為殷牧師」，左右中牧可能與牧師有關，系職官名，可證牧字釋養有誤。

一〇九、第一九九頁會字條，第二欄所收的[illegible]字從米從合，是[illegible]字，並非會字。此字與會字的形體有明顯區別，應刪。古文字以佮、迨為會合之會，詳三五條。

一一〇、第二〇〇頁缶字條，第二欄所收的缶字之器，是有名的商器小臣缶鼎，這是公認的商器。此字應移於第一欄下。缶字有從[illegible]從个兩種形體，從[illegible]之缶除缶鼎外，還見於甲骨文（乙一〇六）。這與[illegible]字所從的[illegible]个兩種形體是一致的。為了明確和強調這種不同的結構，應補甲骨文材料。

一一一、第二〇一頁霝字條，第一欄應收甲骨文之霝（綜類一七〇頁）。

一一二、第二〇一頁矢字條，所引乙二二一及甲一九七六之[illegible]，均非矢字，現在一般都釋為畀字，應刪。

一一三、第二〇一頁射字條，第二欄的射女盤（捃一、二、七九）是商器，應移於第一欄下。

一一四、第二〇三頁冂（坰）字條，第一欄缺。在甲骨文中有冂字，詳《釋林》四一〇頁釋冂、高條，應據此以補。

一一五、第二〇三頁市字條，第一欄缺。在甲骨文中有市字作[illegible]（綜類八〇頁），三晉文字市字作[illegible]、[illegible]，從土從市，市字猶存古形，甲骨文[illegible]乃其初文，不從土（參裘錫圭《戰國文字中的「市」》學報一九八〇年三期二八五——二九六頁），應補。

一一六、第二〇四頁就字條，第一、二兩欄缺。按甲骨文和金文中的𩫏（綜類二六四頁）、𩫏、𩫏（金文編二九九頁）就是就字的初文（詳《周厲王所作祭器㝬簋考》《古文字研究》第五輯），應據此補入。

一一七、第二〇六頁廩字條，第一欄所引父乙甗之銘字不可識，待考，宜刪。第二欄所引牆盤之銘為啚字，不是廩字，應移入此頁啚字條下。

一一八、第二〇六頁啚字條，第二欄所引宜侯夨簋的圖字，與啚並非一字。應從啚字條中刪去。

一一九、第二〇七頁來字條，第二欄所引長甶盉、單伯鐘之銘，與來字形體有別，目前學術界對此字的認識尚不一致，故應刪去為宜。

一二〇、第二一〇頁夆字條，第二欄所引夆叔盤（三代一七、四〇、二）是春秋器，此銘應移入第三欄。

一二一、第二一三頁棠字條，第二欄缺。按西周末春秋初銘文中有棠字作[illegible]（錄遺四九六棠湯叔盤），林字下部與尚字上部的筆劃假借重會，但從林從尚是很清楚的，應為棠字初文。《金文編》把這個字誤分為二字。于省吾先生在《錄遺》目錄中把它隸定為一個字是正確的。林沄同志以為這是一個字即棠，應把此字補入第三欄。

一二二、第二一六頁榮字條，第一欄缺。其實在甲骨文中是有榮字的，其形作□（綜類一七七頁）、□（即營）（綜類四五三頁），這個字從字形看，是兩個樹枝交叉，上面燃起熊熊之火，有的在下面加□（口爲□之省）爲聲符，就變成了形聲字營。這兩個字與西周金文中常見的榮、營字是完全相同的。其差別僅僅在於，甲骨文之字上面從一個火，西周金文則從兩個火。我們知道，古文字的偏旁往往單雙無別，例如粦字、熒字，《汗簡》就作□、□，從一火與從兩火義同。□即□。上述甲骨文的這兩個字，與金文的榮、營肯定是同一個字的早晚字。其演變情況如下：

□與□ → □與□

榮字條下第一欄應補入甲骨文中的形體。

一二三、第二二〇頁杠字條，族氏銘文杠，就目前材料看，僅見於西周器，有鼎（寧壽一、三八）、簋（西甲六、四四）、尊（寧壽三、三二）、觶（三代一四、五四、八）等。本書所引即《三代》之銘。以上諸器除鼎器不能定外，其餘都是䶂爲毋甲所作器，當是同時之作。鼎銘木工册三字分書直行排列，木工爲一字還是二字，待酌。

一二四、第二二〇頁柰字條，所引乙一四八一爲從木從斤的析字，應删。

一二五、第二二一頁栝字條，所引龍節的□字，張振林同志釋爲擔字，于省吾先生亦釋爲擔字，這是非常正確的。字形與栝字是有區别的，應删。□即擔，假借爲擔。

一二六、第二二二頁罍字條，第一欄缺。按，甲骨文中有罍字作□（綜類三八九頁），應補。又，丕伯罍之罍字作□，字形與現在的罍字結構完全相同，應收録（《邳伯罍考》《考古學報》一九六三年二期五九頁）。

一二七、第二二五頁枼字條，第二欄缺。西周銘文枼作□，與世字可通假，參《金文編》一〇八頁。應補。

一二八、第二三〇頁鬱字條，第一欄缺。甲骨文有此字作□（綜類一九〇頁），字形與西周金文合，應補。

一二九、第二三五頁孛字條，第一、二兩欄缺。按孛字在甲骨文中作[古文字]（綜類一四九頁），在西周金文中作[古文字]，在春秋金文中作[古文字]（金文編四七八頁，容氏均混於孝字條下），從子從丰，丰亦聲。丰讀如蓬，與孛為雙聲字。詳《甲骨文金文零釋》釋孛字條，應補。

一三〇、第二三九頁固字條，第二欄缺。按西周金文中有固作[古文字]（金文編九四〇頁），有五證以明之：①、此字從古從丰（音介），丰古雙聲，所以丰是此字的聲符。古字加丰，分化出固字。金文中古自或稱[古文字]自，說明古詁是同音字；②、古固字通，史話簋「古于彝」即固定記載於彝，此古即固；③、秦公鐘「[古文字]名曰詁邦」，詁邦即固邦，是吉利語，詁應即固（薛七、七二）；④、不姑氏或稱不[古文字]（金文編九六八頁，不敌見鄧公簋）[古文字]即從古從丰之固，適二者為同音假借字；⑤、戰國陶文固字作[古文字]（《古匋文孴錄》附編二三），西周和春秋時期有詁無固，以古、詁作固。到戰國時詁加囗作[古文字]，以表示防圍的堅固（囗音圍）。後來簡化成固。古與固字分化演變情況可圖示如下：

[古文字]——[古文字]＝[古文字]<[古文字]（古）、[古文字]——固

由上可證，第一、二兩欄應補充固字的幾種早期形體。

一三一、第二四一頁貨字，第二欄所收商尊之銘並非貨字，應刪。甲骨文和金文的化字是貨字的初文，甲骨文作[古文字]（綜類二四頁），西周金文作[古文字]（金文編四五八頁），這是日中而市交易而退的會意字。東周貨幣文字還是以化為貨。所以一、二兩欄都應補化字。

一三二、第二四一頁貢字條，第一、二欄缺。貢字甲骨文作[古文字]（綜類四一七頁），「我史亡其[古文字]」，「我史出[古文字]」，以及「[古文字]典」之[古文字]，都是作為貢字出現的。工晚期卜辭作[古文字]（綜類四二五頁），西周金文作[古文字]、[古文字]（金文編二四八頁），一、二兩欄應據此以補。工為貢之初文。

一三三、第二四三頁賚字條，第一欄缺。在甲骨文中賚字都作來，來即賚字初文。凡是某人來什麼東西的納貢的紀錄來都應讀為賚。賚字本來並無上下之分，後世訓「賜也」，非其溯義。來字甲骨文作[古文字]（綜類一九九——二〇〇頁），應補。

一三四、第二四三頁賞字條，第一欄缺。按[古文字]簋（三代八、三三、二），[古文字]簋（錄遺一五一）、

鄉簋（三代六、四八、五）、小臣豊卣（錄遺二六九）、小子畵卣（三代一三、四二、二）、作册般甗（澂秋上一一）都是商器。賞字作商。西周才從商分化出賞字來。賞、賨是一個字的兩種形體。它們在古文字中並無區别。二四五頁賨字條也應補上述商器之銘。

一三五、第二四三頁賜字條，第一欄缺。甲骨文賜字作易，初文作[glyph]、[glyph]（綜類三八六頁），省作[glyph]（綜類四九四—四九六頁）。賜食（甲二一二一）、賜貝（後下八、五）、賜兵（後下二九、六）之賜都以[glyph]為賜。第一欄應補賜字早期形體。同時，第二欄僅收西周晚期的形體，也是不典型的。德器等承上啟下的[glyph]、[glyph]等字形都應酌情選用（參郭沫若《由周初四德器的考釋談到殷代已在進行文字簡化》（《文史論集》三四四頁）。

一三六、第二四三頁貯字條，第一欄所收乙六六九三及爵銘均從心從宁，為忙字，應删，參《釋林》三六一頁釋心條。

一三七、第二四四頁費字條，第一欄缺。按甲骨文和族氏銘文之弜就是《左傳》莊公十六年經晋侯使呂相絶秦時講的「伐我保城，殄滅我費滑」之「費」。甲骨文作[glyph]、[glyph]（綜類三八一—三八二頁），金文作[glyph]、[glyph]（金文編八二五頁），應補。

一三八、第二四五頁責字條，第二欄所引缶鼎是商器，其銘文應上移至第一欄。

一三九、第二四六頁贓字條，第一欄應補甲骨文的[glyph]字（綜類一一一頁），戕字是臧字的初文，也是贓字的初文，詳《釋林》五一一頁釋戕條。

一四〇、第二四八頁鄙字條，第二欄缺。按西周的渣司徒簋（錄遺一五七）和雍伯鼎（三代三、三、三）等器都有鄙字，應補。

一四一、第二四八頁酆字條，第二欄所引宅簋銘文是豊（禮）字，應删。

一四二、第二四九頁邢字條，第一欄缺。按井即邢字初文，甲骨文作井（綜類四一二頁），商代銘文作井（邐鼎，三代四、一〇、二），應補。

一四三、第二五一頁鄧字條，第二欄缺。按第三欄之鄧孟壺是西周器，其銘文應上移至第二欄。

一四四、第二五二頁鄘字條，第一欄缺。按甲骨文和西周金文中的𩫖，就是庸，鄘的初文。所以，此字第一欄應補甲骨文[glyph]、[glyph]（綜類二六五——二六六頁）。

一四五、第二五二頁郛字條，第三欄所引古鉨文並非郛字，應刪。

一四六、第二五三頁聊字條，第一欄缺。按甲骨文有娵，娵即取族氏女子之稱。取即聊字初文，應補[glyph]字（綜類一一一——一一三頁）。

一四七、第二五四頁丕字條，第一欄缺。第一欄應補甲骨文丕字，詳第一條。

一四八、第二五四頁鄫字條，第一、二兩欄缺。按卜辭曾作[glyph]（綜類二九九頁），西周金文作[glyph]（金文編三八頁），容氏云：「繒乳為鄫」，這是正確的。

一四九、第二五四頁邞字條，第一欄缺。按甲骨文中有族氏地名夫作[glyph]（綜類三〇頁），「夫受年」，「往夫」，「夫入二」等卜辭說明它確系地名。夫即邞字初文，應補。

一五〇、第二五四頁郭字條，第一、二兩欄缺。按《說文》以㙛郭為同字，段注云：「古文墉者蓋古讀如庸，秦以後讀為郭」，郭是城郭之廓的本字。周法高認為墉（𩫖）是東部字，郭是陽部字，東陽通協（《金文詁林》五、三五一三）。第一、二兩欄應補庸字古文，詳七八條、一四四條。

一五一、第二五五頁邢字條，第一、二兩欄缺。邢之初文作井，甲骨文作[glyph]（綜類二三頁）、[glyph]（綜類三九頁）、[glyph]（新一四一五），金文作[glyph]、[glyph]（金文編五六三、八二八、九一六頁），應補。

一五二、第二五五頁郲字條，第一欄缺。應補甲骨金文，詳一三七條。

一五三、第二五五頁郹字條，第一、二兩欄缺。按皇為郹字初文，應補。詳第六條。

一五四、第二五六頁郘字條，第一、二兩欄缺。按商代、西周郘作呂，不從邑。甲骨文作ㅁㅁ（綜類二八八頁），由「呂不其受年」之卜可證，呂是地名。西周金文作○○（金文編四二九條），應補。

一五五、第二五八頁昃字條，第三欄所收中山王壺銘文與佀並非同字，應刪。此字亦見於西周銘文，作[glyph]（《熱河凌原縣海島營子村發現的古代青銅器》文參一九五五年八期一六——二一頁；錄遺一一七祭簋），應為犮字。《說文》：「犮，犬走皃，從犬而丿之，曳其足則剌犮也」，所從之犬實為人之形譌，林義光《文源》卷五犮字條云：「古印有作[glyph][glyph]二字者，[glyph]當即犮，象人（大象人形），足下有物越而過之之形……從犬乃形之譌」。此說極是。可見，中山王壺之友是友，而不是㕛字。如果是㕛字，那麼西周時期的銘文也應該收錄。中山王方壺的辭例是「邵友皇工」，「明友之於壺」，有的同志認為友是犬形，假為則。我們認為字形與友字相近應釋友。友即拔、跋，訓引，訓移，或題跋之跋。「邵友皇工」即明引大功，明載大功。「明友之於壺」即明白移錄於壺上。釋友於意也正合。

一五六、第二五九頁昌字條，第二欄所收二字是㫗字，而並不是昌字，應刪。甲骨文有昌字作昌（甲一八五），從曰從口（口），與從日從丁聲的旦字有別，昌之即昌猶魯之作魯，二字同例，下部由從口變為從曰。所以這無疑是昌字初文，應補。

一五七、第二六〇頁暴字條，第一欄應補從虎從戈的暴字初文（綜類二二五頁），戲字釋暴參裘錫圭《說玄衣朱襮》一文（《文物》一九七六年一二期）。第三欄所引中山王鼎銘文是旱字古文，不是暴字。從日從棗聲，顯然是旱字，應刪。

一五八、第二六二頁旂字條，第二欄所收庚季鼎銘文是從㫃從从的旅字，從辭例看是「緣旂」之旂字（三代四、四六、二），但這顯然是個錯別字（此例不少，這裏不能詳列），至少在字形上並不是典型的旂字，宜刪。

一五九、第二六三頁旅字條，第一欄所收父乙卣銘文是卒旅二字合文，並非旅字，《美帝》A六五八、R一五五器蓋銘文作卒，器銘為卒旅合文，可證。此字應刪。

一六〇、第二六九頁夢字條，第二欄缺。其實在西周的銘文中是有這個字的，這就是卯簋的夢字（《金文編》九六九頁），容氏在《金文編》中入於附錄。此字上從眉聲，下從夕，很明顯是夢字，應補。

一六一、第二七一頁甬字條，第二欄所引墻盤之甬字，是否是甬字，尚有疑問。如果這字確是甬字，那末，此字在商代銘文中的形體甬（戍甬鼎，三代四、七、二；戍甬簋，窓齋一二、二），都應該收錄，這樣，此字的源流才能清楚。

一六二、第二七四頁棗字條，第一欄缺。在甲骨文中有棗字作朿朿（綜類二〇九頁），從木從重朿，象棗樹有刺形，當為棗字初文。中山王鼎早字從日從棗聲，棗字與棗戈銘文相同，重朿已譌為重來形，已失造字本意。第一欄應據此以補。

一六三、第二七七頁蔑字條，第一欄缺。按商代的小子𦒍卣銘文：「子曰：貝隹丁蔑女曆」（三代一三、四二、二一—三），蔑字作[illegible]，第一欄應補此字。銘文之[illegible]均假為蔑。

一六四、第二七九頁積字條，第一第二兩欄均缺，在商代的甲骨文銘文和西周的銘文中，都有積字，甲骨文作[illegible]（綜類三七三頁），商代銘文作[illegible]（小臣缶鼎，三代三、五三、二），西周銘文作[illegible]（金文編三四六頁），一、二兩欄應補此字。

一六五、第二八三頁[illegible]字條，第一欄缺。甲骨文有[illegible]字作[illegible]、[illegible]（綜類一八九頁），應補。

一六六、第二八七頁容字條，第一欄所引二字從内從口，應即㕯字。口與言字作為義旁往往可以互作，所以此字應是訥字。《說文》：「㕯，言之訥也」，㕯、訥本為一字，故互訓，第一欄所引的這兩個字應删。

一六七、第二九一頁寖字條，第二欄所引的小臣系卣、鄉鬲等幾器，都是商代銅器，此數字應上移至第一欄。

一六八、第二九二頁寒字條，第一欄為塞字初文，《汗簡》塞字作[illegible]，與甲骨文相符。甲骨文中的這個字顯非寒字，應删。修訂已删。

一六九、第二九四頁執字條，第二欄應補子廟圖器之廟（三代一一、二六、八、尊，一二、五七、三—四卣等十一件子廟圖器全為西周器），广、宀在古文字中往往通作，故執廟為一字，應補入。

一七〇、第二九六頁寬字條，第二欄之寬與《古文四聲韻》寬字古文之形相合，應為寬字初文。此字從宀從見，當有窺視之意。後從宀從規，則變成了形聲字。此字應作說明。寬字何琳儀釋窺。

一七一、第三〇二頁冑字條，第一欄缺。甲骨文中[illegible]（綜類一二七頁），冑字從由聲從冃（帽），金文增目，以代表頭部。甲骨文之冑字不從目，應是冑字初文，待補。

一七二、第三〇五頁帬字條，所引諸字全為斬字初文，𣂔尊之銘與此並非同字，詳《甲骨文金文零釋》釋祇條。

一七三、第三〇六頁飾字條，第二欄所引𣪕簋銘文從食從矣，爲餧字，應删。

一七四、第三〇八頁葡字條，第一欄缺。按商代甲骨文有此字作[illegible]、[illegible]等形（綜類四八六頁），甲骨文記載祭禮祖先時曾用「葡𠤱」（續二·二〇、六），葡𠤱即旨𠤱，旨酒。此字甚多，應收。

一七五、第三一二頁倞字條，所引的甲骨文並非倞字，應删。此爲飾字，可移於三〇六頁飾字條。

一七六、第三一三頁倗字條，第一欄所引的甲三一四二之字並非倗字，應删。

一七七、第三一四頁備字條，第一欄缺。按葡爲備字初文，第二欄𢼸簋銘文就是矢箙中裝有矢形，師旋簋「備于大左」之「備」就作此形（《長安張家坡西周器群》圖版肆、伍，圖二）。甲骨文中葡字也是常見字（綜類三七二頁），第一欄應補。

一七八、第三一四頁位字條，第一欄缺。立位古同字，立字可參《綜類》三一——三二頁補。商代銘文可參《金文編》五六二頁補。

一七九、第三一五頁依字條，第一欄所引二字中間從匕不從人，釋依待酌。字當釋䘲。

一八〇、第三一七頁儀字條，第一欄缺。應補甲骨文之義（綜類三五六頁）。

一八一、第三一七頁俾字條，第二欄所引䲣匜之銘是鞭字，並非俾字，應删。

一八二、第三一八頁俟字條，第一欄缺。按甲骨文有此字作[illegible]（綜類一〇〇頁），字形與毛公鼎銘文相同，應補。

一八三、第三二〇頁係字條，第一欄缺。商代甲骨文係字從人從系作[illegible]（綜類四六九頁），此字于省吾先生釋係，從字形到詞例論證得十分透徹（《釋林》二九六頁釋係條），此字是係字是毫無疑問的，應補。

一八四、第三二一頁伐字條，第一欄所前六、三八、四之字，從相向的二戈之字，是戔字，在甲骨文中有戔伐連用的記載，戔是踐、殘、剗字初文，顯然不能釋爲伐字，應删。

一八五、第三二一頁𠯑字條，第一欄所收二銘文是𢉩字，與𠯑字字形有别，並非一字，應删。而且這是西周銘文，如果釋爲𠯑字，也應下移到第二欄。又，晉公盦有𠯑字從才從𠯑，𠯑字稍譌，孫詒讓釋𠯑，於文例是十分切合的，應補。[illegible]之用作𠯑也可能是假借。

一八六、第三二三頁侄字條，第一第二兩欄均缺。按甲骨文有此字作□（明一九二），文例是「自上甲侄于多毓亡壱」，音義當與至字相同。𠑇匜「乃師或㠯女告，則侄，乃鞭千𪊽𪊽」，此侄即致，意為招致，找來。侄在西周金文中數見，過去根據《説文》釋為到，以為從人從至，人至為到。現在據上面的甲骨文和金文的辭例看，應讀為至、致，並非到字。第一第二兩欄都應補充。

一八七、第三二四頁䚡字條，第一第二兩欄缺。按著名的亞㠱䚡器之䚡及吴，是䚡字的初文，此字在商器和西周器中是相當多的，應參《金文編》八二二頁增補。

一八八、第三二四頁化字條，第二欄所引銘文並非化字，應删。此乃真字。真下之□則展字，劉釗說。

一八九、第三二五頁印字條，第一、二兩欄缺。甲骨文印字甚多，作□、□（綜類五七頁），西周銘文作□（金文編五一二頁），印、卬、抑古同字，應補。

一九〇、第三二五頁卓字條，第一欄所引之字與卓字字形有别。此字從匕從□，如果匕是聲符，那末此字很可能是畢字的初文。聞宥先生首倡其說，後來唐蘭先生也主此說（見《天壤閣》八四釋文）。如果說聞、唐二氏對此是一種科學的假設的話，那末，現在我們已經可以給予科學的證明了。卜辭「叀春令田；叀秋令卓」（京四七八〇、存上一九九九），以卓與田獵之田對貞。卓之為畢就顯而易見。《禮記·月令》：「田臘罝罘羅網畢翳」，鄭注：「獸罟曰罝罘，鳥罟曰羅網，小而柄長謂之畢」。《詩小雅鴛鴦》：「鴛鴦於飛，畢之羅之」。甲骨文之畢是一種田獵的方法，故畢與田對貞。所以，卓字應移於畢字條下。

一九一、第三一六頁並字條，第一、二兩欄缺。並字在甲骨文和金文中均有□、□、□三種形體，詳一五一條。《爾雅·釋言》：「竝，併也」，郝疏：「併者並也。竝者比也。《説文》併竝互訓，二字音同，經典通用，故《儀禮》注今文竝皆為併，又云竝皆作並」。可證並（併）竝為一字。西周金文也有以竝為普的，普當是從竝分化出來的。

一九二、第三二七頁聚字條，一、二兩欄缺。按取為聚字初文。甲骨文大驟風之驟作□（綜類一一一——一一三頁），即掫。《詩》：「聚子內史」，《古今人表》聚作掫。聚即鄹。取、掫、聚、驟、鄹古字通。一、二兩欄應補取字。

一九三、第五二八頁徵字條，第一欄缺。按商代金文有此字作[glyph]（乙亥卯其卣，錄遺二七三），𡵂即徵字初文。其形體與毛公鼎之徵字最爲接近，後者只是增加了一個表示財貨的意符貝而已，所以可以肯定它是徵字。此字應補。

一九四、第三二九頁重字條，第一第二兩欄都沒有收錄重字的初文[glyph]、[glyph]（金文編八一二頁），柯昌濟認爲這是重字（韡華乙上二重鼎釋文），這是非常正確的。此字正象一人負橐之形，故有重意，是會意字。後來假借簡化筆劃作[glyph]（井侯簋，三代六、五四、二），猶存古意，其遞嬗之迹是十分清楚的。一、二兩欄應補充此字。

一九五、第三二九頁量字條，第一欄缺。商代甲骨文量字作[glyph]、[glyph]、[glyph]（綜類四三四頁），于省吾先生曾考定此字爲量字（《釋林》四一四頁釋量條），應補此字。

一九六、第三三〇頁殷字條，第一欄所收的銘文從殷旁，但不是殷字，應删。在商代甲骨文中有殷字，作[glyph]（綜類六頁），從身從殳，其形確爲殷字，應補。

一九七、第三三四頁卒字條，第一欄所引甲骨文中的兩個字，是否是卒字尚有疑問，很可能是衣字繁文。真正可靠的卒字作[glyph]（綜類二五九頁），從衣從又，形體與外卒鐸之銘文相同（參《金文編》四六六頁），無疑應是卒字，第一欄應補此字。

一九八、第三三八頁孝字條，末行所引三字，都不是孝字，而是孛字，詳《甲骨文金文零釋》釋孛條。此三字應删。如果肯定它是孝字，那末此字在甲骨文中的字形也應收錄。

一九九、第三三九頁尸字條，所引狽人作父戊卣之銘是元字，非尸，應删。

二〇〇、第三四〇頁屏字條，西周金文以甹、[glyph]、[glyph]爲屏，三體石經以并爲屏，所以一、二兩欄應補[glyph]、甹諸字形。

二〇一、第三四〇頁尿字條，所引甲骨文的二字或釋㐱，是㐱是尿待酌。中山王鼎有溺作㳅，第三欄應補。

二〇二、第三四〇頁履字條，僅錄《說文》古文。按在西周銘文中有好幾個履字。五年衛鼎作[glyph]（《文物》一九七六年第五期二六——四四頁）、大簋作[glyph]（三代九、二五——二六，《金文編》九八一頁，入於附錄），應補。

二〇三、第三四一頁俞字條，第一欄缺。按在商代的甲骨文和金文中，都有這個字，甲骨文作□、□（綜類四六四頁），金文作□（《金文編》八二四頁），字形與俞伯簋之俞相同，無疑應是俞字初文，待補。

二〇四、第三四三頁兒字條，第二欄所引小臣兒卣可能是商末器（三代一三、三三、五，長安一二〇）。此銘可上移至第一欄。

二〇五、第三四四頁競字條，第一欄缺。按商代的甲骨文金文都有此字。在甲骨文中作□（綜類二五頁），在金文中作□（金文編一一七頁），應補。

二〇六、第三四四頁既字條，第一欄缺。按在甲骨文中有既作□（綜類四七六頁），應補。

二〇七、第三四四頁皃字條，一、二兩欄缺。此字在甲骨文中作□（綜類一二頁），在金文中作□（三代一三、四七，皃罍），《說文》：「□，頌儀也，從人白，象人面形，凡皃之屬皆從皃。貌，皃或從頁豹省聲，□，籀文皃，從豹省」。從白從人之皃是貌字初文。此字應補。

二〇八、第三四五頁先字條，一、二兩欄僅錄先字的一種形體，對另一種形體□（綜類一二頁）、□（金文編九一一頁），未加收錄，應補。□或即侁字初文。

二〇九、第三四五頁兟字條，一、二兩欄缺。按商末周初有銘文作□（金文編九一二頁），吳大澂疑古兟字（愙齋一三、二〇父已尊釋文）。丁山云上象簪笄形，此作二人交拜形，當即贊見之本字（《說文闕義箋》三六頁）。吳、丁二氏之說是正確的。此字從二先，侯馬盟書先氏之先作□、□，字形與此同。秦公鐘「□□」之□作銑，銑從之先作□，也證明□、□為同字。所以先、兟二字頭上從三笄形的異構形體都應收錄。

二一〇、第三四六頁㝵字條，第一欄僅引甲骨文，第二欄缺。按商代、西周的金文都有得字，商代金文作□，西周金文作□（金文編八九頁），㝵、得同字，不能强分為二字。

二一一、第三四六頁視字條，所引甲骨文並非視字，應删。

二一二、第三四七頁覲字條，第一欄缺。甲骨文中有覲作□（甲三九一三），辭例是「乙酉小臣

□堇匕，即卜小臣□是否覲見。商器銘文也有堇字（三代一三、四二、二等），應補。

二一三、第三四八頁欲字條，第二欄缺。按西周金文欲字均作俗（金文編四五〇頁），欲為俗的後起字，應補。

二一四、第三四九頁次字條，第一、二欄缺。按甲骨文有此字作□（綜類五二頁）。參《釋林》三八二頁釋次、盜條）。應補。又，三四八頁次字條一、二兩欄均為次字，應移於此。

二一五、第三五一頁顛字條，一、二兩欄缺。按天為顛的初文。甲骨文「庚辰，王卜，弗疾朕天」（乙九〇六七，綜類三〇頁），即王貞卜，我的天即顛（頭頂）上是否要患什麼疾病。此天即顛。天是顛的初文，顛是天的後起字。所以，一、二兩欄應補天字。

二一六、第三五三頁顧字條，第一欄缺。按在甲骨文中有雇無顧，文獻上的韋顧昆吾之顧，甲骨文作□（綜類二三五頁），可見雇即顧字初文，應補。

二一七、第三五三頁順字條，第一欄缺。按甲骨文有□、□（綜類三二五頁），其形與行氣銘之順字相同，應即順字初文，應補錄之。巡之用作順可能是假借。

二一八、第三五五頁縣字條，第一欄缺。按在甲骨文中縣字作□（前二、一〇、五），像一人懸掛在樹上，這是懸字初文。孫海波先生把此字釋為縣是正確的。西周金文懸字作□，正是人頭用繩索懸掛在樹木之上。所不同的地方，僅在於甲骨文是整體會意字，從一個人，金文則省變為局部會意字，僅從人之首，其結構相同，無疑是早晚字。此字應補。

二一九、第三五五頁須字條，第一欄缺。按甲骨文有須字作□（綜類一二頁），此字與西周的須字基本構形相同，應補。

二二〇、第三五六頁修字條，古鉢文修身之修作攸，所以攸是修的初文。攸字在甲骨文中是常見字（綜類二五——二六頁，《金文編》一六九——一七〇頁），應補。又，中山王鼎假攸為修，是否採用可以考慮。

二二一、第三五六頁彥字條，所引三字，彥鼎之銘非是，其餘二字也無把握，宜删。陳肪簋之銘我們疑為産字初文。**修訂本已删。甚是。**

二二二、第三五八頁后字條，第一第二欄所引司字都不是后字，在商代和西周的古文字材料中，都是以毓為后，據目前材料看，反司為后之后，到春秋晚期才出現，此字一、二兩欄均應删去。此字我們已撰有專文論述之。

二二三、第三六〇頁卯字條，所引乙一二七七之字絶非卯字，應删。甲骨金文卯字習見，應補。

二二四、第三六〇頁卿字條下所錄卿形諸字，及《説文》古文，都不應歸入卿字下，《金文編》五一五頁容氏就析而為二字，此字應删。卿字我曾釋為佮。

二二五、第三六〇頁辟字條，第一欄缺。在商代的甲骨文金文中都有辟字，甲骨文作[glyph]、[glyph]（綜類三六〇頁），不從〇，〇為璧之象形，是後加的聲符，龟婦觚、爵（金文編九八三頁）及厲羌鐘辟字也不從〇（金文編五一五——五一六頁），可證甲骨文之辟確是辟字。第一欄應補。

二二六、第三六二頁復字條，第一欄缺。按在商代的甲骨文中有此字，作[glyph]、[glyph]（綜類八七頁），從人（或身），從復，復亦聲。此為腹字初文，應補。

二二七、第三六四頁宓字條，第二欄缺。按西周金文有宓字作[glyph]（金文編九七二頁），應補。

二二八、第三六五頁辜字條，第二欄缺。按西周牧簋銘文之[glyph]字（大系錄五九）應為此字初文，待補。

二二九、第三六五頁崇字條，第一、二兩欄缺。按商代和西周金文有宗庚（宗庚鼎，三代三、四四、三）宗仲（盤、匜《陝西永壽、藍田出土西周青銅器》《文物》一九七九年二期），此二宗字為國邑氏名，應是崇侯虎之崇。宗為崇之初文，應補。

二三〇、第三六五頁廬字條，第一欄缺。盧為廬之初文，甲骨文之盧字應補（綜類二二六頁）。

二三一、第三六六頁廣字條，第一欄缺。按在甲骨文中有廣字作[glyph]、[glyph]（綜類三六五頁），從宀從黃。广宀偏旁在古文字中往往通用，所以這兩個字無疑是廣字初文。應補。

二三二、第三六六頁庶字條，第一欄缺。在甲骨文中有庶作[glyph]（綜類三一三頁），從石從火，結構與西周金文庶字相同，顯系一字，應補。

二三三、第三七〇頁長字條，第一欄所引前七、五、三之字和牆盤的前一個字，字形與長字有別，這是㞷字，應删。此字林澐釋髟。又按，張字也非長，我曾釋為長、場。

二三四、第三七〇頁隸字條，所引曾侯乙墓石磬刻文為姑洗之洗字，顯非一字，應删。

二三五、第三七〇頁勿字條，末行所引第二欄勿鼎之勿字字形與其它勿字有別，其字待酌，宜删。

二三六、第三七一頁冉字條，第一欄二字為竹字，詳九〇條，應删。

二三七、第三七一頁而字條，第一、二兩欄缺。甲骨金文都有此字，甲骨文作[illegible]（綜類五〇八頁），應補。

二三八、第三七三頁彘字條，所引前四、五一、五及肄簋二形體，並非彘字，應删。且肄簋是商器，如果確系彘字，也應上移到第一欄。

二三九、第三七四頁貘字條，所引𠨘卣是商器，應上移到第一欄。

二四〇、第三七四頁易字條，所引小臣系卣、小子𩰫簋（三代七、四七、二）、辛巳簋（三代六、四九、一）都是商器，應上移到第一欄。

二四一、第三八二頁麗字條，所引取膚匜（三代一七、三四、五）是春秋器，此銘應下移到第三欄。此字簡化為双，應補。

二四二、第三八三頁㲋字條，第一欄應補甲骨文（綜類二二四頁）金文（金文編八四〇頁，亞尊銘文）。

二四三、第三八四頁莧字條，第一欄缺。按甲骨文有此字作[illegible]、[illegible]，于省吾先生釋莧，詳《釋林》三三一頁釋莧條，應補。

二四四、第三八五頁狩字條，第二欄缺。按西周的史獸鼎、啟卣等器銘文均有獸字，獸即狩，應補。前者見《三代》四、二三、二；後者見《文物》一九七二年第五期五——七頁。

二四五、第三八六頁獲字條，第二欄缺。按西周銘文隻字常見，應補。

二四六、第三八六頁㕯字條，㕯字字頭奪，應補。

二四七、第三八七頁兓字條，兓字字頭奪，應補。

二四八、第三八八頁獏字條，第一欄缺。按在商代族氏銘文中有好幾條獏字材料，著名的𠨘其卣就是其例，應參《錄遺》二七三——二七五等補。

二四九、第三八九頁獄字條，第一欄所引獄卣是西周器，應下移至第二欄。在甲骨文中有獄作[illegible]（前二、三、七及綜類五〇九頁），應補。

二五〇、第三九一頁烝字條，第一欄缺。按在甲骨文中有烝字作[illegible]（綜類九六頁），應補。

二五一、第三九二頁炭字條，所引王子嬰次盧之銘從广從火從少，舊釋炒，此字與炭字似非同字，宜刪。

二五二、第三九三頁烖字條，所引第一欄後下八、一八為才火二字，並非烖字，應刪。

二五三、第三九四頁烕字條，第一欄缺。在甲骨文中烕字作[illegible]、[illegible]（綜類一七七頁），從戌從火，為烕字初文，應補。

二五四、第三九五頁炎字條，第一欄缺。按在甲骨文中炎作[illegible]（綜類一七七頁）、[illegible]（甲二四一六），應補。

二五五、第三九五頁黑字條，第一欄所引之字是舌字的倒文，所引的黑田[illegible]卣是董作賓《王孫舌考》所列舌字銅器第一〇器。此字釋黑當是一時之疏忽，應刪去。

二五六、第三九六頁燚字條，第一欄缺。按甲骨文的[illegible]字（綜類四五三頁），字形與榮子盉之榮字相同，應為燚字初文，可補。呇之即呇、營說詳一二二條。

二五七、第四〇四頁夫字條，把㝬字附於夫下，似不太合適，㝬字應獨立開來，併於一五九頁胡字條，古文字以㝬為胡。第一欄應補㝬，此字孫詒讓已提出即㝬字（《古籀餘論》一、一召夫角釋文），其後唐蘭先生有進一步的論證。說詳八八條。

二五八、第四〇五頁晉字條，第二欄所引番生簋之銘是否是晉字待酌，疑為晉字。本書竝晉分為二字，其實古本一字。辛伯鼎「辛伯其竝受卒永畐」（錄遺八八、小校二、八六、二），畐從宀（伏）聲，應為匐字古體字。「竝受卒永福」，此竝當即晉。

二五九、第四〇六頁心字條，第一欄缺。按在甲骨文中有心作[illegible]、[illegible]（綜類二五三——二五四頁），應補。

二六〇、第四〇七頁息字條，第一、二兩欄缺。按傳世銘文𦣻伯之𦣻，王國維以為是洍泗字。林義光（《文源》卷五）、柯昌濟（《韡華》二九三—九四）釋息。過去這兩種意見很難判斷其是非。近年來在河南羅山縣蟒張所出土的一批隨葬品銅器，銘文有不少是國邑氏名𦣻、𦣻（《河南羅山縣蟒張商代墓地第一次發掘簡報》《考古》一九八一年二期一一一頁，圖一〇、一；圖八、二），這些銘文都是在自（鼻）下有一點，與傳世銘文𦣻字相同（金文編九五二頁）。羅山地近息縣，是息國故地境。這樣成批的墓地，集中地發現這個銘文，應該說決不是偶然的現象。我們認為，這無疑就是息國之息的初文。《說文》：「息，喘也，從心自」。喘即噓氣，息字從自下一點，正是喘氣的會意字。自之為息，從字形及地望得到了雙重證明，可以說是信而有徵了。一、二兩欄應補。

二六一、第四〇七頁悳字條，陳侯午敦「合揚氒德」即答揚氒德，可證在古文字中悳德同字，一、二兩欄應補德字，或者此條併於德字下。

二六二、第四〇七頁應字條，第一欄缺。在甲骨文中有應字作[glyph]（綜類二三三頁），為膺的本字，雁、應、膺古同字，應補。雁.應.膺从林澐說。

二六三、第四一一頁恃字條，第二欄缺。按西周有寺字作[glyph]（[glyph]伯簋，三代八、一三、二），寺字一般是從止從又，此從止從又，止即止省，止止古字通。此字容庚先生在《金文編》器目中釋寺是正確的。應補。

二六四、第四一二頁慰字條，所引金文容庚先生隸定為𢘐（金文編五七九頁）是對的，疑非慰字，宜删。𢘐即㐱之初文。

二六五、第四一三頁愉字條，由曾伯愈父之愈或作俞，可證俞即愈字初文，俞字在商代的甲骨文金文中都是有的，詳二〇三條，應補。

二六六、第四一六頁恐字條，墻盤「不巩狄虘」，即使狄虘大為恐懼，巩即恐字初文，第二欄應補巩字。

二六七、第四一七頁忑字條，第三欄應補楚器之[glyph]、[glyph]（金文編九九二頁）。

二六八、第四二一頁汝字條，甲骨文金文均以女為汝，不從水，第一欄所引三字，都是水邑女子之稱，不是汝字，應删。

二六九、第四二四頁第一行渦字條，所引缶鼎是商器，其銘文應上移至第一欄。且前頁末行之字並非渦字，宜删。

二七〇、第四二七頁淵字條，第二欄應補墻盤的字。

二七一、第四三六頁粼字條，所引後上一〇、八之字為⿰氵矢字，⿰氵矢即西周金文中的⿰氵矢伯之⿰氵矢（金文編五七八頁），此字並非粼字，應删。

二七二、第四三六頁巛字條，第二第三行均非其字，應删。

二七三、第四四〇頁治字條，第二欄缺。按西周有治作（治遺簋，陜西二、一六八），應補。

二七四、第四四一頁⿱雨客字條，第二欄缺。西周銘文有⿱雨客字作雯（⿱雨客人守鬲，三代五、一五、七），此字為⿱雨客之省寫。過去有人曾懷疑它是⿱雨客字省文，但苦無確證，所以很少有人同意此說。《金文編》就隸定為雯，云「說文所無」（五八九頁）。《說文》是有⿱雨客字的。可見容氏是不同意把雯字釋為⿱雨客的。山西趙坊堆曾出有與《三代》⿱雨客人守鬲同銘之鬲，⿱雨客字不省作⿱雨客，可證雯之確為⿱雨客。又，傳世的⿱雨客十令有⿱雨客字（三代一八、三八、四），二、三兩欄都應補充。

二七五、第四四五頁漁字條，第二欄所引漁伯簋之銘從弓從魚，應隸定為⿰弓魚，是否是漁字，待酌，宜删。

二七六、第四四八頁到字條，所引二字從人從至，不從刀，讀如至，即至、致之本字，並非到字，參一八六頁，此字應删。

二七七、第四五五頁職字條，第一欄缺。按商代的甲骨文金文都有此字作（乙三一七六，此字上部殘，但從耳從戈是非常明顯的，其辭為「乎戠伐羌」，戠為族氏人名，與金文有此族氏名也正相合），金文作（金文編九一六頁）。早期職字從耳從戈，以戈斷耳，是會意字，後來才出現從爪從戠的形聲兼會意字。第一欄應補。

二七八、第四五七頁扶字條，第一欄缺。按甲骨文扶作（綜類三四頁），與叔卣銘文相同。商代的銘文扶字還有作的（金文編八〇五頁），象一人扶持另一人，後來扶持者人形省略為又，遂作

[illegible]，此當為扶字初文。第一欄應補。

二七九、第四五七頁摯字條，所引二字為執字繁文，摯是從執分化出來的。商代有執無摯。新出土的甲骨文「戍辰，戍執征殺方，不往」（小南一下二六五一），戍執之戍為職官名，執為族氏和人名。此執當即文獻上的摯仲氏之摯。

二八〇、第四六一頁姓字條，生為姓字初文，甲骨「多生」與「多子」對貞（甲三八〇），「多生」即後世文獻中的百姓。所以第一欄應補此字。第一欄所引從女從生之姓，是族氏生的女子之稱，與後來的姓字不是一個字，應删。

二八一、第四六二頁姜字條，第一欄所引甲一八二之字是羊用二字，其辭為「己未卜，王，𡳿兄戊羊，用。」此二字並不是姜字，應删。

二八二、第四六四頁娶字條，第一欄所引的甲骨文是女化之取字，也就是取國族氏女子之稱，並不是後世的娶字，為區别後世的娶字，應隸定為㛷。甲骨文都是以取為娶，取字習見，應補。㛷字應删。

二八三、第四六五頁妻字條，第一欄缺。按甲骨文有妻作[illegible]（綜類一三七頁），此字應補。

二八四、第四六六頁妃字條，第二欄缺。按房山琉璃河出土的亞[illegible]盤銘文有妃字（《北京附近發現的西周奴隸殉葬墓》《考古》一九七四年五期三〇九—三一一頁），應補。

二八五、第四六六頁媰字條，第一欄僅引金文，按甲骨文有媰作[illegible]（綜類一四五頁），從一屮與從二屮無别。此字應補。

二八六、第四六八頁第一行所引二甲骨文，從女從木，與妹字有别，應删。

二八七、第四六八頁姪字條，第一欄所引甲骨文為女化之至，與後世之姪字並非一字。第二欄所引金文有的應下移至第三欄。[illegible]非姪，是[illegible]字。

二八八、第四六八頁姼字條，第一欄所引甲骨文為女化之多，甲骨文「戍多呂執」（小南一下二三六七），可證商代有名叫多的族氏名的。甲骨文之姼與後世之姼字未必是一個字。删。

二八九、第四六九頁娥字條，第一欄所引京都一〇二九之字為女化之何字，應删。或者向左移於妸字條下。修訂本已移此。

二九〇、第四六九頁婀字條，所引甲骨文是女化之何字，並非後世之婀字。

二九一、第四六九頁始姒條，第一欄應補司字，司是其初文，應補。

二九二、第四七〇頁姌字條，第一欄所引甲骨文從女從竹，是女化之竹，並非姌字，應刪。

二九三、第四七一頁如字條，第一欄所引前五、三〇、三之字為訊字，應刪。古如均作女。

二九四、第四七一頁嬰字條，第一欄缺。按甲骨文有嬰作[illegible]（乙四五四五），此字在女字的女子的頸部加有指事性符號〇，表示嬰之所在，是嬰字的初文。後來此字加貝，則作意符或聲符。此字與王子嬰次爐之嬰字的下半部是完全相同的。此嬰字的女字在女子的頸部也有指事性符號〇，顯系同一個字早晚的不同寫法。第一欄應補。

二九五、第四七二頁婁字條，第二欄應補是婁簋之銘（《陝西長安新旺村、馬王村出土西周銅器》《考古》一九七四年一期一——五頁）。

二九六、第四七四頁嫂字條，第一欄所引銘文，是西周文字，應下移到第二欄。嫂簋現藏中國歷史博物館。

二九七、第四八一頁戋字條，第二、三欄應補西周金文（淮伯鼎小校三、三、一等）。

二九八、第四八二頁戔字條，戔字見於甲骨文（綜類三四〇頁），第一欄應補。

二九九、第四九一頁彊字條，第一欄缺。按甲骨文中有從弓之彊（甲骨文編五〇一頁），應補。又，在甲骨文中有時彊作田田（綜類三〇〇頁），從二田。此字作田與田之交接形，當是彊界之彊的初文。西周金文萬年無彊之彊有時就作田田（《金文編》六九七頁），可證此確為彊字，應補。彊為疆字初文。

三〇〇、第四九一頁弘字條，所引之字于豪亮同志釋為引字，此說甚確，應正。

三〇一、第四九一頁彈字條，所引甲二六九五之字，為「勿已」之勿，並非彈字，應刪。

三〇二、第四九一頁發字條，第一欄缺。按甲骨文中有此字，作[illegible]、[illegible]（綜類八六頁），古癹、發同字，中山王鼎發字即從癹可證，第五四頁癹字條和這裏的發字條第一欄都應補。

三〇三、第四九五頁覝字條，第二欄缺。按周初銘文有[illegible]字（金文編八八四頁），正是𤔔字初文，應補。此字于省吾先生曾有說。

三〇四、第四九七頁納字條，第一欄缺。按，武丁卜辭在甲橋刻辭中常見的某人入什麼之入都應讀為納，即貢納，入是內和納之初文，應補。

三〇五、第四九七頁絶字條，第一欄所引的甲骨文不是絶字，應刪。在甲骨文中有絶字作（綜類四七三頁），從刀從糸（即絲，單雙無別），以刀斷絲，當是絶字的會意字。《説文》：「絶，斷絲也，從糸從刀從卩」，按許説，絶字從糸從刀，正與甲骨文之字字形相合，從卩可能是後加的聲符。早期是從糸從刀的會意字，後來加卩（㔾之本字），就變成了形聲兼會意字。從糸從刀這一點相同，文字標音化又是個普遍現象，可見甲骨文之紉字釋為絶字是毫無問題的。應補。

三〇六、第四九七頁續字條，第一欄所引之字從庚從心，並非續字，應刪。

三〇七、第四九七頁紹字條，第一欄所引之字是絶字，應刪。

三〇八、第四九八頁紊字條，第一欄所引佚二六六之字並非紊字，應刪。

三〇九、第四九八頁絅字條，第一欄缺。按甲骨文有絅作冂，詳《釋林》四一〇頁釋冂、高條。

三一〇、第五〇七頁雖字條，第一、二兩欄缺。按甲骨文金文都以隹為雖，應補隹字。

三一一、第五〇七頁萬字條，第二欄缺。按在西周的金文中有萬字，萬諆觶之萬即是其例（三代一一、三五、四），萬鏡之萬作（善圖一八），這也是很典型的西周器和西周銘文，此二字應補於第二欄。萬、蠆古同字。

三一二、第五〇八頁虹字條，第一欄僅引了象形之虹字。此字早期卜辭為象形字。到殷王朝晚期卜辭虹作I⊙（新四三八七），殷末周初銘文作（《金文編》八二六頁），變成了形聲字，一、二欄應補。

三一三、第五〇九頁蟲蚊條，第二欄所引亞蚊鼎之銘，是陳夢家先生對亞𠤕二字的誤釋（美帝A四刀一二四亞蚊鼎釋文），此依其誤釋為亞蚊，應刪。

三一四、第五一〇頁黽字條，第一欄所引之字非黽字，應刪。商代西周銘文都有黽字，商代銘文見《三代》二、二一、七鼎銘，西周銘文見《美帝》A一三六刀八五甗銘，應補。

三一五、第五一二頁亘字條，第一欄未引金文，按二里岡時期的銅鬲上有亘字（參《商戉鬲》《文物》一九六一年一期四二頁；《商戉鬲商榷》《考古》一九六四年九期四六頁），應補。

三一六、第五一二頁地字條，第二欄缺。按《說文》等字書都以墬字為地字籀文，這是對的。西周周厲王所作的㝬簋「墬于四方」之墬就是地字，應補。

三一七、第五一四頁堵字條，所引秦公鐘之銘從金從先，應隸定為銑字。形容鐘聲的銑銑即⿰丰彡⿰丰彡，為盛大宏亮之意，絕非堵字，此字應刪。

三一八、第五一六頁城字條，第二欄所引后趙簋器名有誤，應是居簋，參《金文編》六九〇頁。

三一九、第五一六頁墉字條，第一第二兩欄缺。甲骨文中的□、□（綜類二六五頁——二六六頁）和西周金文中的□（《金文編》二九八頁），與《說文》墉字古文相合，庸、墉為古今字，應補。

三二〇、第五一七頁圣字條，第一欄缺。按甲骨文之□、□字即圣（參《綜類》一七三頁），應補。

三二一、第五一七頁坏字條，第二欄所引之銘是否是坏字，尚不能定。如果確系坏字，那麼甲骨文中之□（《綜類》三六一頁），也是從不從毛，與上述之銘文顯系同字，應補。

三二二、第五二二頁畺、彊字條，第一欄應補從弓之彊，詳二九九條。

三二三、第五二六頁協字條，第一欄所引的王□尊是西周器，王由卣形見《弗利亞中國青銅器》二九五——二九八頁，□一五二（一九六七年版），此器是典型的西周早期器。所以此器銘文應下移到第二欄。

三二四、第五二六頁叶字條，第一欄所引甲骨文是甾字，第二欄所引□、□是古或固字，詳一三〇條。此數字應刪。□與由字形近易混，故復增丰以別之。

三二五、第五二七頁金字條，所引效父簋之銘是呂字，應刪。

三二六、第五二八頁鑄字條，第一欄所引之字是摹本，恐原書摹寫有誤，只能供參考。第一期有鑄字作□，這是鑄字的初文，詳《甲骨文金文零釋》釋鑄條，此字應補。

三二七、第五二九頁鎬字條，第一欄缺。按甲骨文有此字，見《綜類》二六七頁，應補。

三二八、第五三一頁鈴字條，第二欄所引成周鈴是西周器，共二器，一器現藏故宮博物院。

三二九、第五三三頁鍺字條，所引金文為銑字，應刪。

三三〇、第五三四頁處字條，第一欄缺。按甲骨文中處字多見，作[illegible]（綜類四五一頁），應補。

三三一、第五三八頁輿字條，第一欄所引之字從[illegible]從東，不從車，此字孫海波釋輿，于省吾先生釋撞，從字形講，當以于說為優，此字應刪。

三三二、第五四二頁陵字條，第三欄所引鄂君啟節和楚帛書之字，從字形看，應是陲字，與陵字有別。如果認為陲陵同字，應加說明。

三三三、第五四六頁陳字條，第二欄缺。按西周銘文有陳字，例如九年衛鼎顏陳之陳作[illegible]，應補。

三三四、第五四六頁陶字條，第二欄缺。按西周金文[illegible]字（師鼎，《金文編》五一七頁）從人從土，象一人在淘土之狀，這是陶的初文，應補。[illegible]則為鞠、鞄之初文。[illegible]氏文獻作鞄。

三三五、第五五三頁成字條，第一欄只引了成字的一種形體，對成字的從戈從丁聲的另一種形體可字沒有引，應補。

三三六、第五六一頁㠯字條，所引甲一三五一、前五·四八二字是氏字，㠯、氏二字字形、用法都有別，並非一字，應刪。

三三七、第五六三頁臾字條，第一欄缺。按甲骨文有臾作[illegible]（綜類二八頁），應補。

三三八、第五六三頁酒字條所引鄴初下三一、七為酌字，與酒並非同字，應刪。修訂本已刪。

三三九、第五六四頁醴字條，第一欄缺。應補甲骨文的豊字（綜類四〇一頁）。

三四〇、第五六五頁畬字條，第一欄所引乙四五一〇、佚八八七二字為酌字，並非畬字，應刪。

綜上所述，我們對《字表》補充了一些材料，對混同數字和誤釋之字作了一些訂正。在訂補的過程中，大部分是引用各家成說。有些字在前人論述的基礎上作了進一步的考釋，例如對退字、邊字等就是如此。另外也有一些是個人的意見，例如對是字、脣字、囯字、營、縈字、昌字、嗣字等的看法就是如此。訂補未必得當，考釋更是把握不大。我想，把這些意見向大家作一學習滙報，正是自己重新學習的一個機會。所以，有些意見儘管自己没有考慮成熟，還是壯着膽子提出來了。請諸老和同志們幫助匡正吧！

一九八一年七月十八日　第二稿

一九九八年六月六日　修訂稿

檢字表

一畫

二畫

三畫

四畫

五畫

六畫

七畫

八畫

檢字表

九畫

十畫

十一畫

十二畫

十三畫

十四畫

十五畫

十六畫

十七畫

十八畫

十九畫

二十畫

二十一畫

二十二畫

二十六畫

二十七畫

二十八畫

二十九畫

三十畫以上